D1695168

ISO 26000 in der Praxis
Der Ratgeber zum Leitfaden für soziale Verantwortung und Nachhaltigkeit

Herausgeber: Karl-Christian Bay
Wirtschaftsprüfer und Rechtsanwalt

Autoren: Karl-Christian Bay
Wirtschaftsprüfer, Rechtsanwalt

Christian Hellfritzsch
Diplom-Kaufmann (Univ.)

Dorothee Krull
Rechtsanwältin

Stefan Schumann
Diplom-Kaufmann (Univ.), Steuerberater, Wirtschaftsprüfer

Bettina Berger, LL.M.
Diplom-Kauffrau (Univ.)

BAY Wirtschaftsprüfer ▪ Rechtsanwälte
Werner-von-Siemens-Ring 12
85630 Grasbrunn bei München
Tel.: +49 (89) 46 14 90-60
Fax: +49 (89) 46 14 90-78
www.bay-cc.com
info@bay-cc.com

Oldenbourg Industrieverlag GmbH
Rosenheimer Straße 145
81671 München
Tel.: +49 (89) 4 50 51-0
www.sr4u.org
iso26000@oldenbourg.de

Karl-Christian Bay / Hrsg.

ISO 26000 in der Praxis

Der Ratgeber zum Leitfaden für soziale Verantwortung und Nachhaltigkeit

Darstellung, Diskussion und Analyse –
Vergleiche zu bestehenden Regelungen –
Umsetzungshinweise und Beispiele

Oldenbourg Industrieverlag München

Bibliografische Information der Deutschen Nationalbibliothek

Die Deutsche Nationalbibliothek verzeichnet diese Publikation in der Deutschen Nationalbibliografie; detaillierte bibliografische Daten sind im Internet über http://dnb.d-nb.de abrufbar.

Rosenheimer Straße 145, 81671 München
Telefon: +49 (89) 45051-0
www.oldenbourg-industrieverlag.de

Lektorat: Eva Herrmann, Diplom-Kauffrau (Univ.)
Projektleitung: Anne Hütter, M.A. phil
Herstellung: Norbert Nickel
Satz: abavo GmbH
Druck: B.o.s.s Druck und Medien GmbH, Goch
Gedruckt auf säure- und chlorfreiem Papier

ISBN 978-3-8356-3222-6

Vorwort des Herausgebers

Wie sehen die Produktionsbedingungen Ihrer Zulieferer aus? Unter welchen Gegebenheiten arbeiten deren Lieferanten? Handelt Ihr Unternehmen gesellschaftlich verantwortlich? Wird auch nach innen wirklich gelebt, was nach außen oft blumig verkündet wird?

Längst haben Nachhaltigkeit und gesellschaftliche Verantwortung eine tragende Rolle für Kunden und Anleger übernommen. Nicht zuletzt die weltweite Wirtschafts- und Finanzkrise, schwerwiegende Umweltkatastrophen sowie die Berichterstattung über die Verletzung von Menschenrechten durch die Arbeitsbedingungen im Ausland haben dazu geführt, dass die Forderung nach einer Abkehr von der reinen Profitorientierung hin zu nachhaltigem Handeln nicht mehr nur die Mindermeinung von Aktivisten ist. Sie ist eine Anforderung des Markts, der sich kein Unternehmen entziehen kann. Nachhaltigkeitsberichterstattung ist für viele Adressaten mittlerweile von ähnlichem Interesse wie das Financial Reporting.

Jüngste Beispiele haben gezeigt, dass sich insbesondere das Auseinanderklaffen von propagiertem Handeln und gelebter Unternehmenswirklichkeit zu einem echten Risiko ausweiten kann. Die bessere Verfügbarkeit von Informationen in den Medien und die gestiegene Sensibilisierung der Öffentlichkeit für ethische Grundwerte führen dazu, dass geschönte Angaben und fehlende Konsequenz beim Nachhaltigkeitsmanagement vom Markt mittlerweile heftig abgestraft werden. Unternehmen müssen sich heute fragen, ob ihr Risikomanagementsystem die eigenen Aussagen zur Nachhaltigkeit ausreichend umfasst.

Anders herum ist für viele Unternehmen gesellschaftlich verantwortliches Handeln im Rahmen ihrer Geschäftstätigkeit zunehmend nicht nur Selbstverständnis, sondern auch Wettbewerbsvorteil. Die Gruppe der sogenannten „LOHAS", die einen „Lifestyle of Health and Sustainability" für sich beanspruchen, als ernstzunehmende Konsumenten und Anleger wächst und gewinnt zunehmend an gesellschaftlichem Einfluss.

Mit der ISO 26000 gibt es nun einen von internationalen Gremien entwickelten Standard, der Empfehlungen gibt, wie sich Organisationen jeglicher Art verhalten sollten, um ihrer gesellschaftlichen Verantwortung gerecht zu werden. Diese weltweite Standardisierung füllt die Definition von sozialer Verantwortung und Nachhaltigkeit einheitlich mit Leben und gibt konkrete Handlungsvorschläge zur Organisationsführung, zu Arbeitsbedingungen, Umweltschutz und weiteren Kernthemen gesellschaftlich verantwortlichen Handelns.

ISO 26000 bietet die Chance, das Verhalten Ihres Unternehmens kritisch zu hinterfragen und anzupassen. Gleichzeitig ermöglicht die Einhaltung der Prinzipien eine glaubhafte Kommunikation, die von Anlegern, Geschäftspartnern und Konsumenten weltweit verstanden und einheitlich beurteilt wird.

Karl-Christian Bay
Gründer und Inhaber von BAY Wirtschaftsprüfer ▪ Rechtsanwälte

Vorwort des Verlegers

Viele Menschen kennen die „International Organization for Standardization“ (ISO) gar nicht. Oder sie bringen die ISO nur mit technischen Normen in Verbindung. Dass die Organisation die Vision verfolgt, Umwelt, natürliche Ressourcen sowie Verbraucher zu schützen, ist wenig bekannt. Das wird sich durch die ISO 26000 ändern.

Die ISO-Mitglieder kommen aus 163 Ländern. 163 Länder entsprechen 84 % der von den Vereinigten Nationen anerkannten Staaten. Wenn eine so große, supranationale Vereinigung einen konkreten Leitfaden für die soziale Verantwortung von Organisationen erarbeitet, dann lässt sich das nicht ignorieren.

Wer die über 100 Seiten des Leitfadens liest, ist überrascht, wie konkret die Handlungsanweisungen sind. Die Verfasser haben massive Arbeit geleistet. Sie haben ein Dokument geschaffen, mit dem sich weltweit jede Organisation beschäftigen sollte. Der Leitfaden sorgt für Diskussion - und für Druck.

Herausgeber und Verlag haben während der Erstellung dieses Buchs emotionale Reaktionen erlebt, die man sonst bei ISO-Normen nicht kennt. Es gibt in Teilen der deutschen Industrie Widerstand. Offen will sich dazu nur kaum einer äußern. Das ist verständlich, denn ISO-Kritiker könnten ungerechterweise als Feinde der sozialen Verantwortung, des Umweltschutz, der Nachhaltigkeit etc. abgestempelt werden.

Die Kritiker hoffen, dass die ISO 26000 – wie viele gut gemeinte internationale Initiativen – unbeachtet in den Archiven der Weltgeschichte verschwinden wird.

Ich glaube das nicht. Es gibt zu viele Stakeholder, die ihre Interessen sowie Rechte durch die ISO dokumentiert sehen. Und das Internet bewahrt publizierte Ideen vor dem Vergessen. Zudem spiegelt der Leitfaden eine Gedankenwelt wieder, die sich im Kontext der fortschreitenden Globalisierung verbreitet. Den Leitfaden zu ignorieren, ist keine intelligente Lösung.

Für uns Mitteleuropäer, die wir lange Wege vom Despotismus zum freiheitlichen Gemeinwesen und von der Manufaktur zur hoch automatisierten Fabrik gegangen sind, ist die ISO 26000 inhaltlich ein Heimspiel. Schwieriger wird es, wenn unsere Wirtschaftsbeziehungen zu anderen Kulturen ins Spiel kommen. Wie viel Toleranz ist gut und wann sind die Grenzen erreicht? Der Leitfaden gibt einige Antworten.

Ich bin sicher, dass die Beachtung des ISO 26000 bei vielen Unternehmen und Stakeholder-Organisationen zusätzliche Arbeit und Kosten verursachen wird. Das lässt sich nicht vermeiden, wenn es über Lippenbekenntnisse in Sachen „Social Responsibility“ hinausgehen soll. Der Leitfaden korrespondiert aber mit bestehenden Compliance-Vorschriften und Gesetzen.

Da es zur Vision der ISO gehört, den globalen Handel zu fördern, verpflichten die Verfasser des Leitfadens die Organisationen nicht auf Umsetzungstermine oder komplexe Zertifizierungsverfahren. Einsicht, Freiwilligkeit und individuelle Rahmenbedingungen bestimmen die Realisierung. Fast! Die ISO 26000 vertraut nämlich bei der globalen Umsetzung auf den

Domino-Effekt. Wer sich zu den Inhalten des Leitfadens bekennt, muss auch seine Partner einbinden. Das ist virales Marketing. Kaum zu stoppen, wenn ein paar große Unternehmen aktiv werden. Da stellt sich für die Entscheider in den Organisationen die Frage, ob man besser frühzeitig zu den Treibern gehört oder später zu den Getriebenen.

Dieses Buch soll Kritikern und Befürwortern helfen, mit dem Leitfaden proaktiv umzugehen. Es unterstützt das Verständnis der Inhalte, liefert den Vergleich zu bestehenden Regelungen und berät bei der praktischen Umsetzung. Mit den Schnell-Lese-Leisten verschaffen Sie sich sehr rasch einen Themenüberblick. Im Fließtext erhalten Sie ausführliche Informationen und Tipps.

Ich danke dem Autorenteam um Herrn Karl-Christian Bay für die hervorragende Zusammenarbeit und die kompetente Bearbeitung. Es ist selten, dass ein komplexes Buchprojekt von Autoren so stringent geplant sowie inhaltlich und terminlich auf den Punkt geliefert wird.

Unser Verlag kann auf eine über 150 Jahre lange Firmengeschichte zurückblicken. In dieser Zeit gab es einige Werke, deren Themen und Inhalte verlagsintern heiß diskutiert wurden. Dieses Buch gehört definitiv dazu - und spannt den Bogen weiter. Schließlich betrifft der ISO 26000 auch uns als Organisation.

Hans-Joachim Jauch
Geschäftsführer
Oldenbourg Industrieverlag

Inhalt

Abkürzungsverzeichnis

Abkürzung	**Bedeutung**
ABl EU	Amtsblatt der Europäischen Union
Abs.	Absatz
AEUV	Vertrag über die Arbeitsweise der Europäischen Union
AG	Aktiengesellschaft
AGG	Allgemeines Gleichbehandlungsgesetz
AktG	Aktiengesetz
AMG	Gesetz über den Verkehr mit Arzneimitteln
ArbGG	Arbeitsgerichtsgesetz
ArbnErfG	Gesetz über Arbeitnehmererfindungen
ArbSchG	Gesetz über die Durchführung von Maßnahmen des Arbeitsschutzes zur Verbesserung der Sicherheit und des Gesundheitsschutzes der Beschäftigten bei der Arbeit
ArbZG	Arbeitszeitgesetz
Art.	Artikel
AWG	Außenwirtschaftsgesetz
AWV	Außenwirtschaftsverordnung
BAG	Bundesarbeitsgericht
BattG	Gesetz über das Inverkehrbringen, die Rücknahme und die umweltverträgliche Entsorgung von Batterien und Akkumulatoren
BayStVollzG	Bayerisches Strafvollzugsgesetz
B-BBEE	Broad-Based Black Economic Empowerment
BBBEEA	Broad-Based Black Economic Empowerment Act
BBiG	Berufsbildungsgesetz
BBodSchG	Gesetz zum Schutz vor schädlichen Bodenveränderungen und zur Sanierung von Altlasten
BDA	Bundesvereinigung der Deutschen Arbeitgeberverbände
BDI	Bundesverband der Deutschen Industrie e.V.

BDSG	Bundesdatenschutzgesetz
BEE	Black Economic Empowerment
BEEG	Gesetz zum Elterngeld und zur Elternzeit
BetrSichV	Verordnung über Sicherheit und Gesundheitsschutz bei der Bereitstellung von Arbeitsmitteln und deren Benutzung bei der Arbeit, über Sicherheit beim Betrieb überwachungsbedürftiger Anlagen und über die Organisation des betrieblichen Arbeitsschutzes
BetrVG	Betriebsverfassungsgesetz
BGB	Bürgerliches Gesetzbuch
BImSchG	Gesetz zum Schutz vor schädlichen Umwelteinwirkungen durch Luftverunreinigungen, Geräusche, Erschütterungen und ähnliche Vorgänge
BImSchV	Verordnung zur Durchführung des Bundes-Immissionsschutzgesetzes
BImSchVO	Bundesimmissionsschutzverordnung
BMLFUW	Bundesministerium für Land- und Forstwirtschaft, Umwelt und Wasserwirtschaft
BNatSchG	Gesetz über Naturschutz und Landschaftspflege
BUrlG	Mindesturlaubsgesetz für Arbeitnehmer
BVerfGE	Entscheidungen des Bundesverfassungsgerichts
CC	Corporate Citizenship
CG	Corporate Governance
CH_4	Methan
ChemG	Gesetz zum Schutz vor gefährlichen Stoffen
ChemVerbotsV	Verordnung über Verbote und Beschränkungen des Inverkehrbringens gefährlicher Stoffe, Zubereitungen und Erzeugnisse nach dem Chemikaliengesetz
CO_2	Kohlendioxid
COPOLCO	Committee on Consumer Policy
CR	Corporate Responsibility
CSR	Corporate Social Responsibility
DCGK	Deutscher Corporate Governance Kodex
DIN	Deutsches Institut für Normung

DIS	Draft International Standard
EEG	Gesetz für den Vorrang Erneuerbarer Energien
EEWärmeG	Gesetz zur Förderung Erneuerbarer Energien im Wärmebereich
EG	Europäische Gemeinschaft
EGBGB	Einführungsgesetz zum Bürgerlichen Gesetzbuche
EMAS	Eco-Management and Audit Scheme
EntgeltFG	Gesetz über die Zahlung des Arbeitsentgelts an Feiertagen und im Krankheitsfall
EnWG	Gesetz über die Elektrizitäts- und Gasversorgung
ERP	Enterprise Resource Planning
EUV	Vertrag über die Europäische Union
f.	folgende
FCPA	Foreign Corrupt Practices Act
FDIS	Final Draft International Standard
ff.	fortfolgende
GG	Grundgesetz für die Bundesrepublik Deutschland
GmbH & Co. KG	Gesellschaft mit beschränkter Haftung & Compagnie Kommanditgesellschaft
GmbHG	Gesetz betreffend die Gesellschaften mit beschränkter Haftung
GoB	Grundsätze ordnungsmäßiger Buchführung
GPSG	Gesetz über technische Arbeitsmittel und Verbraucherprodukte
GPSGV	Verordnung zum Geräte- und Produktsicherheitsgesetz
GWB	Gesetz gegen Wettbewerbsbeschränkungen
GwG	Gesetz über das Aufspüren von Gewinnen aus schweren Straftaten
HGB	Handelsgesetzbuch
IBLF	International Business Leaders Forum
IDW	Institut der Wirtschaftsprüfer
IIRC	International Integrated Reporting Committee
ILO	International Labour Organisation
ISO	International Organization for Standardization

JArbSchG	Gesetz zum Schutz der arbeitenden Jugend
KPI	Key Performance Indicator
KrW-/AbfG	Gesetz zur Förderung der Kreislaufwirtschaft und Sicherung der umweltverträglichen Beseitigung von Abfällen
KrWaffKontrG	Ausführungsgesetz zu Artikel 26 Abs. 2 des Grundgesetzes (Kriegswaffenkontrollgesetz)
KSchG	Kündigungsschutzgesetz
kWh	Kilowattstunde
KyotoProtG	Gesetz zu dem Protokoll von Kyoto vom 11. Dezember 1997 zum Rahmenübereinkommen der Vereinten Nationen über Klimaänderungen (Kyoto-Protokoll)
LFGB	Lebensmittel-, Bedarfsgegenstände- und Futtermittelgesetzbuch
MarkenG	Gesetz über den Schutz von Marken und sonstigen Kennzeichen
MitbestG	Gesetz über die Mitbestimmung der Arbeitnehmer
MPG	Gesetz über Medizinprodukte
MuSchG	Gesetz zum Schutz der erwerbstätigen Mutter
N_2O	Distickstoffmonoxid
NGO	Non-Governmental Organization
NZA	Neue Zeitschrift für Arbeitsrecht
OECD	Organisation for Economic Cooperation and Development
PartG	Gesetz über die politischen Parteien
PatG	Patentgesetz
ProdHaftG	Gesetz über die Haftung für fehlerhafte Produkte
PS	Prüfungsstandard
Rn.	Randnummer
SGB	Sozialgesetzbuch
StGB	Strafgesetzbuch
StomGVV	Verordnung über Allgemeine Bedingungen für die Grundversorgung von Haushaltskunden und die Ersatzversorgung mit Elektrizität aus dem Niederspannungsnetz

StromNEV	Verordnung über die Entgelte für den Zugang zu Elektrizitätsversorgungsnetzen
StVollzG	Gesetz über den Vollzug der Freiheitsstrafe und der freiheitsentziehenden Maßregeln der Besserung und Sicherung
TA Luft	Technische Anleitung zur Reinhaltung der Luft
TEHG	Gesetz über den Handel mit Berechtigungen zur Emission von Treibhausgasen
TMB	Technical Management Board
TVG	Tarifvertragsgesetz
TzBfG	Gesetz über Teilzeitarbeit und befristete Arbeitsverträge
UN	United Nations
UNCED	United Nations Conference on Environment and Development
UNEP	United Nations Environment Programme
UNGC	United Nations Global Compact
UrhG	Gesetz über Urheberrecht und verwandte Schutzrechte
UWG	Gesetz gegen den unlauteren Wettbewerb
VAG	Gesetz über die Beaufsichtigung der Versicherungsunternehmen
VerpackV	Verordnung über die Vermeidung und Verwertung von Verpackungsabfällen
VersammlG	Gesetz über Versammlungen und Aufzüge
vgl.	vergleiche
VorstAG	Gesetz zur Angemessenheit der Vorstandsvergütung
WBCSD	World Business Council for Sustainable Development
WG SR	Working Group on Social Responsibility
WHG	Gesetz zur Ordnung des Wasserhaushalts
WpHG	Gesetz über den Wertpapierhandel
WPO	Wirtschaftsprüferordnung
WpPG	Gesetz über die Erstellung, Billigung und Veröffentlichung des Prospekts, der beim öffentlichen Angebot von Wertpapieren oder bei der Zulassung von Wertpapieren zum Handel an einem organisierten Markt zu veröffentlichen ist

1 Ziele und Bedeutung der ISO 26000

1.1 Einführung

Der Übernahme gesellschaftlicher Verantwortung kann sich in der heutigen Zeit kaum ein Unternehmen mehr entziehen. Viele Firmen beschäftigen ganze Abteilungen mit der Erarbeitung und Umsetzung von Projekten, die der Umwelt oder sozialen Belangen zugutekommen. Dabei stehen häufig auch beträchtliche finanzielle Mittel zur Disposition. Dies provoziert die Frage, warum nach Gewinn strebende Unternehmen, sich freiwillig für Umwelt- oder Sozialprojekte engagieren?

Die Weltwirtschaft erfuhr während der letzten Jahrzehnte eine rasante Entwicklung. Die Veränderungen waren dabei so tiefgreifender Natur, dass sich eigens dafür ein Begriff etabliert hat: Globalisierung. Im Zuge dieser verlagerten sich bedeutende Teile der Wertschöpfung von den Industrienationen in einige der vormals wirtschaftlich weniger entwickelten Regionen. Die weltweite Abhängigkeit und Vernetzung der Unternehmen erreichte eine noch nie dagewesene Intensität.

Die staatlichen Strukturen konnten mit dieser Entwicklung nicht Schritt halten. Im Gegenteil, während auf der einen Seite mehrere Staaten zerbrachen, blieben auf der anderen Seite weitreichende internationale Kooperationen wie die Europäische Union eine Ausnahme.

Durch dieses Auseinanderfallen der Entwicklung von Staat und Wirtschaft, stellen sich auch neue Herausforderungen für die Verankerung gesellschaftlicher Verantwortung in den Unternehmen. Während Einzelstaaten früher notfalls auf Gesetze zurückgreifen konnten, um ein Mindestmaß von Verantwortung sicherzustellen, ist dies durch die Aufteilung der Wertschöpfungsketten auf verschiedene Länder heute kaum mehr realistisch.

Zudem befinden wir uns in einer modernen Informationsgesellschaft. Schnellere Kommunikationswege und eine ausführliche mediale Berichterstattung sorgen für mehr Transparenz und eine umfassende Information aller Interessengruppen. Die Wahrscheinlichkeit, dass soziale oder ökologische Verfehlungen von Unternehmen publik werden, wird damit zunehmend größer und trifft Unternehmen an einer sehr empfindlichen Stelle, ihrer Reputation. Nicht zuletzt die damit einhergehenden enormen ökonomischen Folgen zwingen Unternehmen, sich ihrer gesellschaftlichen Verantwortung zu stellen. Die zunehmende Sensibilisierung vieler Konsumenten in Bezug auf soziale, ethische und ökologische Aspekte trägt zu dieser Entwicklung zusätzlich bei.

Kapitel 1 des vorliegenden Buchs beschäftigt sich mit der Bedeutung und den Zielen gesellschaftlicher Verantwortung. Dabei wird auch die Vielzahl der in diesem Zusammenhang gebräuchlichen Begriffe voneinander abgegrenzt und die Bedeutung der ISO 26000 eingeordnet.

Im zweiten Kapitel wird der historische Hintergrund gesellschaftlicher Verantwortung dargestellt. Es wird vor allem auf die Entwicklung der ISO 26000 sowie auf die Motivation der am Entstehungsprozess beteiligten Interessengruppen eingegangen.

Kapitel 3 stellt die ISO 26000 vor. Dabei werden jedoch die umfangreichen Ausführungen dazu nicht eins zu eins wiedergegeben, sondern vielmehr die wichtigsten Aussagen zu Prinzipien und Kernthemen gesellschaftlicher Verantwortung zusammengefasst.

Das vierte Kapitel vergleicht die Empfehlungen der ISO 26000 überblicksartig mit bestehenden deutschen Gesetzen und Regelwerken. Dabei wird darauf abgehoben, inwieweit alleine durch das Beachten deutscher Gesetze, gesellschaftliche Verantwortung bereits sichergestellt ist. Zudem wird auf ausgewählte supranationale und andere nationale Regelwerke wie der US-amerikanische FCPA eingegangen.

Gesellschaftliche Verantwortung auf Basis der ISO 26000 in Unternehmen zu etablieren, ist eine komplexe Aufgabe. In Kapitel 5 sollen daher praxisrelevante Hinweise gegeben werden, was bei einem solchen Projekt beachtet werden muss. Die Ausführungen orientieren sich am typischen Projektablauf, wobei die einzelnen Projektphasen auf Basis von zwei Fallbeispielen beschrieben werden.

Nachfolgend wird in Kapitel 6 in einem Fazit zu den wichtigsten Erkenntnissen Stellung genommen. Auch Vertreter der Wirtschaft und verschiedener Interessengruppen der ISO 26000 kommen hier zu Wort.

An geeigneten Stellen werden im Verlauf des Buchs verschiedene Beispiele von Unternehmen gezeigt, die sich in den Handlungsfeldern der ISO 26000 entweder durch außergewöhnliches Engagement hervorgetan oder gegen grundlegende Prinzipien gesellschaftlicher Verantwortung verstoßen haben. Das Ziel ist es dabei nicht, einzelne Handlungsempfehlungen der ISO 26000 mithilfe von Beispielen näher auszuführen, sondern vielmehr soll die grundsätzliche Relevanz der Übernahme gesellschaftlicher Verantwortung anhand von Praxisfällen belegt werden.

Am Ende des Buchs wird ein Fragenkatalog vorgestellt, dessen Bearbeitung erste Hinweise für die weitere Analyse des eigenen Unternehmens in Bezug auf gesellschaftliche Verantwortung geben kann. Eine elektronische Version dieses Quickchecks und weiterführende Hinweise sind im Internet unter der Adresse www.sr4u.org zu finden.

1.2 Gesellschaftliche Verantwortung im Kontext

Eine große Zahl von Unternehmen engagiert sich freiwillig. Dabei gibt es ein weites Spektrum denkbarer Maßnahmen: regionales Sponsoring, Wahrnehmung sozialer Aufgaben, Umweltinitiativen oder Projekte zur Förderung von Menschenrechten in der Dritten Welt. Über diese eher wertschöpfungsfernen Initiativen gibt es auch eine Reihe von Themen, die näher am Geschäftszweck der Unternehmen sind und dennoch Raum für ein freiwilliges ökologisches, soziales und ökonomisches Engagement bieten: Steigerung der Ressourcen- bzw. Energieeffizienz, Weiterbildung der Mitarbeiter oder Arbeitsschutzverbesserungen sind nur einige Beispiele.

Im Einklang mit der Vielzahl von Maßnahmen hat sich auch eine Flut von Begrifflichkeiten herausgebildet. So wird im Zusammenhang mit dem freiwilligen Engagement von Unternehmen gerne und in beliebigem Wechsel von „Nachhaltigkeit“, „Corporate Social Responsibility“ (CSR), „Corporate Responsibility” (CR), „Corporate Citizenship” (CC) oder „Corporate Governance“ (CG) gesprochen.

Obwohl die Begriffe sehr unterschiedlich verwendet werden, soll im Folgenden versucht werden, die verschiedenen Bezeichnungen thematisch einzuordnen.

Unternehmerische Verantwortung/Corporate Responsibility

Unternehmerische Verantwortung, englisch Corporate Responsibility, beschreibt das Verantwortungsbewusstsein eines Unternehmens, wo und wann immer die Geschäftstätigkeit Auswirkungen auf Gesellschaft, Mitarbeiter, Umwelt und wirtschaftliches Umfeld hat. Unternehmerische Verantwortung steht dabei für eine Unternehmensphilosophie, in deren Mittelpunkt Transparenz, ethisches Verhalten und Respekt vor den Stakeholdern stehen. Der Begriff umfasst Corporate Social Responsibility, Corporate Governance und Corporate Citizenship.

Unternehmernehmerische Verantwortung umfasst die Themenbereiche Corporate Social Responsibility, Corporate Governance und Corporate Citizenship.

Ein Grundstein von CR ist der offene Dialog mit den Stakeholdern des Unternehmens. Stakeholder sind zum Beispiel Kunden, Mitarbeiterinnen und Mitarbeiter, Investoren, Lieferanten, der Staat und Nichtregierungsorganisationen. [12]

Corporate Social Responsibility bedeutet eine über rechtliche Pflichten hinausgehende freiwillige Übernahme gesellschaftlicher Verantwortung durch Unternehmen. Die Europäische Union definiert CSR als ein System, „das den Unternehmen als Grundlage dient, auf freiwilliger Basis soziale Belange und Umweltbelange in ihre Unternehmenstätigkeit und in die Wechselbeziehungen mit den Stakeholdern zu integrieren“. [37] CSR soll nicht politisches Handeln

	Corporate Responsibility			
Corporate Governance	Corporate Social Responsibility (= Nachhaltigkeit)			Corporate Citizenship
CG Kodex	Tripple Bottom Line			Corporate Giving
Antikorruption	Ökonomische Verantwortung	Ökologische Verantwortung	Soziale Verantwortung	Corporate Volunteering
Transparenz				Corporate Foundations

Abb. 1 Corporate Responsibility – Definition und Abgrenzung, in Anlehnung an Ruter, R. X. [107]

und die Gesetzgebung ersetzen, vielmehr soll CSR die Chance bieten, weitergehende gesellschaftliche Ziele zu verfolgen und Standards zu setzen. [10]

Corporate Citizenship

Corporate Citizenship von Unternehmen bezeichnet Investitionen in das Gemeinwesen, die ein Unternehmen freiwillig leistet. Hierfür stellt das Unternehmen beispielsweise finanzielle Mittel, eigene Produkte bzw. Know-how oder die Arbeitskraft eigener Mitarbeiter zur Verfügung. Das Engagement kann durch Spenden und Sponsoring, Corporate Volunteering und Public Private Partnerships verwirklicht werden. Das Engagement sollte in die Nachhaltigkeitsstrategie von Unternehmen eingebettet werden und einen engen Bezug zum Kerngeschäft bzw. zur Kernkompetenz aufweisen, um glaubwürdig zu sein. Durch regionales gesellschaftliches Engagement können Vorteile sowohl für die Region als auch für das Unternehmen selbst generiert werden.[10] Beispielhaft ist hier das regionale Engagement von Sparkassen zu nennen.

Corporate Governance

Corporate Governance kann mit „Grundsätze verantwortungsvoller Unternehmensführung" übersetzt werden. Sie dient der Gewährleistung einer unab-

Beispiel:

Sparkassen, Deutschland

Sparkassen sind öffentlich-rechtliche Kreditinstitute, sogenannte „Anstalten des öffentlichen Rechts". Sie werden von einer Gebietskörperschaft errichtet und dienen dazu, die Versorgung der Bevölkerung und der Wirtschaft innerhalb ihres Geschäftsgebiets sicherzustellen. Die Sparkassengesetze der Länder regeln das Sparkassenwesen.

Für alle Sparkassen gilt das sogenannte „Regionalprinzip", das heißt, dass sich die Institute grundsätzlich nur in ihrem Geschäftsgebiet betätigen dürfen. Die Sparkassen sollen der Bevölkerung Möglichkeiten für eine sichere und verzinsliche Geldanlage bieten, die örtlichen Kreditbedürfnisse befriedigen und den bargeldlosen Zahlungsverkehr fördern. Die örtlichen Sparkassen gewährleisten dies unter anderem durch eine gewisse Filial- und Geldautomatendichte in ihrem Geschäftsgebiet.

Die Institute sind zudem verpflichtet, dem Gemeinwohl zu dienen. Diesem Zweck werden sie durch die Verwendung eines Teils ihres Jahresüberschusses für gemeinnützige, kulturelle, wissenschaftliche oder soziale Zwecke in ihrem Geschäftsgebiet gerecht. Auch im Sponsoring zeigt sich das vom Gesetzgeber gewollte Engagement für die Allgemeinheit.

So legt beispielsweise das Sparkassengesetz des Landes Nordrhein-Westfalen fest, dass ein Teil des Jahresüberschusses der Sparkassen für gemeinwohlorientierte örtliche Aufgaben des Trägers oder für gemeinnützige Zwecke zu verwenden ist. Ähnliche Regelungen finden sich in allen Landessparkassengesetzen. [121]

Der Ausschüttungsbetrag ist laut Gesetz zur Erfüllung der gemeinwohlorientierten örtlichen Aufgaben des Trägers oder für gemeinnützige Zwecke zu verwenden und damit auf die Förderung des Engagements vor allem in den Bereichen Bildung und Erziehung, Soziales und Familie, Kultur und Sport sowie Umwelt zu beschränken. [121]

Aus diesem Grund ist beispielsweise die Sparkasse KölnBonn mit zahlreichen von ihr getragenen Stiftungen einer der größten regionalen Förderer der Kunst- und Kulturszene. Für das von der „SK Stiftung Kultur" angelegte Förderprogramm für Projekte der freien Kulturszene in Köln stellt die Sparkasse KölnBonn jährlich 400.000 Euro bereit. Bislang konnten durch das Förderprogramm mehr als 240 Projekte aus den Sparten Musik, Tanz, Film und Literatur unterstützt werden. [118]

Gleichermaßen engagiert sich die Sparkasse für die Förderung des regionalen Sportangebots. Dabei werden sowohl der lokale Breitensport als auch international besetzte Sportveranstaltungen unterstützt, die im Geschäftsgebiet der Sparkasse stattfinden. [120]

Auch im sozialen Bereich werden zahlreiche Projekte von der Sparkasse gefördert. Beispielsweise ermöglichen es die Mittel des „PS-Zweckertrags" gemeinnützigen Vereinen, Institutionen und Gruppen wichtige Anschaffungen zu tätigen oder Projekte zu realisieren. Die Gelder dafür stammen aus einer besonderen Sparform, bei der das Sparen mit einer Lotterie verbunden ist. Dort hinein fließen 20 Prozent der Sparrate, aus der monatlich zwischen 2,50 und 250.000 Euro an als gemeinnützig anerkannte Träger der Jugend-, Wohlfahrts- und Kulturpflege ausgeschüttet werden. [119]

Die regionale Förderung der Sparkassen beinhaltet auch zahlreiche Bildungsprojekte sowie ein Engagement für Umwelt- und Klimaschutz. Bereits seit 1995 setzt die Sparkasse KölnBonn das 1992 auf der Konferenz für Umwelt und Entwicklung in Rio de Janeiro verabschiedete Aktionsprogramm „Agenda 21“ lokal um.

Zur Förderung des Klimaschutzes hat das Institut im April 2010 die „Stiftung Bonner Klimabotschafter“ als Plattform für ein breites bürgerschaftliches Engagement in dieser Angelegenheit ins Leben gerufen. Damit sollen zahlreiche Bürgerinnen und Bürger sowie Unternehmen und Organisationen der Region gewonnen werden, die die Stiftung als Klimabotschafter aktiv unterstützen. [117]

hängigen, wert- und erfolgsorientierten Unternehmensführung und damit der Sicherung und Steigerung des Unternehmenswerts. Auch als „Unternehmensverfassung“ bezeichnet, umfasst Corporate Governance die Rechte und Pflichten aller Organe eines Unternehmens, beispielsweise der Geschäftsführung, dem Kontrollgremium, den Aktionären und sonstigen Stakeholdern. Auch findet die Dokumentation der Prozesse und Regeln für die Entscheidungsfindung in einem Unternehmen hier statt. [10], [40]

Nachhaltigkeit

Nachhaltigkeit bedeutet, dass man die Bedürfnisse der heutigen Generation nicht auf Kosten der Möglichkeiten zukünftiger Generationen befriedigen darf.

Der Brundtland-Bericht beschreibt 1987 nachhaltige Entwicklung folgendermaßen: Nachhaltigkeit entspricht der Erfüllung der Bedürfnisse der jetzigen Generation, ohne dabei die Möglichkeiten zukünftiger Generationen zu gefährden, deren Bedürfnisse zu befriedigen. [8] Dieser ursprünglichen Bedeutung der Erhaltung ökologischer Ressourcen fügt die Agenda 21, das Leitpapier zur nachhaltigen Entwicklung, auf der Konferenz für Umwelt und Entwicklung der Vereinten Nationen (UNCED) in Rio de Janeiro im Jahr 1992 die Verpflichtung hinzu, auch mit gesellschaftlichen Ressourcen verantwortungsvoll umzugehen.

Aus den drei Dimensionen Ökonomie, Ökologie und Soziales leitet sich das sogenannte „Drei-Säulen-Modell“ der Nachhaltigkeit ab. [13]

Social Responsibility im Sinne der ISO 26000

Die ISO 26000 beschäftigt sich mit „gesellschaftlicher Verantwortung“. Der dazugehörige englische Begriff „Social Responsibility“ weist eine vermeintliche Ähnlichkeit mit „Corporate Social Responsibility“ auf, wohingegen der Anforderungskatalog aus der ISO 26000 eher eine inhaltliche Nähe zum Begriff „Corporate Responsibility“ nahelegt. Die Beschränkung auf Unternehmen („Corporate“) wird jedoch in der ISO 26000 aufgegeben und auf die Übernahme gesellschaftlicher Verantwortung, unabhängig vom Organisationstyp, abgestellt.

Was das Verhältnis von „Social Responsibility" und „Nachhaltigkeit" betrifft, führt die ISO 26000 aus, dass beide Begriffe zwar eng verwandt sind, es sich jedoch gleichsam um verschiedene Konzepte handelt. Nachhaltigkeit wird vor allem als Möglichkeit gesehen, die übergeordneten Erwartungen der Gesellschaft in einem einzigen Konzept kompakt zusammenzufassen. Daher sollte ein übergreifendes Ziel gesellschaftlicher Verantwortung darin bestehen, zu nachhaltiger Entwicklung beizutragen.

Die ISO 26000 definiert „Social Responsibility" als die Verantwortung einer Organisation für die Auswirkungen ihrer Entscheidungen und Tätigkeiten auf die Gesellschaft und die Umwelt durch transparentes und ethisches Verhalten, das

- zur nachhaltigen Entwicklung, einschließlich Gesundheit und Gemeinwohl, beiträgt,
- die Erwartungen der Stakeholder berücksichtigt,
- anwendbares Recht erfüllt und mit internationalen Verhaltensstandards übereinstimmt
- und in die gesamte Organisation integriert ist und in ihren Beziehungen gelebt wird. [72]

1.3 Aktuelle Einflüsse auf gesellschaftliche Verantwortung

„Erfolgreiche Unternehmen brauchen eine intakte Gesellschaft und eine intakte Gesellschaft braucht erfolgreiche Unternehmen." [100] Diese kurze und prägnante Aussage stellt sehr plakativ die Grundlagen für das verantwortungsbewusste Handeln von Unternehmen dar. Die Rolle, die die Wirtschaft in einer Gesellschaft einnimmt ist dynamisch und verändert sich mit den sozialen, technischen und umweltbedingten Entwicklungen. Ebenso sind die gesellschaftlichen Erwartungen an unternehmerisches Handeln von umfassenden politischen und wirtschaftlichen Ereignissen geprägt und verändern sich im Laufe der Zeit.

Daher sehen sich Unternehmen zunehmend in einem Spannungsfeld gesellschaftlicher Veränderungsprozesse. Dabei wird das Handeln direkt oder indirekt vor allem von folgenden Trends beeinflusst:

- der Globalisierung von Produktions- und Wertschöpfungsketten,
- der Verfügbarkeit von Informations- und Kommunikationstechnologien,
- der Verknappung natürlicher Ressourcen,
- der weltweiten sozialen Ungleichheit. [100]

Die Globalisierung von Wertschöpfungsketten

Globalisierung sollte man als Chance für Produktinnovationen und den Zugang zu neuen Märkten sehen. Gleichwohl sind die Risiken zu berücksichtigen.

In einer globalisierten Welt, in der nationale Grenzen zunehmend an Bedeutung verlieren, haben Unternehmen leicht die Möglichkeit, auch weltweit zu agieren. Die Möglichkeiten, Fabriken in diejenigen Teile der Welt zu verlegen, die gerade die besten Standortbedingungen bieten, oder bei der externen Auftragsvergabe auf beliebige internationale Lieferanten zurückgreifen zu können, werden von Unternehmen durchaus als Chancen gesehen und daher gerne wahrgenommen. Besonders Kostenvorteile haben Unternehmen lange Zeit dazu veranlasst, ihre Aktivitäten vor allem in Osteuropa und Asien auszubauen.

Eine globale Wertschöpfungskette kann die Basis für Produktinnovationen sein, denn Vielfalt ist eine Quelle der Kreativität. Auch kann internationale Präsenz von Vorteil bei der Erschließung neuer Absatzmärkte sein.

Bei allen Vorzügen, muss man sich aber ebenso der negativen Auswirkungen globaler Wertschöpfungsketten bewusst sein. Die ökonomische Abhängigkeit von ausländischen Zulieferern steigt, während die Möglichkeiten zur Kontrolle und zur gezielten Einflussnahme dies nicht in gleichem Maße tun. Zwar werden häufig zu Beginn einer Geschäftsbeziehung sogenannte „Lieferanten-Audits“ durchgeführt und idealerweise auch in unregelmäßigen Abständen wiederholt, aber allein durch die räumliche Distanz ist eine fortlaufende Überwachung von beispielsweise Arbeitsbedingungen oder Umweltstandards nur eingeschränkt möglich.

Da Standortentscheidungen häufig nur auf der Grundlage ökonomischer Auswahlkriterien getroffen werden und dabei geringere gesetzliche Auflagen in Bezug auf Umweltschutz oder Arbeitsbedingungen zunächst kostengünstiger erscheinen, besteht die Gefahr des sogenannten „Race to the Bottom“. Dies beschreibt eine Theorie, nach der sich die Gesetzgeber weltweit aufgrund der Globalisierung gewissermaßen in einem Wettbewerb um immer niedrigere Umwelt-, Sozial- und Arbeitsstandards befinden, um kurzfristig vermeintliche Kostenvorteile für Investoren zu schaffen. [57]

Umso bedeutender ist die Entwicklung eines Standards zur gesellschaftlichen Verantwortung, der weltweit gültig ist. Die ISO 26000 wurde von Stakeholdern aus ca. 100 Nationen mehr als sechs Jahre lang intensiv diskutiert und erarbeitet und wurde auf der Basis eines gemeinsamen Verständnisses am 1. November 2010 veröffentlicht. Die hohe Reputation der nationalen Normungsinstitute (in Deutschland ist dies das DIN) in den jeweiligen Ländern wird die Durchsetzung der ISO 26000 auf jeden Fall unterstützen.

Die Verfügbarkeit von Informations- und Kommunikationstechnologien

Moderne Informations- und Kommunikationstechnologien fördern unternehmerische Geschwindigkeit und Transparenz.

Die Leistungsfähigkeit moderner Informations- und Kommunikationstechnologien hat sich in den letzten Jahren enorm erhöht. Dies ermöglicht in fast allen Teilen der Welt eine zunehmend effizientere Kommunikation. Informationen gelangen innerhalb kürzester Zeit von einem Teil der Erde zu einem anderen.

Dies erleichtert die grenzüberschreitende Zusammenarbeit deutlich. Der Informationsaustausch, vor allem mit Lieferanten, aber auch mit Kunden, wird vereinfacht. Die modernen Kommunikations- und Informationswege fördern außerdem die Transparenz – und zwar sowohl die gewollte als auch die ungewollte, denn die Möglichkeiten Informationen geheim zu halten, verringern sich mit der zunehmenden Verbreitung quasianonymer Medien wie dem Internet.

Die Verbreitung angeblicher oder tatsächlicher Verfehlungen eines Unternehmens erfolgt heute viel schneller, als dies noch vor Jahren möglich war. Das Resultat kann ein immenser öffentlicher Druck sein, auf bestimmte Art und Weise zu reagieren. Bei negativer Berichterstattung kann der Reputationsschaden erheblich sein. So hatte Greenpeace dem Shell-Konzern 1995, mit einer öffentlichkeitswirksamen Kampagne rund um das Vorhaben der Versenkung des Hochseeölspeichers Brent Spar, an einzelnen Tankstellen in Deutschland bis zu 50 Prozent Umsatzeinbußen beschert. Wenn Greenpeace auch letztendlich zugeben musste, dass es die zu erwartenden Umweltschäden übertrieben dargestellt hatte, war der Ruf von Shell nachhaltig geschädigt. [52]

Die Verknappung natürlicher Ressourcen

Knappe Ressourcen werden Unternehmen dazu bewegen, innovative Produkte zu entwickeln, um in Zukunft konkurrenzfähig zu sein.

Die gesamte Weltwirtschaft ist, unabhängig von der jeweiligen Branche oder von Unternehmenseigenschaften, direkt von der Nutzung natürlicher Ressourcen abhängig. Der Verbrauch an natürlichen Ressourcen, vor allem für die Produktion, nimmt ständig zu.

Aufgrund der Begrenztheit der Ressourcen, steht die Menschheit damit vor der großen Herausforderung, die vorhandenen natürlichen Ressourcen nicht auf Kosten kommender Generationen zu verschwenden. Außerdem führt der derzeitige Umgang mit den natürlichen Ressourcen vielerorts zu massiven globalen bzw. lokalen Umweltschäden. Beispielhaft lassen sich hier der Klimawandel, der Verlust der Artenvielfalt, die Bodenerosion, die Produktion von Abfällen oder die Luftverschmutzung nennen. [15]

Auch die ökonomische Bedeutung einer zunehmenden Verknappung der natürlichen Ressourcen ist nicht zu vernachlässigen. Durch eine weltweit steigende Nachfrage bei gleichzeitiger Verknappung werden auf den Weltmärkten immer höhere Preise gefordert.

Für Unternehmen wird es somit in Zukunft immer attraktiver bzw. zunehmend sogar überlebenswichtig, ressourcenschonende Produkte und Dienstleistungen anzubieten. Die Notwendigkeit erhöht sich vor dem Hintergrund einer steigenden Sensibilisierung der Öffentlichkeit für Umweltthemen nur noch weiter.

Über die Kostenvorteile hinaus, stehen vor allem einer innovativen verarbeitenden Industrie Möglichkeiten für neue Ertragsquellen offen. So hat die Europäische Union am 1. Januar 2005 den Emissionshandel mit CO_2 in ihren Mitgliedstaaten für bestimmte Branchen eingeführt.

Das Fazit lautet deshalb, dass die Verknappung der natürlichen Ressourcen zu einem Treiber für die Innovation nachhaltiger Produkte und zu einer erhöhten Ressourceneffizienz führen wird.

Die weltweite soziale Ungleichheit

Soziale Ungleichheit ist eine der größten Herausforderungen der heutigen Zeit. Innovative Geschäftsmodelle helfen, diese Ungleichheit zu überwinden.

Auf der Erde besteht in vielerlei Hinsicht eine enorme soziale Ungleichheit. Die materiellen sowie die immateriellen Ressourcen sind auf der Welt sehr ungleichmäßig verteilt. Daraus resultieren dramatische Unterschiede in den Möglichkeiten, eigene Bedürfnisse zu befriedigen.

Unternehmen müssen sich daher auf die Bedürfnisse sozial schwacher Menschen einstellen. Sie sind aufgerufen, Angebote zu schaffen, die auch für Bevölkerungsgruppen mit sehr geringem Einkommen finanzierbar sind. Eine Markterschließung in diesen Bevölkerungsschichten wurde bisher oft als ökonomisch nicht sinnvoll verworfen. Beispiele zeigen jedoch, dass auch Angebote für materiell benachteiligte Menschen mit eigenem ökonomischem Erfolg einhergehen können, wie es bei der „Grameen Bank" von Mohammed Yunus der Fall ist. Die Bank wurde weltweit bekannt, da sie erfolgreich Mikrokredite an arme Bevölkerungsschichten in Bangladesch vergibt. Mohammed Yunus wurde 2006 hierfür mit dem Friedensnobelpreis ausgezeichnet. [99]

In Regionen, in denen es enorme soziale Unterschiede gibt, besteht die weitaus größere Gefahr eines Aufruhrs und von Arbeitskämpfen. Diese gesellschaftliche und oft auch politische Instabilität birgt ein enormes Risiko für dort ansässige Unternehmen. Durch eine Förderung der Region, beispielsweise durch gezielte Unterstützung bei der Schul- und Berufsausbildung, die Vergabe von Stipendien und vor allem die angemessene Bezahlung von Arbeitskräften, kann diesen Gefahren nachhaltig entgegengewirkt werden.

Beispiel:

Ferrovial, Madrid, Spanien

Ferrovial ist ein spanischer Immobilien- und Baukonzern, der weltweit im Bereich Konstruktion, Infrastruktur und Immobilienmanagement tätig ist. Das Unternehmen arbeitet in 49 Ländern und beschäftigt über 100.000 Mitarbeiter. Zu den von Ferrovial verwalteten öffentlichen Gebäuden gehören der Heathrow Airport, der Chicago Skyway sowie zahlreiche Mautstraßen in verschiedenen Ländern. 60 Prozent der Unternehmensanteile sind noch im Besitz der Gründerfamilie. [41]

Das Entwicklungshilfeprojekt „Maji ni Uhai“ (Wasser ist Leben) des Konzerns wurde 2010 von der EU-Kommission mit dem Europäischen Umweltpreis in der Kategorie „Preis für internationale Zusammenarbeit“ ausgezeichnet. [38]

Dieser Preis geht an Unternehmen, die internationale Partnerschaften zum Austausch von Know-how und Technologie aufgebaut und so zum nachhaltigen Wachstum in Entwicklungsländern beigetragen haben. [38]

Das Projekt „Maji ni Uhai“ ist das Ergebnis einer innovativen Zusammenarbeit zwischen Ferrovial und der Nichtregierungsorganisation „African Medical and Research Foundation“ (AMREF). Beide kämpfen hier gegen die Armut, indem sie über 50.000 Menschen den Zugang zu sauberem Wasser ermöglichen, das heißt für über 40 Prozent der Bevölkerung im Serengeti-Gebiet in Tansania. Die Bereitstellung von sauberem Trinkwasser führt dort zu einer deutlichen Verbesserung des Lebensstandards, vor allem für Frauen und Kinder. [38]

In einem Zeitraum von mehr als drei Jahren stellte Ferrovial ein Budget von 1,8 Millionen Euro für „Maji ni Uhai“ zur Verfügung. Über 550 neue Infrastrukturmaßnahmen zur Trinkwasserversorgung konnten bereits realisiert werden. Die Initiative wird vom Konzern nicht nur finanziell, sondern auch mit Know-how und freiwilligen Helfern unterstützt. Zu den Maßnahmen gehören der Bau von Brunnen, Wasserleitungen, Reservoirs, Regenwasseraufbereitungsanlagen sowie die Bereitstellung von fließendem Wasser. Auch konnten zahlreiche Hygieneeinrichtungen in Schulen und anderen öffentlichen Gebäuden installiert werden. [42]

Ziel der Initiative „Maji ni Uhai“ ist es, die Wasserversorgung der Bevölkerung von 23 auf 40 Prozent und den Anteil der öffentlichen Gebäude, die mit sanitären Anlagen ausgestattet sind, von 16 auf 100 Prozent zu erhöhen. Zu Beginn des Projekts war in der Region kein sauberes Trinkwasser vorhanden und die Bevölkerung musste durchschnittlich rund vier Stunden Wegstrecke in Kauf nehmen, um zu sauberem Wasser zu gelangen. Mit Abschluss des Programms „Maji ni Uhai“ wird sie sich auf durchschnittlich 30 Minuten pro Tag verkürzen und die Wasserversorgung an allen Wasserstationen Trinkwasserqualität besitzen. [42]

Um die Nachhaltigkeit des Projekts sicherzustellen, werden in dessen Verlauf lokale Behörden und große Teile der Bevölkerung in Trainingsprogrammen über Wassernutzung und Hygieneanforderungen geschult. Damit wird gewährleistet, dass die errichteten Anlagen auch in Zukunft den beabsichtigten Nutzen erbringen. [42]

Als Preisbegründung bemerkte die Jury der EU-Kommission, dass das Projekt „Maji ni Uhai“ nicht nur den Lebensstandard der Menschen erheblich verbessert hat, sondern dass die Initiative eine genaue Anleitung zur Lösung eines in Entwicklungsländern weit verbreiteten Problems bietet und somit auch ein hohes Nachahmungspotenzial hat. [38]

1.4 Ein Leitfaden zur gesellschaftlichen Verantwortung der ISO

Die Vorteile von Normen

Die ISO hat seit ihrer Gründung mehr als 18.000 Standards publiziert. Diese fördern den internationalen Austausch von Gütern und Dienstleistungen.

Normen haben sich in vielen Bereichen durchgesetzt und sind aus der modernen Wirtschaft nicht mehr wegzudenken. So tragen sie dazu bei, dass beispielsweise ein Container aus Asien auf einen US-amerikanischen Lkw passt, und erhöhen dadurch die Effizienz der Logistikketten weltweit. Technische Normen erlangen ihre Bedeutung bzw. Akzeptanz aus wirtschaftlicher Notwendigkeit heraus. Üblicherweise betreffen sie technische oder prozessuale Vereinheitlichungen.

Normen, die sich mit Themen aus dem Bereich der Ethik oder der gesellschaftlichen Verantwortung auseinandersetzen, stellen Verhaltensregeln dar, deren Einhaltung von anderen Gesellschaftsmitgliedern erwartet wird. Es werden Standards für menschliches Verhalten gesetzt, indem bestimmte Handlungen erlaubt, verboten oder empfohlen werden. Normen schaffen Erwartungssicherheit und geben Unternehmen und Interessengruppen Orientierung. Sie helfen die teils gegenläufigen Anforderungen der Stakeholder zu identifizieren und im Ideal im Konsens zusammenzuführen. Die Einhaltung von Normen erhöht auch das Vertrauen der Stakeholder in ein Unternehmen und kann bei Konsumenten den Ausschlag für eine bestimmte Kaufentscheidung geben.

Normen im Bereich der Ethik oder der gesellschaftlichen Verantwortung entstehen oft dann, wenn wieder einmal eklatante Fälle ihrer Missachtung in die öffentliche Diskussion geraten. [84]

Die ISO

Die ISO (International Organization for Standardization) ist gemeinhin dafür bekannt, technische Standards zu erarbeiten und zu veröffentlichen. Sie ist ein Netzwerk aus 163 nationalen standardsetzenden Instituten; in Deutschland ist dies das DIN (Deutsches Institut für Normung).

Grundsätzlich ist auch hier die wirtschaftliche Notwendigkeit der Ausgangspunkt für Standardisierungsbestrebungen. Die ISO erarbeitet ihre Standards mit Vertretern öffentlicher Einrichtungen sowie der Privatwirtschaft, die Mitglieder im entsprechenden nationalen Institut sind. Ihr Ziel ist es, den internationalen Austausch von Gütern und Dienstleistungen zu fördern. Die Normen der ISO haben zwar keinen rechtlich binden Charakter, gleichwohl werden ihre Inhalte immer wieder in nationales Recht übertragen. Eine ausführliche Darstellung zum Grad der Verbindlichkeit von ISO-Normen finden Sie in Abschnitt 1.5.

Die ISO hat seit ihrer Gründung 1947 mehr als 18.000 internationale Standards veröffentlicht. Sie etablierte sie in nahezu allen Sektoren und Branchen. In der Vergangenheit standen vor allem technische Normen im Vordergrund, aber in der Zwischenzeit steigt das internationale Interesse an Standards für den Dienstleistungssektor. Eine besondere Stellung haben die sogenannten „Managementstandards". Bekannteste Beispiele hierfür sind die ISO 9000 ff. (Qualitätsmanagementnorm) und die ISO 14000 ff. (Umweltnorm). [82]

Die ISO 26000

Mit der ISO 26000 begibt sich die ISO jedoch auf ein völlig neues Terrain. Dabei handelt es sich um den breit angelegten Versuch, gesellschaftliche Verantwortung auf eine weltweit einheitliche und inhaltlich umfassende Grundlage zu stellen. Die ISO 26000 soll demnach weltweit für Unternehmen und Organisationen jeder Art als Leitfaden für die freiwillige Übernahme gesellschaftlicher Verantwortung dienen. Eine internationale Arbeitsgruppe unterschiedlicher Stakeholder arbeitet seit Anfang 2005 an der Entwicklung dieses Leitfadens, der am 1. November 2010 veröffentlicht wurde.

Der Leitfaden schließt die Möglichkeit eine Zertifizierung explizit aus. Die Zielsetzung der ISO 26000 ist vielmehr die Förderung gesellschaftlicher Verant-

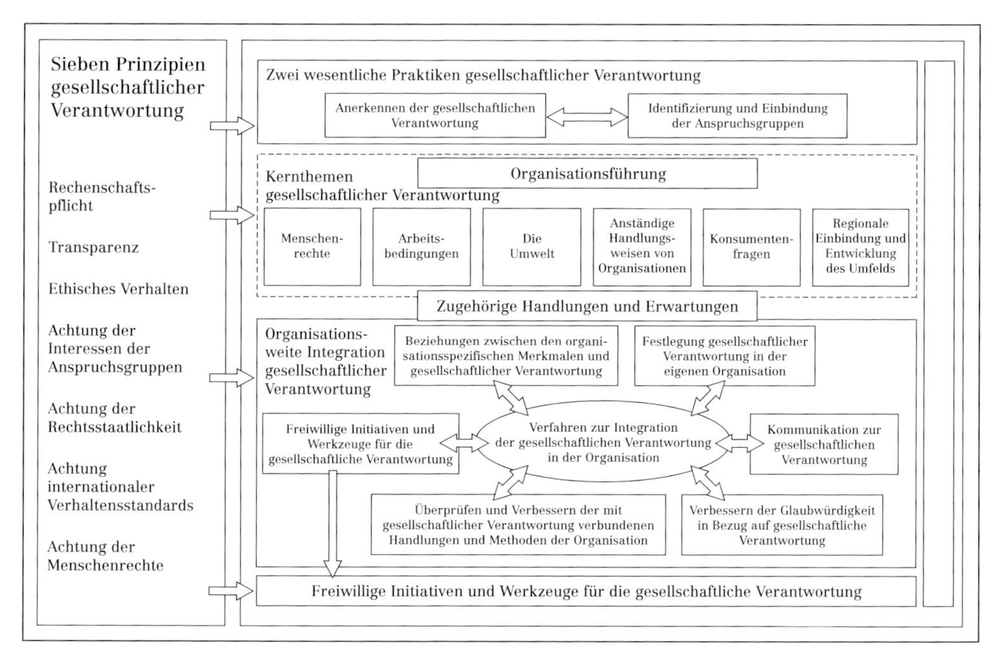

Abb. 2 Schematische Darstellung der ISO 26000, aus ISO/DIS 26000 (D) und ISO/FDIS 26000 (E)

wortung sowie die Einführung einer gemeinsamen Basis für Definitionen, Evaluierungsmethoden und Best-Practice-Beispielen. Dabei wurde viel Wert darauf gelegt, die ISO 26000 konsistent mit bereits existierenden internationalen Normen, Konventionen und Verträgen zu halten, wie beispielsweise den Menschenrechtskonventionen oder den Normen der internationalen Arbeitsorganisation (ILO). [11]

Die ISO 26000 führt in das Konzept gesellschaftlicher Verantwortung von Organisationen ein und verzichtet dabei bewusst auf die Beschränkung auf Unternehmen. Damit umfasst der Adressatenkreis neben profitorientierten Organisationen, also Unternehmen, auch die nicht profitorientierten Organisationen. Im Hauptteil der Norm werden die Prinzipien und Kernthemen gesellschaftlicher Verantwortung detailliert beschrieben (siehe Kapitel 3). Abschließend zeigt die ISO 26000 Implementierungshilfen auf und enthält im Anhang eine Übersicht über andere Initiativen zur gesellschaftlichen Verantwortung. Die ISO 26000 ist in Deutschland beim Beuth Verlag zu beziehen (www.beuth.de).

Außenwirkung der Wahrnehmung gesellschaftlicher Verantwortung

Gesellschaftliche Verantwortung darf kein Lippenbekenntnis sein. Nur die ernsthafte Umsetzung in die Geschäftsprozesse macht ein Unternehmen glaubwürdig in Bezug auf gesellschaftliche Verantwortung.

Mit der ISO 26000 existiert erstmals ein in einem international besetzten Gremium erarbeiteter und thematisch sehr breit gefasster Leitfaden zur gesellschaftlichen Verantwortung. Die damit einhergehende hohe Aufmerksamkeitswirkung sollte von allen Organisationen als Chance verstanden werden. Auch bietet sich die ISO 26000 als sehr fundierte Orientierungshilfe für die bewusste Auseinandersetzung mit dem Thema gesellschaftliche Verantwortung an.

Der Verzicht auf die Nennung expliziter Mindestanforderungen erlaubt einen größeren Spielraum bei der Umsetzung und reduziert damit eventuelle Einstiegshürden. Jedoch sollte diese Freiwilligkeit nicht überstrapaziert werden, denn die Übernahme von gesellschaftlicher Verantwortung ist nur dann glaubwürdig, wenn sie ernsthaft und umfänglich in die Geschäftsprozesse eines Unternehmens implementiert wird.

Ein häufig zu beobachtendes Missverständnis davon, was gesellschaftliche Verantwortung ist, ist der Versuch, diese lediglich als willkommenes Marketingthema zu missbrauchen. So betonen manche Unternehmen kleine Erfolge und vertrauen darauf, dass grobe Missstände in anderen Bereichen nicht aufgedeckt werden. Bei derartigen Strategien besteht immer das Risiko, dass Stakeholder das Vorhaben durchschauen. Selbst wenn das Risiko eher als gering eingeschätzt werden sollte, droht jedoch ein immenser Reputationsschaden, der – wenn überhaupt – nur sehr langfristig zu reparieren wäre. Zu empfehlen ist stattdessen, in der Kommunikation neben der Darstellung von Erfolgen auch die noch bestehenden Probleme offen zu thematisieren und somit nicht zuletzt die eigene Glaubwürdigkeit zu erhöhen. [158]

Ein anderes Beispiel für ein falsches Verständnis von gesellschaftlicher Verantwortung besteht in der Reduzierung der eigenen Verantwortung auf einige philanthropische Aktivitäten wie Spenden an soziale Einrichtungen. Zwar können diese durchaus eine Komponente der gesellschaftlichen Verantwortung sein, aber sie darf nicht darauf reduziert werden.

1.5 Die Stellung der ISO 26000 in der Normenhierarchie

1.5.1 Die Normenhierarchie in der Bundesrepublik Deutschland

Die vorliegende Darstellung beschränkt sich auf das Verhältnis zwischen Bundesrecht, Europarecht und Völkerrecht.

Die ISO 26000 steht als unverbindlicher Leitfaden innerhalb der Normenhierarchie unter den verbindlichen Rechtsvorschriften.

Bundesrecht

Auf Bundesebene steht das Grundgesetz (GG) als Verfassung der Bundesrepublik Deutschland an der Spitze der Normenpyramide.

Nach dem Grundgesetz kommen die sogenannten „formellen Gesetze“. Darunter versteht man Rechtsnormen, die von den von der Verfassung dafür vorgesehenen Gesetzgebungsorganen in den vorgeschriebenen Gesetzgebungsverfahren erlassen worden sind. [90]

Auf die formellen Gesetze folgen Rechtsverordnungen und anschließend Satzungen. Rechtsverordnungen sind Rechtsakte, die von der Exekutive geschaffen werden. [91] Sie unterscheiden sich von den formellen Gesetzen durch die demokratische Einordnung des Normgebers in das dreigliedrige System aus Legislative, Exekutive und Judikative.

Satzungen sind dagegen Rechtsvorschriften, die von einer juristischen Person des öffentlichen Rechts erlassen werden, um deren eigene Angelegenheiten zu regeln, beispielsweise Gemeindesatzungen. [92]

Die beschriebenen Regelwerke sind verbindliche Vorschriften.

Europarecht

Im Rahmen des Europarechts unterscheidet man grundsätzlich zwischen Primär- und Sekundärrecht.

Der Begriff des europäischen Primärrechts bezieht sich unter anderem auf den Vertrag über die Arbeitsweise der Europäischen Union (AEUV) sowie auf den

Vertrag über die Europäische Union (EUV). Dies sind die Verträge, auf die sich die Europäische Union gründet (Art. 1 Abs. 2 Satz 1 AEUV). Man spricht hier vom sogenannten „Vertragsrecht". Dieses ist nur in Ausnahmefällen gegenüber dem Einzelnen unmittelbar anwendbar.

Sekundärrecht bezeichnet dagegen Rechtsakte der Union wie Verordnungen, Richtlinien, Beschlüsse, Empfehlungen und Stellungnahmen (Art. 288 AEUV).

Verordnungen haben allgemeine Geltung, sind in allen ihren Teilen verbindlich und gelten in jedem Mitgliedstaat unmittelbar.

Dagegen sind Richtlinien, in denen Regelungen für die Mitgliedstaaten, an die sie gerichtet sind, enthalten sind, nur bezüglich des zu erreichenden Ziels verbindlich. Mit welchen Mitteln das Ziel erreicht wird, bleibt den Mitgliedstaaten überlassen.

Auch Beschlüsse sind in allen ihren Teilen verbindlich, im Gegensatz zu Empfehlungen und Stellungnahmen.

Das Primärrecht hat Vorrang vor dem Sekundärrecht. [127]

Völkerrecht

Im Zusammenhang mit dem Völkerrecht unterscheidet man die allgemeinen Regelungen des Völkerrechts (Art. 25 GG) sowie das Völkervertragsrecht.

Verhältnis der Rechtsvorschriften

Recht der Bundesrepublik Deutschland und europäisches Recht

Zwischen dem Recht der Bundesrepublik Deutschland und dem europäischen Recht besteht grundsätzlich ein sogenannter „Anwendungsvorrang" des europäischen Rechts. Anwendungsvorrang bedeutet, dass die entsprechenden nationalen Regelungen nicht nichtig sind (dies wäre ein Fall des sogenannten „Geltungsvorrangs"), sondern nur im Einzelfall unanwendbar, wenn ein Widerspruch zwischen den Normen besteht.

Die Rechtsprechung des Bundesverfassungsgerichts setzt sich mit der Zuständigkeit des Bundesverfassungsgerichts in Fragen der Überprüfung von Gemeinschaftsrechtsakten anhand der Grundrechte auseinander. [22] Danach wird das Bundesverfassungsgericht seine Gerichtsbarkeit im Zusammenhang mit Gemeinschaftsrechtsakten nicht mehr ausüben, „solange die Europäischen Gemeinschaften (...) einen wirksamen Schutz der Grundrechte gegenüber der Hoheitsgewalt der Gemeinschaften generell gewährleisten, der dem vom Grundgesetz als unabdingbar gebotenen Grundrechtsschutz im Wesentlichen gleich zu achten ist, zumal den Wesensgehalt der Grundrechte generell verbürgt". [23]

Das Bundesverfassungsgericht hat damit einen ausreichenden Grundrechtsschutz auf europäischer Ebene anerkannt.

Eine Grenze ergibt sich jedoch aus der sogenannten „Ewigkeitsgarantie“ des Grundgesetzes in Art. 79 Abs. 3. Danach ist eine Änderung des Grundgesetzes, durch die die Gliederung des Bundes in Länder, die grundsätzliche Mitwirkung der Länder bei der Gesetzgebung oder die in den Artikeln 1 und 20 niedergelegten Grundsätze berührt werden, unzulässig. Das Bundesverfassungsgericht wird also zumindest dann tätig, wenn ein Verstoß von europäischem Recht gegen die Ewigkeitsklausel vorliegt.

Einbeziehung des Völkerrechts

Bezüglich der Einordnung des Völkerrechts gilt, dass die allgemeinen Regeln des Völkerrechts Bestandteil des Bundesrechts sind (Art. 25 Satz 1 GG). Sie stehen im Rang zwischen der Verfassung und den formellen Gesetzen und erzeugen für den Einzelnen unmittelbare Rechte und Pflichten (Art. 25 Satz 2 GG).

Völkerrecht, das in internationalen Verträgen vereinbart wurde, bedarf – neben einem Zustimmungsgesetz der jeweils für die Bundesgesetzgebung zuständigen Körperschaften – gemäß Art. 59 Abs. 2 GG für die Wirksamkeit gegenüber dem Einzelnen eines sogenannten „Transformationsgesetzes“. Ein Transformationsgesetz steht auf einer Stufe mit entsprechenden Bundesgesetzen.

1.5.2 Die ISO 26000 in der Normenhierarchie

Die ISO 26000 stellt einen internationalen Standard dar, der Organisationen einen Leitfaden zur Verfügung stellen möchte, anhand dessen Prinzipien der gesellschaftlichen Verantwortung umgesetzt werden können.

Die ISO 26000 ist jedoch kein Zertifizierungsstandard und zur freiwilligen Anwendung bestimmt. Sie gibt lediglich Handlungsempfehlungen und entfaltet keinerlei Rechtsverbindlichkeit.

Sie entspricht damit keinem der beschriebenen Regelwerke. Der Leitfaden ist vor allem kein Gesetz und auch kein völkerrechtlicher Vertrag. ISO-Normen können grundsätzlich von Staaten in Form von Gesetzen geregelt und damit für verbindlich erklärt werden. Ohne dies fehlt es an der Verbindlichkeit.

Die ISO 26000 kann damit nur unterhalb der beschriebenen Regelwerke stehen. Diese entfalten grundsätzlich Rechtswirkung oder tun dies zumindest dann, wenn die Mitgliedstaaten sie ratifizieren und mithilfe eines Transformationsgesetzes in innerstaatliches Recht umsetzen. Diese Vorschriften sind deshalb in der dafür vorgesehenen Reihenfolge zu beachten.

Die ISO 26000 entfaltet dagegen keine Bindungswirkung. Sie muss in einer Normenhierarchie als bloße Empfehlungssammlung im Rang nach verbindlichen Rechtsvorschriften angesiedelt werden.

2 Die Geschichte der ISO 26000

2.1 Das Verständnis von gesellschaftlicher Verantwortung im Wandel der Zeit

Schon in der Antike beschäftigte Philosophen das Thema der gesellschaftlichen Verantwortung.

Bereits vor 2000 Jahren beschäftigten sich antike Philosophen mit gesellschaftlicher Verantwortung. So wird Seneca mit folgender Aussage zitiert: „Es kann niemand ethisch verantwortungsvoll leben, der nur an sich denkt und alles seinem persönlichen Vorteil unterstellt. Du musst für den anderen leben, wenn du für dich selbst leben willst.“ [111]

Auch im Wirtschaftsleben spielte gesellschaftlich verantwortliches Handeln bereits früh eine Rolle. So wurde im Europa des Mittelalters, zu Zeiten der aufblühenden italienischen Städte und des norddeutschen Städtebundes Hanse, der Begriff des „ehrbaren Kaufmanns“ geprägt. In einem der frühesten noch erhaltenen Handbücher aus dieser Zeit, dem „Zibaldone da Canal“ von 1320 n. Chr. wird unter anderem vor den negativen Folgen von Schmuggelei, wie dem Verlust von Vertrauen und Ehre, gewarnt. [86]

Allgemeiner gefasst verlangt die „Practica della Mercatura“ von 1340 n. Chr. neben wirtschaftlichem Weitblick auch Anstand, Redlichkeit, Ehrlichkeit und Verlässlichkeit. [86]

Mit zunehmender Industrialisierung in der zweiten Hälfte des 18. Jahrhunderts nahmen die Auswirkungen unternehmerischen Handelns auf Gesellschaft und Umwelt sprunghaft zu. Es kam zu großen Verwerfungen der bis zu diesem Zeitpunkt über Generationen hinweg gewachsenen gesellschaftlichen Strukturen. Um dem Missbrauch der wirtschaftlichen Macht durch viele Unternehmer entgegenzutreten und geeignete Leitbilder zu entwickeln, die ihrer zunehmenden gesellschaftlichen Verantwortung gerecht wurden, war eine breit angelegte Auseinandersetzung in der Gesellschaft nötig:

In diese Zeit fällt der erste bekannte Konsumentenboykott. Die englische Zuckerindustrie sah sich Ende des 18. Jahrhunderts dem Vorwurf ausgesetzt, Sklaverei bei ihren Lieferanten zu dulden. Durch den Widerstand wurden die Unternehmen dazu gezwungen, auf verantwortungsbewusstere Lieferanten zurückzugreifen. [63]

Schließlich reagierte auch die Politik. 1833 wurde in Großbritannien mit dem ersten Factory Act das Verbot von Kinderarbeit beschlossen. [106] Im Rahmen der Bismarckschen Sozialgesetzgebung wurden ab 1883 im deutschen Kaiserreich zunächst eine verpflichtende Kranken- und Rentenversicherung sowie später auch eine Arbeitslosenversicherung eingeführt.

Nach den beiden Weltkriegen wuchs die Weltwirtschaft rasant, aber vielerorts auch wenig reguliert. Durch die damit einhergehende übermäßige Beanspruchung natürlicher Ressourcen blieben Umweltzerstörung, Nahrungsmangel und Gesundheitsprobleme nicht aus. Vor diesem Hintergrund rückten Umweltschutz und nachhaltige Ressourcennutzung zunehmend in die öffentliche Diskussion. Die fortschreitende Industrialisierung der Entwicklungs- und Schwellenländer führte zu Forderungen nach international gültigen Arbeits- und Sozialstandards. Die schnellere Verbreitung von Informationen durch den technischen Fortschritt und die gestiegene Mobilität vieler Menschen, ermöglichte es, mehr als jemals zuvor, die ethischen und sozialen Folgen der Tätigkeit von Unternehmen in das gesellschaftliche Bewusstsein zu rücken.

Das Ergebnis ist ein Aufruf an alle Organisationen, sich ihrer gesellschaftlichen Verantwortung angemessen zu stellen. Zentrales Element ist die Forderung nach Nachhaltigkeit.

Den Nachhaltigkeitsbegriff verwendete erstmals 1713 Hans Carl von Carlowitz in Bezug auf die Waldbewirtschaftung. Im Jahre 1952 wurde er dann auf die Gesamtwirtschaft übertragen – in den Grundsätzen der Interparlamentarischen Arbeitsgemeinschaft für naturgemäße Wirtschaftsweise heißt es: „Mit den sich erneuernden Hilfsquellen muss eine naturgemäße Wirtschaft betrieben werden, so dass sie nach dem Grundsatz der Nachhaltigkeit auch noch von den kommenden Generationen für die Deckung des Bedarfs der zahlenmäßig zunehmenden Menschheit herangezogen werden können.“ [156]

In der wissenschaftlichen Diskussion hat sich ein Drei-Säulen-Modell der Nachhaltigkeit entwickelt, das drei Zieldimensionen von Nachhaltigkeit beschreibt. (1) Die ökologische Nachhaltigkeit: Diese sieht den Schutz von Natur und Umwelt für die nachfolgenden Generationen vor. (2) Die ökonomische Nachhaltigkeit: Diese verlangt, dass die Art und Weise unseres Wirtschaftens eine tragfähige Grundlage für einen dauerhaften Erwerb und Wohlstand bietet. (3) Die soziale Nachhaltigkeit: Diese fordert die Sicherung der Grundbedürfnisse und die Armutsbekämpfung durch die gerechte Verteilung von Ressourcen. [128]

Das Drei-Säulen-Modell der Nachhaltigkeit hat eine ökonomische, eine ökologische und eine soziale Dimension. Dies sind die zentralen Elemente gesellschaftlicher Verantwortung.

2.2 Die Geburtsstunde der ISO 26000

Im Jahr 2002 begannen bei der ISO die Überlegungen zu einem Leitfaden zur gesellschaftlichen Verantwortung. Diese Zeit war geprägt von vielen Fällen, in denen gesellschaftliche Verhaltensnormen grob missachtet wurden.

Im Jahr 2002 gab es Überlegungen des ISO-Komitees für Verbraucherangelegenheiten (englisch: „Committee on Consumer Policy" oder kurz: „COPOLCO"), einen Leitfaden zur gesellschaftlichen Verantwortung auszuarbeiten. Wie kam es dazu?

In der COPOLCO war man der Ansicht, dass Konsumenten, aber auch andere Anspruchsgruppen wie Aktionäre, zunehmend Wert auf gesellschaftlich verantwortliches Handeln von Organisationen legten. Im Fokus standen dabei das soziale Engagement von Unternehmen, die Einhaltung von Gesundheits- und Sicherheitsstandards sowie bestimmter Arbeitsbedingungen, die Achtung der Menschenrechte und geeignete Maßnahmen zum Konsumenten- bzw. Umweltschutz. Auch wenn die Einhaltung von Mindeststandards vielerorts bereits durch nationale Gesetze und internationale Übereinkommen festgeschrieben waren, war man der Ansicht, dass die Erarbeitung eines international einheitlichen Leitfadens ein sinnvoller und folgerichtiger Schritt sei. [159]

In den Jahren 2001 und 2002 war die öffentliche Diskussion über Unternehmen geprägt von einem gehäuften Auftreten von Fällen teils extremer Missachtung gesellschaftlicher Verhaltensnormen. Die Bilanzskandale bei Enron bzw. Worldcom in den USA oder bei ComROAD im deutschsprachigen Raum bildeten hier nur die sprichwörtliche „Spitze des Eisbergs".

Die weiteren Entwicklungen während der Arbeit an der ISO 26000 unterstrichen die unveränderte Relevanz des Themas. Die Finanz- und Wirtschaftskrise, die ihren Ursprung im Platzen der Immobilienblase in den USA im Jahr 2007 hatte, erreichte mit der Insolvenz der Großbank Lehman Brothers im September 2008 ihren negativen Höhepunkt. Als eine der Ursachen der Krise werden die vorhandenen Anreizsysteme genannt, die Nachhaltigkeit und gesellschaftlicher Verantwortung offenbar nicht genügend Rechnung trugen. Als Reaktion darauf gab es eine Vielzahl nationaler und internationaler Initiativen mit dem Ziel, die Anreizsysteme in der Finanzbranche zieladäquater auszugestalten.

Auch der Unfall auf der Ölplattform Deepwater Horizon im Golf von Mexiko im April 2010 und die folgende massive Umweltkatastrophe werfen Fragen hinsichtlich des Verständnisses von gesellschaftlicher Verantwortung beim Betreiber BP p.l.c. auf. Unterdessen sieht sich das Unternehmen mit hohen Schadenersatzforderungen konfrontiert, sein Image ist beschädigt und Boykottaufrufe machen die Runde. Die Gesetzgeber weltweit und vor allem in den USA prüfen die Möglichkeit strengerer Gesetze.

Beispiel:

Enron Corporation, Houston (TX), USA

Enron entstand 1985 durch die Fusion zweier Gasunternehmen. Den Schwerpunkt des Geschäfts bildete in den folgenden Jahren zunehmend der Handel mit Rohstoffen, Strom und anderen Produkten. Mit einer Marktkapitalisierung von zeitweise über 60 Milliarden US-Dollar, zählte Enron lange zu den zehn größten börsennotierten Gesellschaften der USA und wurde sogar mehrfach zum innovativsten Unternehmen des Jahres gekürt. [47] [61]

Wie kam es trotzdem im Jahr 2001 zur Insolvenzanmeldung und warum prägte der Fall die öffentliche Diskussion über gesellschaftliche Verantwortung von Unternehmen so intensiv?

Die Hauptursachen liegen vermutlich im Ausmaß der gezeigten kriminellen Energie wichtiger Entscheidungsträger und in der ökonomischen Dimension des Falls. Zum kurzfristigen Vorteil einiger weniger wurden die Rechte anderer Anspruchsgruppen massiv verletzt.

Während der kalifornischen Energiekrise 2000 und 2001 wurde zum Nachteil der Kunden die Elektrizität künstlich verknappt und die Marktpreisbildung manipuliert. Behördliche Regulierungsversuche, mit dem Ziel ein bestimmtes Preisniveau für Strom nicht zu überschreiten, wurden umgangen und für die Beseitigung der selbst verursachten Engpässe wurden staatliche Förderungen erschlichen. [134]

Auch die Anleger und andere Geschäftspartner wurden geschädigt. So wurden sie durch Fehlinformationen und bewusst geschürte Intransparenz jahrelang über die tatsächliche wirtschaftliche Lage des Konzerns hinweggetäuscht. Neben den Managern von Enron selbst, standen auch Banken, Beratungsunternehmen und Wirtschaftsprüfer in der Kritik, die Aktivitäten unterstützt bzw. nicht unterbunden zu haben. Beispielsweise wurde ein komplexes System von Unternehmensbeteiligungen genutzt, um Schulden außerhalb des Konzernabschlusses zu verstecken und fingierte Erträge zu realisieren. Dabei wurden viele juristische Graubereiche ausgenutzt und vielfach auch bewusst die Grenze zur Illegalität überschritten. Um nicht entdeckt zu werden, musste jede Täuschung im Folgejahr durch eine noch größere verschleiert werden. Dieses System brach im Jahr 2001 zusammen und Enron musste Gläubigerschutz beantragen. Innerhalb weniger Wochen wurden die Geschäftsanteile der Aktionäre, aber auch die Forderungen der meisten Gläubiger so gut wie wertlos. Fast alle der zwischenzeitlich über 20.000 Arbeitnehmer verloren ihren Arbeitsplatz und ihre Ansprüche aus Betriebsrenten im Wert von ca. zwei Milliarden US-Dollar. [47]

Doch auch für die früheren Entscheidungsträger selbst blieben negative Konsequenzen nicht aus. Frühere Führungskräfte von Enron wurden zu teils langjährigen Haftstrafen verurteilt. [47] Die Wirtschaftsprüfungsgesellschaft Arthur Andersen wurde unter anderem wegen Behinderung der Justiz mit einem Verbot der Prüfung börsennotierter Gesellschaften belegt. Durch diesen faktischen Entzug der Geschäftsgrundlage verschwand eine der ehemals fünf größten Wirtschaftsprüfungsgesellschaften vom Markt.

Mehrere Banken erklärten sich zur Zahlung von zusammen etwa sieben Milliarden US-Dollar an Entschädigungen bereit. [154]

In den Jahren danach versuchten Gesetzgeber und Aufsichtsbehörden weltweit, mit einer Vielzahl von Maßnahmen verloren gegangenes Vertrauen zurückzugewinnen. So wurden vor allem Bilanzierungsregeln, Prüfungsvorgaben, aber auch die Anforderungen an unternehmensinterne Kontrollen, verschärft. Das vermutlich bekannteste Beispiel für ein derartiges Gesetzespaket ist der US-amerikanische „Sarbanes-Oxley Act“ (auch kurz: „SOA“ oder „SOX“) aus dem Jahre 2002.

2.3 Vom COPOLCO-Vorschlag in 2002 bis zum finalen Leitfaden

2.3.1 Warum ausgerechnet die ISO gesellschaftliche Verantwortung normieren will

Die ISO 26000 definiert international einheitliche Leitsätze und erzeugt somit ein weltweit einheitliches Verständnis von gesellschaftlicher Verantwortung.

Die Standards der ISO definieren Rahmenbindungen, an denen sich Unternehmen und andere Organisationen weltweit orientieren können. Dabei ist die ISO vor allem für die Vorgabe technischer Normen oder die Erarbeitung von Managementstandards wie die ISO 9000 ff. oder die ISO 14000 ff. bekannt. Mit der auf gesellschaftliche Verantwortung abstellenden ISO 26000 betritt die ISO hingegen thematisches Neuland.

Ein zentrales Ziel dabei ist die Verabschiedung international einheitlicher Leitsätze. Gesellschaftliche Verantwortung soll erstmals global und umfassend beschrieben werden. Verbraucher, Geschäftspartner und andere Stakeholder sollen darauf vertrauen können, dass zumindest überall dort ihre Interessen gewahrt werden, wo Organisationen die ISO 26000 befolgen.

Darüber hinaus soll die neue ISO 26000 aber auch die Grundlage für nationale Standards bilden. [159]

Durch den sogenannten „Multi-Stakeholder-Ansatz", also die Beteiligung von Vertretern idealerweise aller potenziell betroffenen Gruppen, wird versucht, eine möglichst hohe Akzeptanz der ISO-Standards zu erreichen. Alle Stakeholder sollen die Möglichkeit haben, noch in der Entstehungsphase Einfluss auf den Standard zu nehmen und eventuelle Wechselwirkungen frühzeitig zu identifizieren. Dieser Ansatz findet auch bei der Entwicklung der ISO 26000 Anwendung.

2.3.2 Die Sitzungen der „Working Group on Social Responsibility" – Eine Reise um die ganze Welt

Die ersten dokumentierten Überlegungen zur Entwicklung eines Leitfadens zur gesellschaftlichen Verantwortung von Organisationen innerhalb der ISO entstanden während der Tagung der COPOLCO in Port-of-Spain, Trinidad und Tobago, im Jahre 2002. [73]

Die Idee wurde an das TMB der ISO (Technical Management Board) weitergeleitet. Der Vorschlag wurde befürwortet und im Jahre 2004 der in Stockholm, Schweden, tagenden Generalversammlung zur finalen Entscheidung vorgetragen. Diese beschloss den Beginn des Normierungsprozesses mit großer Mehrheit. Eine Arbeitsgruppe für gesellschaftliche Verantwortung („Working Group on Social Responsibility“, kurz: „WG SR“) wurde gegründet und unter den Vorsitz von Schweden und Brasilien gestellt.

Nach mehreren Jahren Arbeit und der Berücksichtigung von weit über 10.000 Kommentaren wurde im Frühjahr 2010 der finale Entwurf der ISO26000 bekannt gegeben. Dieser wurde in einer Abstimmung im September 2010 angenommen und am 1. November 2010 veröffentlicht.

Einige Teilnehmer wiesen in dieser Phase auf bestehende Regelungen zu gesellschaftlicher Verantwortung hin. Sie äußerten die Sorge, dass durch die Arbeit an der ISO 26000 aufgrund thematischer Überschneidungen Verwirrungen entstehen könnten, beispielsweise durch abweichende Definitionen einzelner Begriffe oder durch uneinheitliche Regelungen bestimmter Themen. Darum wurde klargestellt, dass die ISO 26000 bestimmte, bestehende Vereinbarungen zu gesellschaftlicher Verantwortung nicht ersetzen will, sondern diese vielmehr unter einem Dach vereinen soll. Dazu wurde mit der UN (United Nations), der OECD (Organisation for Economic Co-operation and Development) und der ILO (International Labour Organization) je ein Memorandum of Understanding geschlossen, um die Details dieser Entscheidung festzuschreiben.

Die erste Plenartagung der WG SR fand zu Beginn des Jahres 2005 in Salvador da Bahia, Brasilien, statt. Dabei diskutierten die ca. 300 Teilnehmer aus 43 Ländern und von 24 „Liaison Organisations“ vor allem organisatorische Dinge wie die Zielsetzung und die Organisationsstruktur der Working Group.

Während der zweiten Plenartagung der WG SR Ende 2005 in Bangkok, Thailand, wurden vor allem die Struktur des Leitfadens, die enthaltenen Arbeitspakete und ein vorläufiger Zeitplan erarbeitet. Die höhere Teilnehmerzahl, vor allem aus den Entwicklungsländern, kann dabei als Indiz für ein gestiegenes Interesse an gesellschaftlicher Verantwortung gewertet werden. Im Ergebnis entstand der erste Arbeitsentwurf der ISO 26000. [74]

Sowohl in Lissabon, Portugal, 2006 als auch in Sydney, Australien, 2007 wurden die jeweiligen Arbeitsentwürfe weiter präzisiert, die mehreren tausend Kommentare diskutiert und die Ergebnisse der Diskussionen in das Dokument eingearbeitet. In Sydney konnte man sich auch auf die Festlegung der sieben sogenannten „Kernthemen“ der ISO 26000 einigen. [75] [76]

Während der Tagungen in Wien, Österreich, im November 2007 und in Santiago de Chile, Chile, im August 2008 wurde der Arbeitsentwurf weiterentwickelt und nochmals fast 12.500 Kommentare verarbeitet. Mit dem Übergang des Arbeitsentwurfs in den sogenannten „Committee Draft“-Status war die nächste Stufe des ISO-Normierungsprozesses erreicht. [77] [78]

Nach der Einarbeitung weiterer 3.500 Kommentare während der Sitzung in Quebec, Kanada, im Jahr 2009 war der Weg frei zur Verabschiedung eines offiziellen Standardentwurfs („Draft International Standard", kurz: „DIS"). In der dazu notwendigen Abstimmung unter den stimmberechtigten Mitglieder der ISO mussten zwei Drittel der Mitglieder zustimmen und gleichzeitig weniger als 25 Prozent dagegenstimmen.

Bis zur finalen Plenarsitzung im Mai 2010 sollten die Bedenken der nationalen Vertretungen der ablehnenden Länder (u.a. USA, China, Indien, Südkorea, Malaysia und Indonesien) eingehend besprochen und möglichst ausgeräumt werden. [79]

In Kopenhagen, Dänemark, wurden im Mai 2010 letzte Änderungen diskutiert. Es wurden vor allem Formulierungen, die in den verschiedenen Sprachen und Kulturkreisen unterschiedliche Bedeutungen haben, weiter präzisiert und im Ergebnis ein finaler Entwurf des Standards verabschiedet („Final Draft International Standard", kurz: „FDIS"). Dabei wurde vor allem nochmals die Nichtzertifizierbarkeit betont.

Dieser wurde im August und September 2010 zu einer finalen Abstimmung gestellt. Trotz der deutschen Enthaltung in dieser finalen Abstimmung wurde die ISO/FDIS 26000 angenommen und wurde am 1. November 2010 als internationaler Standard ISO 26000 veröffentlicht. [80] [81]

2.3.3 Die Motivation der Teilnehmer der Sitzungen der „Working Group on Social Responsibility" – Standpunkte aus dem deutschen Spiegelgremium

Um den größtmöglichen Konsens zu erreichen, hat man sich bei der Erarbeitung der ISO 26000 für den Multi-Stakeholder-Ansatz entschieden. Dies bedeutet, dass Vertreter der Industrie, von Regierungen, Arbeitnehmern, Konsumenten und NGOs sowie aus Dienstleistung, Wissenschaft, Beratung und anderen involviert sind.

Auch die Erarbeitung der ISO 26000 folgte dem Multi-Stakeholder-Ansatz. Die sechs daran beteiligten Interessengruppen kamen aus den Reihen von 1. der Industrie, 2. Regierungen, 3. der Arbeitnehmer, 4. der Konsumenten, 5. Nichtregierungsorganisationen und 6. aus Dienstleistung, Wissenschaft, Beratung und anderen.

Nachfolgend sollen die Positionen der Stakeholder aus Deutschland aufgezeigt werden. Die darin erkennbaren unterschiedlichen Einschätzungen und Interessenlagen führten bei der finalen Abstimmung letztendlich zur Enthaltung Deutschlands.

Industrie

Die deutsche Industrie sprach sich von Anfang an klar gegen eine Normierung gesellschaftlicher Verantwortung durch die ISO aus.

Aus ihrer Sicht handelt es sich dabei um ein zu komplexes Thema, als dass man es in einem einheitlichen Standard bearbeiten könnte. Vor allem sei ein starrer ISO-Standard nicht in der Lage, dem fortlaufenden Wandel gerecht zu werden. Sie begreift gesellschaftliche Verantwortung als freiwilliges Engagement der Unternehmen.

Auch auf mögliche Benachteiligungen kleiner und mittelständischer Unternehmen wurde hingewiesen. Ihnen drohe ein nicht tragbarer personeller und finanzieller Aufwand.

Darüber hinaus wurde die Ansicht vertreten, dass zu zentralen Themen wie Umwelt, Sicherheit und Qualität bereits ausreichende ISO-Standards existierten. [17]

Regierungen

Vertreter des zuständigen Bundesarbeitsministeriums befürworteten den aktuellen Entwurf der ISO 26000 unter anderem deshalb, weil damit erstmalig ein internationaler Leitfaden zur systematischen Identifizierung und Priorisierung gesellschaftlicher Verantwortung auf einer mit allen relevanten Stakeholdern abgestimmten Grundlage erstellt wurde. Vor allem lobten sie die systematische Vorgehensweise und inhaltlich weitgehend erschöpfende Behandlung des Themas. Der Kritik an der Komplexität der ISO 26000 hielten sie ihre große Flexibilität entgegen. [66]

Arbeitnehmer

Die deutschen Gewerkschaften sahen keinen Bedarf für eine ISO 26000 – schließlich bestünden bereits in erheblichem Umfang Regelungen, zum Beispiel seitens der ILO („International Labour Organization"). Ihre ablehnende Haltung erklärten sie darüber hinaus damit, dass Arbeitnehmervertreter bei der Erarbeitung des Standards unterrepräsentiert gewesen seien. Auch mangele es den Empfehlungen an jeglicher Verbindlichkeit und zudem vermisse man Möglichkeiten zur unabhängigen Überprüfbarkeit getroffener Behauptungen. Dabei sei vor allem die Umgehung des ausdrücklichen Verbots von Zertifizierungen auf Basis des Standards eine Gefahr. [32]

Konsumenten

Die Vertreter der Konsumenten gelten als Befürworter der ISO 26000. Der Vorschlag zur Erarbeitung eines Standards zu gesellschaftlicher Verantwortung aus dem Jahre 2002 geht auf ihre Initiative zurück. Sie kritisierten die damals existierenden Normen und Initiativen. Man empfand die Prinzipien des United Nations Global Compact als zu abstrakt formuliert, die UN-Deklaration der Menschenrechte richtete sich lediglich an Staaten, die ILO-Kernarbeitsnormen deckten lediglich Arbeitnehmerrechte ab und die Anforderungen der OECD-Leitlinien für multinationale Unternehmen galten als zu unspezifisch. [155]

Nichtregierungsorganisationen („Non-Governmental Organizations", kurz: „NGOs")

Den deutschen Vertretern der NGOs ist der Standard an vielen Stellen noch immer zu vage. Während man sich an einigen Stellen weitergehende Regelungen wünschte, sieht man in anderen Punkten im globalen Maßstab Fortschritte. Vor dem Hintergrund dieser ambivalenten Haltung erklärt sich die Enthaltung der deutschen Vertreter der NGOs. [66]

Dienstleistung, Wissenschaft, Beratung und andere

Die sechste Anspruchsgruppe steht der ISO 26000 eher positiv gegenüber und befürwortete im Februar 2010 den damaligen Entwurf. So äußerten sich deren Vertreter vor allem positiv über die systematische Entwicklung des Themas. [24]

2.4 Zukünftige Entwicklungen der ISO 26000

Am 1. November 2010 wurde die ISO 26000 als internationaler Standard von der ISO veröffentlicht. Wie alle anderen ISO-Standards auch wird er keine rechtliche Bindungswirkung entfalten.

Die Einhaltung von ISO-Standards resultierte bisher vielmehr aus einer faktischen wirtschaftlichen Notwendigkeit heraus. Nachdem man mit der ISO 26000 aber thematisches Neuland betritt, muss sich ihre Bedeutung erst noch erweisen.

Bereits heute sind jedoch zwei Tendenzen erkennbar. Zum einen wird die Diskussion über das Thema gesellschaftliche Verantwortung an Bedeutung gewinnen und zum anderen wird man verstärkt nationale Initiativen auf Basis der ISO 26000 beobachten können. So hat Portugal bereits 2008 einen zertifizierbaren Standard auf den Weg gebracht, der sich konkret auf die ISO 26000 beruft. In Dänemark wurde in der ersten Jahreshälfte 2009 ein Standard verabschiedet und in Österreich eine Norm zur Qualifizierung von CSR-Experten publiziert. Es ist davon auszugehen, dass weitere folgen werden. [58]

3 Die ISO 26000 – Leitfaden zur gesellschaftlichen Verantwortung

3.1 Einführung

Die ISO 26000 behandelt gesellschaftliche Verantwortung auf etwa 100 Textseiten. Nach dem Inhaltsverzeichnis, einer kurzen Einleitung und dem Vorwort schließen sich der Hauptteil der ISO 26000 mit sieben Kapiteln sowie zwei Anhänge an:

Die ISO 26000 thematisiert gesellschaftliche Verantwortung auf ca. 100 Textseiten in sieben Kapiteln.

Kapitel 1

... umreißt den Anwendungsbereich. Es wird vor allem klargestellt, dass der Standard allen Arten von Organisationen – unabhängig von deren Größe oder deren Tätigkeitsort – Orientierung geben will. [71]

Kapitel 2

... definiert zentrale Begriffe. Im Folgenden werden die Termini „gesellschaftliche Verantwortung“, „Nachhaltigkeit“ und „Anspruchsgruppe“ kurz dargestellt. Auf eine Wiedergabe der vielen anderen Definitionen und der diversen Anmerkungen wird aus Gründen der Übersichtlichkeit verzichtet.

„Gesellschaftliche Verantwortung“ wird definiert als: „Verantwortlichkeit einer Organisation für die Auswirkungen ihrer Entscheidungen und Tätigkeiten auf die Gesellschaft und Umwelt durch transparentes und ethisches Verhalten, das zur nachhaltigen Entwicklung, einschließlich Gesundheit und Gemeinwohl, beiträgt, die Erwartungen der Anspruchsgruppen berücksichtigt, anwendbares Recht erfüllt und mit internationalen Verhaltensstandards übereinstimmt und in der gesamten Organisation integriert ist und in ihren Beziehungen gelebt wird.“ [71]

„Nachhaltige Entwicklung“ wird bestimmt als: „Entwicklung, die die Bedürfnisse der Gegenwart befriedigt, ohne zu riskieren, dass künftige Generationen ihre eigenen Bedürfnisse nicht befriedigen können“. [71]

Als „Anspruchsgruppe“ oder „Stakeholder“ bezeichnet man in der ISO 26000 eine „Einzelperson oder Gruppe, die ein Interesse an einer Entscheidung oder Tätigkeit der Organisation hat“. [71]

Kapitel 3

… soll helfen, gesellschaftliche Verantwortung im Kontext besser zu verstehen.

Kapitel 4

… erläutert die Prinzipien gesellschaftlicher Verantwortung.

Kapitel 5

… gibt eine Anleitung zur Identifizierung der Handlungsfelder, die sich aus den Auswirkungen der Entscheidungen und Handlungen einer Organisation ergeben. Darüber hinaus bietet der Abschnitt Hinweise zur Auseinandersetzung mit gesellschaftlicher Verantwortung sowie zur Identifizierung und Einbindung der Stakeholder.

Kapitel 6

… beschreibt die Kernthemen gesellschaftlicher Verantwortung und die dazugehörigen Handlungsfelder.

Kapitel 7

… gibt Hinweise zur Umsetzung gesellschaftlicher Verantwortung in Organisationen.

Anhang A

… ist eine nicht abschließende Liste von Initiativen, die sich gesellschaftlicher Verantwortung verschrieben haben. Sie beinhaltet ausdrücklich keinerlei Wertung durch die ISO, möchte aber Ansatzpunkte für eine weitergehende Auseinandersetzung mit dem Thema aufzeigen.

Anhang B

… enthält eine Liste von Abkürzungen.

3.2 Das Verständnis von gesellschaftlicher Verantwortung in ihrem Kontext

Die Bedeutung gesellschaftlicher Verantwortung spiegelt die Erwartungen der Gesellschaft wider und verändert sich im Zeitablauf. Wesentliches Merkmal ist der Wille, soziale und umweltbezogene Überlegungen in die Entscheidungsfindung einzubeziehen und die Verantwortung für sein Handeln zu übernehmen.

Der Begriff gesellschaftliche Verantwortung spiegelt die Erwartungen der Gesellschaft wider und unterliegt im Laufe der Zeit Veränderungen. Während frühe Auffassungen auf philanthropische Tätigkeiten fokussierten, kamen später andere Themen wie die Achtung der Menschenrechte, der Umweltschutz und der Konsumentenschutz hinzu. Auch sah man gesellschaftliche Verantwortung anfänglich vorrangig als Aufgabe der Unternehmen, während später auf die Verantwortung aller Organisationen abgestellt wurde.

Die ISO 26000 nimmt aktuelle Trends auf: So identifiziert sie ein stärkeres öffentliches Interesse an gesellschaftlicher Verantwortung durch die erhöhte Mobilität und die verbesserte Verfügbarkeit von Informationen. Durch den globalen Charakter einiger Themen müssen Organisationen zunehmend über ihre unmittelbaren Ansiedlungsorte hinausblicken. Vor dem Hintergrund der aktuellen Wirtschafts- bzw. Finanzkrise werden Organisationen ferner dazu aufgerufen, ihre Anstrengungen in Bezug auf gesellschaftlich verantwortliches Handeln auch in wirtschaftlich schwierigen Zeiten aufrechtzuerhalten.

Der Wille, soziale und umweltbezogene Überlegungen in die Entscheidungsfindung einzubeziehen und für das eigene Handeln Verantwortung zu übernehmen, ist das wesentliche charakteristische Merkmal gesellschaftlicher Verantwortung. Zur gesellschaftlichen Verantwortung gehören aber auch die Identifikation und Einbindung relevanter Anspruchsgruppen sowie das Verständnis übergeordneter gesellschaftlicher Erwartungen. Obwohl diese Erwartungen zwischen verschiedenen Ländern und Kulturen durchaus variieren können, bestehen für einige Bereiche bereits international abgestimmte Mindeststandards, die von allen Organisationen beachtet werden sollten.

Gesellschaftliche Verantwortung betrifft sämtliche potenziellen und tatsächlichen Auswirkungen der Entscheidungen und Handlungen einer Organisation. Einen besonders wichtigen Ansatzpunkt bilden dabei Tätigkeiten mit Bezug zum Kerngeschäft. Daher kann Philanthropie allein auch nicht als Ersatz für gesellschaftliche Verantwortung dienen. Die Beziehung zwischen nachhaltiger Entwicklung und gesellschaftlicher Verantwortung ist vergleichsweise eng. Zwar sind auch diese nicht gleichbedeutend, dennoch kann nachhaltige Entwicklung mit ihren drei Dimensionen (ökonomisch, sozial, ökologisch) als Mittel angesehen werden, um gesellschaftliche Erwartungen zusammenzufassen.

Was den Grad der Verbindlichkeit betrifft, ist festzustellen, dass nur einzelne Staaten die Macht haben, verbindliche Gesetze zu erlassen. Die ISO 26000 möchte daher nicht einer legitimen politischen Willensbildung vorgreifen. Sie sieht sich aber als eine Orientierungshilfe, auf die auch staatliche Organisationen zurückgreifen können, um ihrer gesellschaftlichen Verantwortung gerecht zu werden.

Gesellschaftliche Verantwortung betrifft sämtliche potenziellen und tatsächlichen Auswirkungen der Entscheidungen und Handlungen einer Organisation. Die täglich wiederkehrenden Tätigkeiten stellen hierbei einen besonders wichtigen Ansatzpunkt dar, um diese Verantwortung wahrzunehmen.

Philanthropie kann sich positiv auf die Gesellschaft auswirken, sollte aber nicht als Ersatz für gesellschaftliche Verantwortung dienen. Die Beziehung zwischen nachhaltiger Entwicklung und gesellschaftlicher Verantwortung ist jedoch deutlich enger. Zwar sind auch diese nicht gleichbedeutend, dennoch kann nachhaltige Entwicklung mit ihren drei Dimensionen (ökonomisch, sozial, ökologisch) als Mittel angesehen werden, um gesellschaftliche Erwartungen zusammenzufassen.

Die ISO 26000 stellt auch klar, dass gesellschaftliche Verantwortung große, mittelgroße, kleine und selbst kleinste Organisationen betrifft. Letztere haben aufgrund ihrer geringeren Komplexität und ihrer höheren Flexibilität oft die Möglichkeit, bei der Integration besonders einfach, kosteneffizient und zweckmäßig vorzugehen.

Was die Staaten betrifft, ist festzustellen, dass nur die einzelnen Länder die Macht haben, Gesetze zu erlassen. Die ISO 26000 möchte daher nicht einer legitimen politischen Willensbildung vorgreifen. Sie sieht sich aber als eine Orientierungshilfe, auf die auch staatliche Organisationen zurückgreifen können, um ihrer gesellschaftlichen Verantwortung gerecht zu werden.

3.3 Die Prinzipien gesellschaftlicher Verantwortung

Die ISO 26000 identifiziert sieben Prinzipien gesellschaftlicher Verantwortung: 1. Rechenschaftspflicht, 2. Transparenz, 3. ethisches Verhalten, 4. Achtung der Interessen der Stakeholder, 5. Achtung der Rechtsstaatlichkeit, 6. Achtung internationaler Verhaltensstandards und 7. Achtung der Menschenrechte.

Wie bereits ausgeführt, gibt es keine allgemein akzeptierte Definition von „gesellschaftlicher Verantwortung". Die ISO 26000 versucht, den Begriff anhand von sieben Prinzipien besser greifbar zu machen. Dabei handelt es sich um:

1. Rechenschaftspflicht,
2. Transparenz,
3. ethisches Verhalten,
4. Achtung der Interessen der Stakeholder,
5. Achtung der Rechtsstaatlichkeit,
6. Achtung internationaler Verhaltensstandards,
7. Achtung der Menschenrechte.

Im Folgenden sollen diese sieben Prinzipien näher beleuchtet werden:

3.3.1 Prinzip 1: „Rechenschaftspflicht"

Dieses Prinzip umfasst die Pflicht, über Auswirkungen der Organisation auf Gesellschaft, Wirtschaft und Umwelt Rechenschaft zu geben. Es beinhaltet darüber hinaus die Akzeptanz entsprechender Überprüfungen sowie die angemessene Reaktion auf die Ergebnisse der Überprüfung.

Innerhalb der Rechenschaftspflicht bestehen verschiedene Beziehungen: die der Unternehmensleitung gegenüber der Organisation und die der Organisation gegenüber Dritten.

Die Rechenschaftspflicht umfasst die Übernahme von Verantwortung bei Fehlverhalten. Dazu gehören auch Maßnahmen zur Abhilfe sowie die Vermeidung von Wiederholungen.

3.3.2 Prinzip 2: „Transparenz"

Nur Transparenz gibt den Stakeholdern die Möglichkeit, Auswirkungen der Organisation richtig zu beurteilen. Dazu gehört vor allem die Veröffentlichung klarer, akkurater, vollständiger, verständlicher, leicht verfügbarer, zeitnaher, objektiver und faktenbasierter Informationen zu Entscheidungen und Handlungen der Organisation sowie zu deren absehbaren Auswirkungen.

3.3.3 Prinzip 3: „Ethisches Verhalten"

„Ethisches Verhalten" zielt auf ein Handeln ab, dem Aufrichtigkeit, Redlichkeit, Gleichheit, Integrität und Rechtschaffenheit zugrunde liegen. Es umfasst neben der Sorge um die Menschen auch die Sorge um die Tiere und die Umwelt.

Die Verwirklichung dieses Prinzips setzt die Identifikation und Kommunikation von Werten voraus. Dazu sind Rahmenbedingungen, die die Einhaltung dieser Werte fördern, und Maßnahmen zur Überwachung ihrer Einhaltung, aber auch Strukturen, die bei Interessenkonflikten vermitteln, notwendig.

3.3.4 Prinzip 4: „Achtung der Interessen der Stakeholder"

Obwohl Organisationen sich regelmäßig eher an den Interessen ihrer Eigentümer, Mitglieder oder Kunden ausrichten, verlangt das vierte Prinzip die Achtung der Interessen aller Stakeholder einer Organisation. Dazu zählen auch sämtliche Geschäftspartner, Mitarbeiter und sonstige durch die Handlungen der Organisation tangierten Gruppen.

3.3.5 Prinzip 5: „Achtung der Rechtsstaatlichkeit"

Gesetze haben Vorrang. Kein Individuum und keine Organisation dürfen über dem Gesetz stehen. Willkürliche Machtausübung ist unvereinbar mit diesem Grundsatz.

3.3.6 Prinzip 6: „Achtung internationaler Verhaltensstandards"

Das sechste Prinzip fordert die Achtung internationaler Verhaltensstandards. Dazu gehört auch die Vermeidung von Situationen, in denen sich eine Organisation durch das Fehlverhalten einer anderen Organisation mitschuldig macht. Mitschuld beschränkt sich nicht auf ein juristisches Schuldverständnis, sondern umfasst beispielsweise das Profitieren von Verstößen anderer Organisationen gegen internationale Verhaltensstandards.

3.3.7 Prinzip 7: „Achtung der Menschenrechte"

Organisationen verpflichten sich laut „International Bill of Human Rights", die Menschenrechte zu achten und ihre universelle Gültigkeit anzuerkennen. In Situationen, in denen die Menschenrechte besonders gefährdet sind, oder in Rechtsordnungen, in denen ihre Einhaltung nicht sichergestellt ist, dürfen daraus keine Vorteile gezogen werden. Vielmehr sollten Maßnahmen zu deren Achtung ergriffen werden.

3.4 Die Kernthemen gesellschaftlicher Verantwortung

Eine Organisation sollte die für sie relevanten Handlungsfelder festlegen und priorisieren. Die ISO 26000 nennt dazu folgende sieben Kernthemen:

Sieben Kernthemen bieten potenzielle Handlungsfelder zur Umsetzung gesellschaftlicher Verantwortung: 1. Organisationsführung, 2. Menschenrechte, 3. Arbeitsbedingungen, 4. Umwelt, 5. anständige Handlungsweisen, 6. Konsumentenfragen sowie 7. regionale Einbindung und Entwicklung.

1. Organisationsführung,
2. Menschenrechte,
3. Arbeitsbedingungen,
4. Umwelt,
5. anständige Handlungsweisen,
6. Konsumentenfragen,
7. regionale Einbindung und Entwicklung.

Da sich die Kernthemen gegenseitig ergänzen und in Wechselwirkung stehen, ist eine ganzheitliche Betrachtung erforderlich. Eine Spitzenleistung in einem einzelnen Bereich darf nicht zur Vernachlässigung eines anderen Felds führen – vielmehr ist ein geeigneter Interessenausgleich zwischen den verschiedenen Handlungsfeldern erforderlich.

3.4.1 Organisationsführung

Die Organisationsführung besitzt innerhalb der Kernthemen eine Sonderstellung, da sie auf der einen Seite selbst Kernthema ist, an dem es sich auszurichten gilt, auf der anderen Seite aber auch Werkzeug, ohne das die anderen sechs Kernthemen gar nicht angegangen werden können.

Die korrekte Ausgestaltung der Organisationsführung hat eine herausgehobene Bedeutung, da durch sie eine zentrale Voraussetzung zur Umsetzung der anderen sechs Kernthemen geschaffen wird.

Unter effektiver Organisationsführung – unabhängig davon, ob sie formell oder informell ausgestaltet ist –, versteht man die Prozesse, Systeme, Strukturen und anderen Mechanismen, die es einer Organisation ermöglichen, die Prinzipien gesellschaftlicher Verantwortung in die Tat umzusetzen.

Zudem lässt sich daraus auch die Forderung ableiten, finanzielle, natürliche und menschliche Ressourcen effizient zu nutzen. Unterrepräsentierte Gruppen sollten faire Chancen auf die Besetzung gehobener Positionen in der Organisation erhalten.

3.4.2 Menschenrechte

Die ISO 26000 identifiziert für das Kernthema „Menschenrechte“ acht Handlungsfelder: 1. gebührende Sorgfalt, 2. kritische Situationen in Bezug auf Menschenrechte, 3. Vermeidung von Mitschuld, 4. Umgang mit Menschenrechtsbeschwerden, 5. Diskriminierung und schutzbedürftige Gruppen, 6. Bürgerrechte und politische Rechte, 7. wirtschaftliche, soziale und kulturelle Rechte und 8. Grundprinzipien und -rechte am Arbeitsplatz.

Menschenrechte sind Grundrechte, die allen Personen alleine aus der Tatsache heraus, dass sie Menschen sind, zustehen. Menschenrechte betreffen primär das Verhältnis zwischen Staaten und Individuen, aber auch nicht staatliche Organisationen können Einfluss auf die Menschenrechte haben und müssen auf deren Respektierung achten.

Menschenrechte sind angeboren, unübertragbar, universell, unteilbar und miteinander verflochten.

Man unterscheidet zwei große Bereiche von Menschenrechten: zum einen die Bürgerrechte bzw. politischen Rechte – also das Recht auf Leben und Freiheit, das Recht auf Gleichheit vor dem Gesetz und die Freiheit der Meinungsäußerung und zum anderen wirtschaftliche, soziale und kulturelle Rechte – zum Beispiel das Recht auf Arbeit, auf Nahrung, auf bestmögliche Gesundheitsversorgung, auf Bildung sowie auf soziale Sicherheit.

Nachfolgend werden die von der ISO 26000 für den Bereich „Menschenrechte“ abgeleiteten acht Handlungsfelder näher erklärt:

Gebührende Sorgfalt

Es geht um die gewissenhafte Identifizierung, Verhinderung und Reaktion auf tatsächliche oder potenzielle Beeinflussungen von Menschenrechten durch die Organisation oder durch Dritte, mit denen die Organisation in Beziehung steht.

Kritische Situationen in Bezug auf Menschenrechte

Es gibt eine Reihe von Situationen, in denen sich das Risiko von Menschenrechtsverletzungen deutlich erhöht. Beispielhaft führt die ISO 26000 einige solche Konstellationen auf:

- extreme politische Instabilität oder sonstige Konfliktsituationen,
- Naturkatastrophen,
- verbreitete Korruption,
- Aktivitäten mit starkem Bezug zu Kindern,
- räumliche Nähe zu Ureinwohnern,
- Geschäftsaktivitäten, die sich bedeutend auf natürliche Ressourcen auswirken,
- komplexe Lieferketten unter Einbezug von Arbeitnehmern ohne angemessenen Rechtsschutz,
- die Notwendigkeit von intensiven Maßnahmen zur Sicherung von Grundstücken bzw. anderer Vermögensgegenstände.

Vermeidung von Mitschuld

Mitschuld kann juristisch oder nicht juristisch aufgefasst werden. Ohne auf länderspezifische Besonderheiten einzugehen, versteht die ISO 26000 Mitschuld im juristischen Kontext als eine Handlung oder Unterlassung, die sich wesentlich auf eine illegale Tat auswirkt und die im Wissen oder Wollen erfolgt, zu der illegalen Tat beizutragen. In Bezug auf Menschenrechtsverletzungen können im nicht juristischen Kontext, trotz einer schwierigen Abgrenzung, drei Fälle unterschieden werden: die direkte Mitschuld (die bewusste Unterstützung bei der Verletzung von Menschenrechten), die nutznießerische Mitschuld (aus der Verletzung von Menschenrechten entstehen direkte Vorteile für die Organisation, wie bei der gewaltsamen Niederschlagung friedlicher Proteste gegen die Organisation oder durch die Ausbeutung von Arbeitnehmern durch Lieferanten) und die stille Mitschuld (das Unterlassen einer Organisation, fortgesetzte Menschenrechtsverletzungen bei den zuständigen Behörden vorzubringen).

Umgang mit Menschenrechtsbeschwerden

Streitigkeiten über die Auswirkungen der Handlungen von Organisationen sind selbst unter ansonsten optimalen Rahmenbedingungen nicht auszuschließen – umso wichtiger ist die Einrichtung eines effektiven Beschwerdemanagements. Die erforderlichen Mechanismen sollten legitimiert, hinreichend klar, transparent, unabhängig und ohne Barrieren frei zugänglich sein. Ihre Verfahren sollten vorhersehbare Ergebnisse produzieren und durch geeigneten Zugang zu Beratungsmöglichkeiten und Informationen gerecht ausgestaltet sein. Ebenfalls wichtig ist es, dass die Mechanismen eines effektiven Beschwerdemanagements mit international anerkannten Menschenrechtsnormen in Einklang stehen und mittels Dialog und Vermittlung für alle Parteien akzeptable Lösungen erarbeiten.

Diskriminierung und schutzbedürftige Gruppen

Diskriminierung ist jede Unterscheidung, jeder Ausschluss oder jegliche Bevorzugung auf der Basis illegitimer Gründe, die die Idee von gleicher Behandlung bzw. identischen Möglichkeiten zunichtemachen. Illegitime Gründe sind solche, die auf Vorurteilen basieren. Aufgrund ihrer Natur sind sie kaum abstrakt zu beschreiben, sondern werden auch in der ISO 26000 nur durch eine Auflistung eingegrenzt. Dazu gehören vor allem die Diskriminierung auf Basis von: Rasse, Hautfarbe, Geschlecht, Alter, Sprache, Eigentum, Nationalität, nationaler Herkunft, Religion, ethnischer oder sozialer Herkunft, Zugehörigkeit zu Kasten, ökonomischen Gründen, Behinderungen, Schwangerschaft, indigener Abstammung, Zugehörigkeit zu Gewerkschaften oder politischen Parteien oder auch politischen oder sonstigen Meinungen. Darüber hinaus gibt es einige Bereiche, die zunehmend ebenfalls als illegitime Gründe angesehen werden, wie Familienstand oder Gesundheitszustand. Einige Gruppen sind aus der Historie heraus besonders anfällig für zukünftige Diskriminierung – hier werden beispielhaft Frauen, Menschen mit Behinderungen, Kinder, Ureinwohner, Migranten, Wanderarbeiter, aufgrund ihrer Herkunft diskriminierte Personen, ältere Mitmenschen, Vertriebene, Arme, Ungebildete und mit HIV infizierte Menschen genannt. In der ISO 26000 wird auch die Gefahr indirekter Diskriminierung erläutert – dabei handelt es sich auf den ersten Blick um neutrale Kriterien oder Handlungsweisen, die aber bestimmte Gruppen anderen gegenüber benachteiligen, ohne dass sich dies durch einen objektiven Grund in Bezug auf ein legitimes Ziel begründen oder sich dieses auch mit angemesseneren Mitteln bewerkstelligen ließe.

Bürgerrechte und politische Rechte

Zu den Bürgerrechten und politischen Rechten zählen vor allem: das Recht auf Leben, die Menschenwürde, die Meinungsfreiheit, die Redefreiheit, die friedvolle Versammlungsfreiheit, die Vereinigungsfreiheit, das Recht auf Eigentum sowie der Schutz vor willkürlicher Enteignung. Auch der Zugang zu ordentlichen Gerichtsverfahren sowie das Recht auf faire Anhörung vor der Verhängung interner Disziplinarmaßnahmen werden darunter subsumiert, genau wie der Verzicht auf unangemessene Bestrafung bzw. unmenschliche oder erniedrigende Behandlung. Ebenso dazu gehört die Freiheit, Informationen und Ideen auch über Ländergrenzen hinweg zu suchen, zu erhalten und zu übermitteln.

Wirtschaftliche, soziale und kulturelle Rechte

Die ISO 26000 versteht unter anderem folgende Ansprüche als wirtschaftliche, soziale und kulturelle Rechte: Bildung, gerechte und günstige Arbeitsbedingungen, Vereinigungsfreiheit, angemessene Gesundheitsstandards, ein Lebensstandard, der für die physische und mentale Gesundheit und das Wohlbefinden angemessen ist, Nahrung, Kleidung, Unterkunft, medizinische Versorgung und notwendige soziale Absicherung bei Arbeitslosigkeit, Krankheit, Behinderung, Witwenstand, Alter oder anderen Mängeln, die außerhalb der eigenen Kontrolle liegen. Darüber hinaus gehört auch die religiöse und kulturelle Selbstbestimmung dazu.

Grundprinzipien und -rechte am Arbeitsplatz

Bestimmte Prinzipien und Rechte am Arbeitsplatz sind von derart fundamentaler Bedeutung, dass sie als Menschenrechte betrachtet werden. Auch wenn diese in vielen Rechtsordnungen bereits gesetzlich normiert sind, sollten Organisationen unabhängig davon die von der Internationalen Arbeitsorganisation („International Labour Organization", kurz: „ILO") identifizierten Menschenrechte garantieren. Dabei handelt es sich um die Vereinigungsfreiheit, das Recht auf Kollektivverhandlungen, das Verbot von Zwangsarbeit, die Ächtung von Kinderarbeit entsprechend der Abgrenzung durch die ILO sowie die Eliminierung von Diskriminierung in Bezug auf Beschäftigung und Berufe.

3.4.3 Arbeitsbedingungen

Unter Arbeitsbedingungen werden sämtliche Prinzipien und Praktiken in Bezug auf Arbeit verstanden, unabhängig davon, ob die Arbeit innerhalb der Organisation, durch sie oder in ihrem Auftrag durchgeführt wird. Die ISO 26000 betont, dass Arbeit keine Ware ist: Sie sollte nicht wie andere Produktionsfaktoren behandelt und nicht den gleichen Marktkräften unterworfen werden. Auch zählt die ISO 26000 die Schaffung von Arbeitsplätzen und die damit einhergehende Entlohnung ausdrücklich zu den wichtigsten ökonomischen und sozialen Beiträgen von Organisationen. Eine sinnvolle und produktive Arbeit ist ein zentrales Element menschlicher Entwicklung – entsprechende Defizite sind eine wesentliche Ursache sozialer Konflikte.

Die ISO 26000 identifiziert für das Kernthema „Arbeitsbedingungen" fünf Handlungsfelder: 1. Beschäftigung und Arbeitsverhältnisse, 2. Arbeitsbedingungen und sozialer Schutz, 3. sozialer Dialog, 4. Gesundheit und Sicherheit am Arbeitsplatz und 5. menschliche Entwicklung und Schulung am Arbeitsplatz.

Nachfolgend werden die von der ISO 26000 für den Bereich „Arbeitsbedingungen" abgeleiteten fünf Handlungsfelder näher erläutert:

Beschäftigung und Arbeitsverhältnisse

Eine eindeutige Abgrenzung der Arbeit zu anderen Vertragsverhältnissen, vor allem zur Selbstständigkeit, bei der die Verhandlungsmacht ausgeglichener verteilt ist, ist nicht immer möglich. Deswegen werden Vertragsverhältnisse manchmal falsch eingeordnet oder bezeichnet. Für die Gesellschaft und den einzelnen Arbeitnehmer ist es wichtig, den für den jeweiligen Fall angemessenen rechtlichen und institutionellen Rahmen zu wählen, denn so können die Betroffenen ihre Rechte und Pflichten richtig beurteilen und im Fall von Verstößen Regressforderungen geltend machen.

Arbeitsbedingungen und sozialer Schutz

Organisationen sind aufgefordert auch in Bezug auf Arbeitsbedingungen die gesetzlichen Bestimmungen einzuhalten. Dies trifft ebenso auf die sonstigen Vereinbarungen, zum Beispiel aus Kollektivvereinbarungen, zu. Die Vorgaben der ILO („International Labour Organization") setzen außerdem bestimmte Mindeststandards.

Angemessene Arbeitsbedingungen umfassen auch: bezahlten Erholungsurlaub, Schutz der Gesundheit, Sicherheit, Mutterschutz und sonstige Fürsorgethemen wie die Verfügbarkeit sauberen Trinkwassers und sanitärer Einrichtungen. Bei Verhandlungen über Arbeitsbedingungen sollten sich Arbeitnehmer durch gemeinsame Repräsentanten vertreten lassen können. Weitere Ziele sind zum einen die größtmögliche Ausgewogenheit von Arbeit und Privatleben, inklusive der Möglichkeit zur Einhaltung nationaler bzw. religiöser Bräuche oder Traditionen, und zum anderen die Vereinbarkeit von Arbeit und Familie.

Sozialer Dialog

Unter einem sozialen Dialog wird im diesem Kontext jegliche Art von Verhandlung, Beratung und Informationsaustausch zwischen Regierung, Arbeitgebern und Arbeitnehmern in Bezug auf gemeinsame Interessen mit ökonomischem oder sozialem Hintergrund verstanden. Ziel ist die Erarbeitung sinnvoller und langlebiger Lösungen, die gemeinsame, aber auch widerstreitende, Interessen berücksichtigen und es so ermöglichen, teure Arbeitskonflikte zu vermeiden.

Gesundheit und Sicherheit am Arbeitsplatz

Der Punkt Gesundheit und Sicherheit am Arbeitsplatz bezieht sich auf den Erhalt des körperlichen, geistigen und sozialen Wohlergehens der Arbeitnehmer sowie auf die Vorbeugung gegen Gefahren für die Gesundheit bzw. gegen psychosoziale Gefahren. Dabei geht es um die Anpassung an die körperlichen und psychischen Bedürfnisse der Arbeitnehmer.

Besondere Risiken für unerfahrene oder junge Arbeitnehmer sowie aufgrund von Vorerkrankungen oder Schwangerschaften sollten genauso wie geschlechterspezifische Risiken entsprechend berücksichtigt werden.

Eine zentrale Stellung nimmt auch die sogenannte „Kontrollhierarchie“ ein. Dabei handelt es sich um folgende Maßnahmen, sortiert nach deren Vorzugswürdigkeit: Risiken beseitigen, Risiken substituieren, Ergreifen von technischen oder baulichen Maßnahmen, die Einführung von Überwachungsmaßnahmen, Anpassungen bei Arbeitsverfahren und die Nutzung persönlicher Schutzausrüstung. Alle Sicherheits- und Gesundheitsmaßnahmen sollten für Arbeitnehmer – auch im Fall einer persönlichen Schutzausrüstung – kostenfrei sein.

Menschliche Entwicklung und Schulung am Arbeitsplatz

Zum Handlungsfeld der menschlichen Entwicklung gehört die Ausweitung der Wahlmöglichkeiten durch den Ausbau von Fähigkeiten; es umfasst gleichsam den Zugang zu politischen, wirtschaftlichen und sozialen Gelegenheiten. Menschen werden so in die Lage versetzt, ein langes, gesundes, unterrichtetes, kreatives, produktives und von Selbstrespekt geprägtes Leben zu führen. Sie können Teil einer Gemeinschaft sein und einen gesellschaftlichen Beitrag leisten.

3.4.4 Umwelt

Die ISO 26000 gibt für das Kernthema „Umwelt" vier Handlungsfelder an:
1. Vermeidung von Umweltbelastung,
2. nachhaltige Ressourcennutzung,
3. Klimaschutz und Anpassung an den Klimawandel,
4. Schutz der Umwelt sowie der biologischen Vielfalt und Wiederherstellung natürlicher Lebensräume.

Um den Ressourcenverbrauch pro Mensch auf ein nachhaltiges Niveau zu bringen, sollten Organisationen einen integrierten Ansatz wählen. Dieser bezieht die ökonomischen, ökologischen, sozialen und gesundheitlichen Folgen, direkter oder indirekter Art, in die Entscheidungsfindung ein. Als möglichen Rahmen für einen systematischen Ansatz, verweist die ISO 26000 diesbezüglich auf die Normenfamilie um die ISO 14000 Diese stellt die weltweit bedeutendste Vorgabe zum Umweltmanagement dar.

Die Anerkennung der eigenen Verantwortung für die Umwelt geht über das bloße Einhalten von Gesetzen hinaus. Ein Mangel an unumstößlichen Beweisen für Umweltschädigungen kann dann nicht als Vorwand für das Aufschieben langfristig kosteneffizienter Schutzmaßnahmen dienen.

In allen Beurteilungen sollte der gesamte Lebenszyklus eines Produkts oder einer Dienstleistung (das heißt von der Förderung des Rohmaterials bis hin zur Entsorgung) einbezogen werden. Durch erneuerbare Energien, Rationalisierung und Verbesserungen von Technologien, Prozessen sowie dem Produktdesign werden Ressourcen effizienter genutzt und Verschmutzungen reduziert. Die Abkehr vom klassischen Verkauf eines Produkts hin zum Anbieten einer Kombination aus Service und Produkt, wie zum Beispiel beim Anbieten anteiliger Nutzungsrechte („sharing"), erlaubt darüber hinaus die Abkoppelung der Umsätze vom Materialverbrauch.

Nachfolgend werden die von der ISO 26000 für den Bereich „Umwelt" abgeleiteten vier Handlungsfelder näher beleuchtet:

Vermeidung von Umweltbelastung

Der Begriff Umweltbelastung ist weit auszulegen. Er umfasst neben Luftemissionen, Wasserverschmutzung und der Freisetzung giftiger oder gefährlicher Chemikalien auch alle anderen wahrnehmbaren Belastungen wie Lärm, Geruch, Sichtbeeinträchtigungen, Vibrationen, Strahlung, infektiöse Stoffe oder biologische Gefährdungen. Er schließt dabei auch solche Belastungen ein, die aus der Nutzung durch den Verbraucher, zum Beispiel Umweltbelastungen, oder aus der dazu notwendigen Energieerzeugung resultieren. Die systematische Identifikation von und der Verzicht auf verbotene oder von Wissenschaftlern als bedeutsam eingestufte Chemikalien wird genauso gefordert wie ein Unfallvermeidungsprogramm und die Entwicklung entsprechender Notfallpläne.

Beispiel:

Findus Group, London, Vereinigtes Königreich

Die Findus Group mit Sitz in London ist einer der größten europäischen Hersteller für Tiefkühlkost. 70 Prozent der Umsätze erzielt sie mit Fisch und Meeresfrüchten. Zur Findus Group gehören die Marken „Young's Seafood",„Findus" und „The Seafood Company". [44]

Im Jahr 2010 wurde die Findus Group von der Europäischen Kommission mit dem Europäischen Umweltpreis in der Kategorie „Preis für Management" ausgezeichnet. [38]

Dieser Preis wird Unternehmen verliehen, die über eine vorausschauende Strategie und über Managementsysteme verfügen, die es ihnen ermöglichen, ihren Beitrag zur nachhaltigen Entwicklung ständig zu verbessern. Der Preis der Europäischen Kommission geht an die „Besten der besten" Unternehmen, die bereits in nationalen Wettbewerben erfolgreich waren. [38]

„Je mehr wir uns des wirklichen Werts unserer Umwelt bewusst werden, desto wirksamer werden wir wirtschaftliche, soziale und ökologische Ziele miteinander verknüpfen können. Hierbei spielen die Unternehmen, die sich am Europäischen Umweltpreis beteiligen, eine entscheidende Rolle, denn sie führen uns klar ihre innovativen Fähigkeiten und den wirtschaftlichen Nutzen der Anwendung umweltfreundlicher Technologien und Verfahren vor Augen", erklärte EU-Umweltkommissar Janez Potočnik. [38]

Das ausgezeichnete Projekt „Fish for Life" ist ein Programm der Findus Group zur Förderung der Nachhaltigkeit für Fischereierzeugnisse. Das Nachhaltigkeitsprogramm wurde vom Tochterunternehmen „Young's Seafood" eingeführt und wird mittlerweile vom Findus-Konzern europaweit angewendet.

„Fish for Life" bezieht sich auf die im Konzern verfolgte Politik eines nachhaltigen Fischereiwesens. Die Findus Group hat ein umweltfreundliches Fischereimanagementsystem eingeführt, das garantiert, dass die Gewinne des Konzerns im hochempfindlichen Fischereisektor nicht auf Kosten erschöpfter Ressourcen erzielt, sondern diese erhalten werden.

Die Auszeichnung von Findus begründete die Jury der EU-Kommission damit, dass die Initiative „Fish for Life" Maßstäbe für ein verantwortliches Fischereimanagement setzt, da sie sowohl national als auch international unter starker Einbeziehung der Mitarbeiter und anderer Beteiligter bewährte Verfahren unterstützt und weitergibt. [38]

Die Findus Group entwickelte im Rahmen von „Fish for Life" zehn Prinzipien, die für die gesamte Wertschöpfungskette des Unternehmens sicherstellen, dass die Gewinnung der Meeresprodukte im Einklang mit dem Erhalt der ökologischen Vielfalt steht. Unter der Maßgabe „from boat to plate" reichen die Anforderungen von der Einhaltung von Artenschutzabkommen, Fangquoten über Fang- bzw. Zuchtmethoden bis hin zur Meeresforschung und stellen sicher, dass die Herkunft der Produkte für den Verbraucher transparent und nachvollziehbar ist. Die Findus Group bekennt sich in diesem Zusammenhang auch zum Internationalen Standard for Social Accountability (SA 8000), der die Verantwortung für die Umsetzung und Kontrolle sozialer Mindeststandards in produzierenden Unternehmen umfasst. Findus arbeitet nur mit Lieferanten, die diese Anforderungen erfüllen. [160]

Die Grundsätze von „Fish for Life" stehen im Einklang mit den vom Marine Stewardship Council (MSC) entwickelten Standards zur Zertifizierung nachhaltiger Fischereiunternehmen. Die Findus Group unterstützt das MSC bei ihren Bemühungen bereits seit 1997. [160]

Nachhaltige Ressourcennutzung

Nachhaltige Ressourcennutzung appelliert daran, zum einen nur so viel erneuerbare Ressourcen zu nutzen, wie diese sich selbst regenerieren können, und zum anderen die Nutzung nicht erneuerbarer Ressourcen auf einen Umfang zu beschränken, in dem diese durch erneuerbare Ressourcen substituiert werden können.

Klimaschutz und Anpassung an den Klimawandel

Treibhausgase wie CO_2, CH_4 oder N_2O sind wahrscheinlich eine Ursache für den globalen Klimawandel. Die ISO 26000 fordert Organisationen daher auf, die Emission von Treibhausgasen zumindest stufenweise zu reduzieren und sich andererseits aber auch auf den Klimawandel vorzubereiten.

In Antizipation des Klimawandels wird empfohlen, Projektionen des Klimawandels in Entscheidungsprozesse einzubeziehen und somit Folgeschäden zu minimieren. Die Entwicklung von Technologien, die die Trinkwasserverfügbarkeit verbessern, oder das Ergreifen von Maßnahmen, die die Anfälligkeit für Überschwemmungen reduzieren, wie die Wiederherstellung von Auenlandschaften als Auffangbecken, dienen als gelungene Beispiele.

Schutz der Umwelt sowie der biologischen Vielfalt und Wiederherstellung natürlicher Lebensräume

Menschliche Aktivitäten haben in den letzten Jahrzehnten verstärkt und irreversibel biologische Vielfalt zerstört. Damit bezeichnet man den Reichtum an Lebensräumen, Arten sowie genetischen Informationen. Organisationen sind aufgerufen, die von ihnen potenziell ausgehenden Belastungen zu identifizieren und zu minimieren. Dabei könnte die Internalisierung von Kosten durch die Teilnahme an entsprechenden Marktmechanismen helfen. Verlust von Lebensraum sollte vermieden und bereits verlorener wiederhergestellt werden. Soweit dies nicht möglich ist, sollten zumindest dessen Funktionen, wie Wasserbereitstellung, Nahrungsquelle, Überflutungs- oder Erholungsraum um nur einige zu nennen – kompensiert werden. Ebenfalls wichtig ist der Schutz bedrohter oder seltener Arten sowie wild lebender Tiere und deren Lebensräume. Das heißt auch, dass Fischfang, Land- und Forstwirtschaft unter Beachtung der Nachhaltigkeit zu betreiben sind. Auf der anderen Seite sollte die Ausbreitung invasiver Arten nicht erlaubt werden.

3.4.5 Anständige Handlungsweisen

Für das Kernthema „anständige Handlungsweisen“ identifiziert die ISO 26000 fünf Handlungsfelder: 1. Antikorruption, 2. verantwortungsvolle politische Mitwirkung, 3. fairer Wettbewerb, 4. Förderung gesellschaftlicher Verantwortung in der Wertschöpfungskette und 5. Achtung von Eigentumsrechten.

Das Kapitel „anständige Handlungsweisen“ betrifft ethisches Verhalten in Bezug auf die Beziehungen der jeweiligen Organisation zu Regierungsbehörden, Partnern, Lieferanten, Vertragspartnern, Wettbewerbern und Vereinigungen, in denen sie Mitglied ist. Ethisches Verhalten ist eine fundamentale Voraussetzung für dauerhaft legitime und produktive Beziehungen zwischen Organisationen. Im Kontext gesellschaftlicher Verantwortung geht es also darum, Beziehungen zu nutzen, um positive Ergebnisse zu fördern, sei es durch die Übernahme einer Vorbildrolle oder durch die Wahrung gesellschaftlicher Verantwortung im Einflussbereich der Organisation.

Der nachfolgende Abschnitt erläutert die von der ISO 26000 für den Bereich „anständige Handlungsweisen“ abgeleiteten fünf Handlungsfelder:

Antikorruption

Korruption ist der Missbrauch anvertrauter Macht zum eigenen Vorteil und hat viele Gesichter: Bestechungen im privaten oder öffentlichen Sektor, Interessenkonflikte, Betrug, Geldwäsche, Veruntreuung, Unterschlagung, Behinderung der Justiz oder Einflussnahme.

Zur Verhinderung von Korruption müssen Organisationen mögliche Korruptionsrisiken aufdecken und Maßnahmen zu deren Begegnung implementieren. Dies beinhaltet Schulungen der Mitarbeiter, die Schaffung entsprechender Anreize, aber auch eine angemessene Entlohnung. Die Führung der Organisation sollte aufgrund ihrer Vorbildfunktion entsprechende Beispiele geben.

Verantwortungsvolle politische Mitwirkung

Verantwortungsvolle politische Mitwirkung bezieht sich auf das Verbot der Ausübung ungebührenden Einflusses durch Manipulation, Einschüchterung und Nötigung hinsichtlich der politischen Prozesse und der politischen Ordnung. Dazu zählen Transparenz in Bezug auf die angewandten Prinzipien für Lobbyarbeit, politische Beiträge und politische Beteiligung sowie das Verbot von Fehlinformation, Täuschung, Drohung und Nötigung. Auch sollten alle Aktivitäten vermieden werden, die als unangebrachte Einflussnahme angesehen werden könnten.

Fairer Wettbewerb

Die langfristigen Vorteile eines fairen und breiten Wettbewerbs, wie Wirtschaftswachstum und Verbesserung des Lebensstandards, dürfen nicht durch wettbewerbsschädigendes Verhalten riskiert werden. Ein solches Verhalten tritt in vielen Formen auf, sei es in Form von Preisabsprachen, Angebotsabsprachen, Verdrängungswettbewerb durch temporäres Preisdumping oder unfaire Sanktionen gegenüber Wettbewerbern.

Förderung gesellschaftlicher Verantwortung in der Wertschöpfungskette

Organisationen fördern durch die geschickte Ausübung von Einkaufsentscheidungen die Achtung gesellschaftlicher Verantwortung durch andere. Derartige Führung und Vorbildfunktion sollten aber nicht als Ersatz für Gesetze oder die Aufsicht durch Behörden verstanden werden.

Andere Organisationen sollten ermutigt und kleinere und mittlere Unternehmen dabei unterstützt werden, Maßnahmen zur gesellschaftlichen Verantwortung zu implementieren. Ein erster Schritt wäre die Schaffung eines Bewusstseins für dieses Thema.

Achtung von Eigentumsrechten

Der Schutz von Eigentumsrechten ist ein Menschenrecht. Es umfasst sowohl materielles als auch immaterielles Eigentum. Die Achtung dieser Rechte ist von großer Bedeutung und fördert Investitionen, Kreativität, Innovation sowie wirtschaftliche und materielle Sicherheit.

3.4.6 Konsumentenfragen

Für das Kernthema „Konsumentenfragen“ gibt die ISO 26000 sieben Handlungsfelder an: 1. angemessenes Vorgehen bei Marketing, Informationen und Vertragsgestaltung, 2. Schutz von Gesundheit und Sicherheit der Konsumenten, 3. nachhaltiger Konsum, 4. Kundendienst, Beschwerde- und Konfliktlösung, 5. Schutz und Vertraulichkeit von Kundendaten, 6. Sicherung der Grundversorgung und 7. Aufklärung und Bewusstseinsbildung.

Konsumenten sind Individuen, die Produkte und Dienstleistungen für private Zwecke erwerben oder nutzen. Ihnen gegenüber haben Organisationen eine besondere Verantwortung. Einige der folgenden Ausführungen sind jedoch auch für kommerzielle Kunden von Bedeutung.
Der folgende Abschnitt erläutert die von der ISO 26000 für den Bereich „Konsumentenfragen“ abgeleiteten sieben Handlungsfelder:

Angemessenes Vorgehen bei Marketing, Informationen und Vertragsgestaltung

Angemessenes Vorgehen beim Marketing und bei der Vertragsgestaltung sowie sachliche und unparteiische Informationen schaffen bei den Konsumenten die Voraussetzungen dafür, sachkundige Kaufentscheidungen treffen zu können.
Daher sollten Organisationen auf Aktionen verzichten, die unaufrichtig, irreführend, betrügerisch oder unangemessen sind und auch nie kritische Informationen auslassen. Werbe- und Marketingmaßnahmen sind klar als solche zu kennzeichnen, einem relevanten Informationsaustausch ist zuzustimmen und die zu erwartenden Gesamtpreise sind kenntlich zu machen. Behauptungen müssen durch Fakten untermauert und die Nutzung stereotypischer Darstellungen vermieden werden. Im Rahmen von Verkaufsbemühungen ist besonders auf gefährdete Gruppen wie Kinder Rücksicht zu nehmen.

Es wird gefordert, durch die Bereitstellung vollständiger, richtiger und verständlicher Informationen in einer offiziellen oder verbreiteten Sprache bereits am Verkaufsort die Vergleichbarkeit zu erhöhen. Dies umfasst alle wichtigen Aspekte von Produkten bzw. Dienstleistungen, wie die Nennung der zentralen Qualitätsmerkmale auf objektive Art und Weise, die Darstellung der Auswirkungen auf Gesundheit und Sicherheit und die Kontaktdaten der Organisation.

Schutz von Gesundheit und Sicherheit der Konsumenten

Produkte und Dienstleistungen sollten „sicher“ sein und keine inakzeptablen Risiken bei der Nutzung oder dem Konsum für Konsumenten, Dritte, Eigentum oder Umwelt bergen. Es wird empfohlen, auf Basis der identifizierten Nutzergruppen und einer darauf gestützten Risikobeurteilung vorrangig auf eine sichere Produktgestaltung hinzuwirken. Ergänzende Schutzvorrichtungen müssen implementiert und über darüber hinaus verbleibende Risiken muss informiert werden. Das Überschreiten gesetzlicher Mindeststandards ist wünschenswert, soweit dadurch signifikante Verbesserungen hinsichtlich der Sicherheit erreicht werden.

Beispiel:

General Motors, Detroit, USA

Am 9. Juli 1999 wurde der amerikanische Autokonzern General Motors von einem Geschworenengericht in Los Angeles zur Zahlung von insgesamt 4,9 Milliarden Dollar verurteilt, der höchsten Summe, die bis dahin jemals ein Unternehmen als Schadenersatz leisten musste.

Das Unternehmen sollte die Summe an die Familie Anderson und einen Freund zahlen, die 1993 in einem 1979er Chevrolet Malibu schwer verunglückten. Als Folge eines Auffahrunfalls entzündete sich der Tank und der Wagen brannte aus. Alle Insassen trugen schwerste Brandverletzungen davon.

Zwar war die Schuld des Fahrers des auffahrenden Wagens, der 2,0 Promille Alkohol im Blut hatte, an dem Unfall bewiesen. Doch hätte der Chevrolet bei diesem Zusammenstoß nicht in Brand geraten dürfen. Der Tank war konstruktionsbedingt nur 28 Zentimeter von der Stoßstange entfernt angebracht worden, sodass er sich bei Auffahrunfällen entzünden konnte. Aus diesem Grund sprach die Jury den Autokonzern für 95 Prozent der Verletzungen für schuldig. [136]

General Motors betonte jedoch, das Treibstoffsystem des Fahrzeugs sei sicher und habe alle gesetzlichen Standards erfüllt oder übertroffen. In einer Stellungnahme wies der Konzern ausdrücklich darauf hin, dass er keine Schuld an dem Unfall trage. „Der extrem schwere Unfall wurde von einem einzigen Faktor verursacht – Trunkenheit am Steuer." [137]

Wie das Gericht ermittelte, war den Managern von General Motors jedoch der Konstruktionsfehler bekannt, der bei mehreren Modellen der Jahre 1979 bis 1983 auftrat. In internen Papieren wurden 38 Zentimeter als minimaler Abstand zur Stoßstange gefordert und die Behebung des Mangels diskutiert. Der wichtigste Beweis im Prozess war ein vertrauliches Gutachten des General-Motors-Ingenieurs Edward Ivey über die Sicherheitsprobleme am Tank des Chevrolets. In diesem Dokument hatte Ivey eine interne Kosten-Nutzen-Analyse aufgestellt, in der er errechnete, dass die Folgen tödlicher Unfälle den Konzern durchschnittlich 2,40 Dollar pro Auto kosten würden, wohingegen die zusätzlichen Kosten einer Umrüstung bei 8,59 Dollar liegen würden. In seiner Berechnung hatte der GM-Mitarbeiter die Kosten eines Menschenlebens auf 200.000 Dollar festgesetzt und die Anzahl der tödlichen Unfälle, ausgelöst durch in Brand geratene Tanks, pro Jahr auf 500 geschätzt. Zwar hatte Ivey in seinem Memo erwähnt, dass es „unmöglich ist, ein Menschenleben zu bewerten", dennoch unterließ General Motors auf Basis dieser Analysen die Umrüstung ihrer Modellreihen. [139]

General Motors war sich also des hohen Brandrisikos bewusst und verfügte über das Wissen und die Technologie, um dieses deutlich zu reduzieren. Das Unternehmen machte jedoch aus Kostengründen davon keinen Gebrauch. Der Verlust von Menschenleben und schwere Brandverletzungen wurden vom Konzern bewusst in Kauf genommen und gegen die Opportunitätskosten einer Umrüstung aufgerechnet. Diese Tatsache wurde von der Jury als Beweis für die Schuld des Unternehmens an den schweren Verletzungen der Familie Anderson angesehen.

In diesem Zusammenhang geriet die Höhe der verhängten Strafe in die öffentliche Diskussion. Zum Zeitpunkt des Urteils gehörte General Motors mit einem Jahresumsatz von 162 Milliarden Dollar zu den größten Unternehmen der Welt. Die hohe Summe sollte dazu führen, dass der Autokonzern die Strafe auch spürte, und es sollte verhindert werden, dass in Zukunft ähnliche Kostenkalkulationen über die Sicherheit von Menschenleben erstellt würden. Bei der Festsetzung des Schadenersatzes orientierte sich die Jury an den jährlichen Werbeausgaben von General Motors in Höhe von vier Milliarden Dollar und den Umsätzen des Unternehmens.

In einem Berufungsverfahren wurde die Summe später auf 1,1 Milliarden Dollar reduziert. In der Begründung des Urteils hieß es, die ursprüngliche Summe sei überzogen gewesen. Das Unternehmen habe aber die Gefährdung von Insassen der von ihm produzierten Autos wissentlich in Kauf genommen. [105]

Besondere Aufmerksamkeit gilt Gruppen, wie zum Beispiel Kindern, bei denen die Einsicht für Gefahren geringer ausgeprägt ist.

Die Forderung nach Sicherheit beschränkt sich auf die bestimmungsgemäße und eine vorhersehbare mögliche falsche Verwendung. Im Fall von erst nachträglich erkennbaren ernsthaften Gefahren ist die Erbringung der entsprechenden Dienstleistungen einzustellen bzw. die Produkte sind unter Nutzung der Medien zurückzurufen.

Die Konsumenten sind daher über die richtige Verwendung von Produkten zu informieren und vor Risiken zu warnen. Wichtige Informationen sollten über schriftliche Ausführungen hinaus auch um vorzugsweise international vereinbarte Symbole ergänzt werden.

Nachhaltiger Konsum

Nachhaltiger Konsum ist der Verbrauch von Produkten und Ressourcen, der mit dem Ziel einer nachhaltigen Entwicklung vereinbar ist. Er umfasst auch die Sorge um das Wohlergehen von Tieren.

Damit Organisationen dazu beitragen, werden ihnen die folgenden Empfehlungen gegeben:

Konsumenten sollen dahin gehend aufgeklärt werden, dass sie die Folgen ihrer Konsumentscheidungen für ihr Wohlbefinden und für die Umwelt besser verstehen können. Dies schließt zweckmäßige Empfehlungen zur Veränderung von Konsumgewohnheiten ein. Wichtig ist dabei die Bereitstellung wissenschaftlich verlässlicher, konsistenter, wahrheitsgetreuer, exakter, vergleichbarer und nachvollziehbarer Informationen über die ökologischen und sozialen Aspekte von Gütern. Dies betrifft auch Angaben zu Leistungsfähigkeit, Gesundheitsfolgen, Herkunftsland, Energieeffizienz, verwendeten Teile, Inhaltsstoffen, Tierschutzfragen sowie zur Verwendung von Gentechnik oder Nanopartikeln. Darüber hinaus sollen Informationen zum sicheren Umgang, zur Instandhaltung, zur Lagerung und zur Entsorgung verfügbar sein.

Den Konsumenten sollen sozial und ökologisch vorteilhafte Produkte und Dienstleistungen angeboten werden. Falls weniger schädliche Alternativen existieren, sollen Konsumenten diese wählen können. Produkte und Verpackungen sollen einfach zu benutzen, wiederverwendbar, reparaturgeeignet und recycelbar sein. Der Leitfaden ruft die Organisationen dazu auf, sofern dies möglich ist, Recycling- oder Entsorgungsdienstleistungen anzubieten. Es sollte danach gestrebt werden, die Qualität und die Lebensdauer von Produkten bei erschwinglichen Preisen zu erhöhen.

Kundendienst, Beschwerde- und Konfliktlösung

Kundendienst, Beschwerde- und Konfliktmanagement zielen auf die Bedürfnisse von Konsumenten im Nachgang zum Kauf oder zur Inanspruchnahme von Produkten oder Dienstleistungen ab. So sollten Beschwerden überprüft und die Reaktionen darauf verbessert werden.

Eine hochwertige Qualität der Güter erhöht die Zufriedenheit der Kunden und kann helfen, die Anzahl der Beschwerden von vornherein zu verringern. Anbieter von Produkten und Dienstleistungen sollten klare Empfehlungen zum sachgerechten Gebrauch sowie Informationen zu Regress- und Rechtsmitteln bei mangelhafter Leistung geben. So sollen Konsumenten Unterstützung, Beratung und Aufklärung dazu erhalten, in welcher Form sie auf Kundendienst, Konfliktlösungsmechanismen oder Schadenersatzmechanismen zugreifen können. Alternative Verfahren für Beschwerdebearbeitung, Konfliktlösung und Entschädigung sollten angeboten werden, die auf nationalen oder internationalen Normen beruhen. Diese müssen (möglichst) kostenfrei sein und keinen Verzicht auf gesetzliche Ansprüche bedeuten.

Schutz und Vertraulichkeit von Kundendaten

Der Schutz und die Vertraulichkeit von Kundendaten stellen auf Maßnahmen zur Achtung der Privatsphäre der Konsumenten ab. Dazu gehören Einschränkungen hinsichtlich der Art der Informationen, die gesammelt werden, und der Art und Weise, wie diese Informationen erlangt, gesichert und verwendet werden.

Die Sammlung von Informationen sollte nur durch rechtmäßige und angemessene Mittel erfolgen und auf solche beschränkt werden, die für die Erbringung der Dienstleistung oder für die Produkte wesentlich sind, es sei denn, sie wurden freiwillig von sachkundigen Konsumenten bereitgestellt. Dabei wird empfohlen, den Zweck der Datenerhebung bereits im Vorfeld bekannt zu geben und die Daten grundsätzlich nicht anders zu verwenden. Die Verfügbarkeit von Angeboten darf nicht von der Zustimmung zu einer unerwünschten Marketingnutzung abhängig sein.

Sicherung der Grundversorgung

Auch wenn der Staat für die Befriedigung von Grundbedürfnissen verantwortlich ist, gibt es Bereiche oder Situationen, in denen diese nicht sichergestellt wird. Organisationen können einen Beitrag zur Sicherung der Grundversorgung leisten.

Organisationen, die wichtige Leistungen anbieten, wie zum Beispiel Elektrizität, Gas- und Wasserversorgung, Abwasserentsorgung oder Kommunikationsdienste, sollten sich daher den folgenden Grundsätzen verpflichten: keine Einstellung der Dienste bei Nichtzahlung ohne angemessene Nachfrist, keine Sammelabschaltungen aufgrund von Nichtzahlung Einzelner und subventionierte Tarife für Bedürftige. Sie sind aufgerufen, transparent zu arbeiten und Informationen zu ihrer Preisfestlegung bekannt zu geben. Die Versorgungssysteme sollten instand gehalten werden, um Unterbrechungen der Versorgung zu vermeiden. Falls trotzdem Unterbrechungen auftreten, muss die Reaktion diskriminierungsfrei sein.

Aufklärung und Bewusstseinsbildung

Aufklärung und Bewusstseinsbildung versetzen Konsumenten in die Lage, gut informiert zu sein, sich ihrer Rechte und Pflichten bewusst zu sein, eine aktivere Rolle einzunehmen, sachkundige Kaufentscheidungen zu treffen und verantwortungsvoll zu konsumieren. Dazu zählen zum einen Informationen zu Gesundheitsfragen, Sicherheitsfragen und Produktgefahren, über Gesetze, Vorschriften und Entschädigungsmöglichkeiten, zum anderen aber auch Ansprechpartner für Verbraucherschutz, die Produktkennzeichnung und die Bereitstellung von Handbüchern. Auch über die Risiken der Nutzung und entsprechende Schutzmaßnahmen, den Umweltschutz, über Finanz- und Investmentprodukte, die korrekte Entsorgung und nachhaltigen Konsum müssen Konsumenten informiert werden. Dazu gehören Fragen zur effizienten Nutzung von Materialien, Energie und Wasser. Informationen zu Gewichten, Preisen, Qualität, Kreditbedingungen und der Verfügbarkeit der Grundversorgung sollten ebenfalls bereitgestellt werden. Es geht um die Vermittlung von Wissen und um die Befähigung, auf Basis dieses Wissens zu handeln. Entsprechende Initiativen befreien jedoch kein Unternehmen von der Verantwortung im Fall einer Schädigung der Konsumenten.

3.4.7 Regionale Einbindung und Entwicklung des Umfelds

Regionale Einbindung stellt auf die Unterstützung der Gemeinschaft (geografisch), Identifikation mit ihr und die Anerkennung ihrer Werte ab. Sie beabsichtigt die Verbesserung der Lebensqualität. Aufgrund unterschiedlicher Rahmenbedingungen ist sie stets einzigartig und ein langfristiger, vielschichtiger Prozess. Da die Interessen der Stakeholder verschieden sind, bedarf es gemeinschaftlicher Verantwortung. Zu den Schlüsselthemen gehören die Schaffung von Arbeitsplätzen, lokale Initiativen zur Wirtschaftsentwicklung, Bildungsprogramme, Kulturerhaltung und Gesundheitsdienstleistungen. Die regionale Einbindung kann aber auch in der institutionellen Stärkung der Gemeinschaft oder ihrer Gruppen bestehen oder kulturelle, soziale und ökologische Programme bzw. Netzwerke umfassen. Obwohl einige der Aspekte als Philanthropie verstanden werden können, reicht diese alleine nicht zur Integration gesellschaftlicher Verantwortung in eine Organisation aus.

Für das Kernthema „regionale Einbindung und Entwicklung des Umfelds“ legt die ISO 26000 sieben Handlungsfelder fest: 1. regionale Einbindung, 2. Bildung und Kultur, 3. Schaffung von Arbeitsplätzen und Entwicklung von Fertigkeiten, 4. Technologien entwickeln und Zugang zu diesen ermöglichen, 5. Wohlstand und Einkommen schaffen, 6. Gesundheit und 7. Investitionen zugunsten des Gemeinwohls.

Nachfolgend werden die von der ISO 26000 für den Bereich „Regionale Einbindung und Entwicklung des Umfelds“ abgeleiteten sieben Handlungsfelder dargestellt:

Regionale Einbindung

Die regionale Einbindung ist der proaktive Kontakt einer Organisation zur Gemeinschaft mit dem Ziel, Problemen vorzubeugen und sie zu lösen, Partnerschaften zu pflegen und ein gutes Mitglied der Gemeinschaft zu sein. Organisationen tragen zu Gemeinschaften durch ihre Beteiligung an Netzwerken und ihre Unterstützung für zivile Einrichtungen bei. Die regionale Einbindung hilft Organisationen dabei, sich der Bedürfnisse der Gemeinschaft bewusst zu sein und ihre Handlungen darauf abstimmen zu können.

Besondere Aufmerksamkeit gilt schutzbedürftigen, diskriminierten oder unterrepräsentierten Gruppen. Die kulturellen, sozialen und politischen Rechte und Ansichten anderer – teils weniger formalen Gemeinschaften wie Ureinwohnern oder Internetcommunitys – sind ebenso bedeutsam.

Bildung und Kultur

Bildung und Kultur sind Voraussetzungen für eine gesellschaftliche und wissenschaftliche Entwicklung und Teil der Identität einer Gemeinschaft. Die ISO 26000 empfiehlt, die Bildung auf allen Ebenen auszubauen, die Bildungsqualität zu erhöhen, den Zugang zu Bildung zu vereinfachen und Analphabetentum zu beseitigen. Durch die Abschaffung der Kinderarbeit erleichtern es Organisationen Kindern, eine Schulbildung zu erhalten. Ebenso sollten kulturelle Tätigkeit gefördert und lokale Kulturen, kulturelle Traditionen, kulturelles Erbe, traditionelles Wissen und traditionelle Technologien, auch von Ureinwohnern, geachtet und geschützt werden.

Schaffung von Arbeitsplätzen und Entwicklung von Fertigkeiten

Die Schaffung von Arbeitsplätzen verringert Armut und unterstützt die wirtschaftliche und soziale Entwicklung. Wesentliche Voraussetzung dafür ist die Entwicklung von Fertigkeiten.

Organisationen sollten deshalb bei Investitions- und Outsourcing-Entscheidungen und bei der Technologiewahl die Auswirkungen auf die Beschäftigungssituation bedenken und – falls ökonomisch möglich – die Schaffung von Arbeitsplätzen durch direkte Investitionen und durch den Einsatz geeigneter Technologien unterstützen. Es sollte ein Programm für besonders schutzwürdige Gruppen und Gemeinschaften gestaltet werden, die sonst nur über unzureichende Förderungsmaßnahmen verfügen. Auch sollten die Rahmenbedingungen zur Schaffung von Arbeitsplätzen verbessert werden.

Technologien entwickeln und Zugang zu diesen ermöglichen

Der Zugang zu moderner Technologie ist für die wirtschaftliche und soziale Entwicklung notwendig. Organisationen können ihr Wissen, ihre Fähigkeiten und ihre Technologien dazu nutzen, zur Befähigung von Menschen beizutragen und die Verbreitung von Technologie zu fördern. Der Zugang zu modernen Informations- und Kommunikationstechnologien und damit zu einer wertvollen Grundlage für zahlreiche wirtschaftliche Aktivitäten kann helfen, bestehende Ungleichheiten zwischen Regionen, Generationen und Geschlechtern zu überwinden.

Organisationen sind aufgerufen, innovative Technologien zur Lösung sozialer und ökologischer Fragen zu entwickeln. Sie sollten sich bemühen, Technologietransfer und -verbreitung zu fördern und nicht durch unangemessene Lizenzbedingungen zu behindern. Empfohlen werden Partnerschaften mit örtlichen Organisationen wie Universitäten und Forschungslaboratorien. Darüber hinaus sollten sie die Fortentwicklung lokalen oder traditionellen Wissens bei gleichzeitiger Wahrung der Rechte der jeweiligen Gemeinschaft erwägen.

Wohlstand und Einkommen schaffen

Die Unternehmen sind der Haupttreiber für die Schaffung von Wohlstand. Darum ist es auch vorteilhaft für die Gesellschaft, Unternehmertum zu fördern.

Organisationen sollten die Bestrebungen anderer, was die Einhaltung von Gesetzen und Vorschriften betrifft, unterstützen. Sie sollten mit Organisationen, die gegen Gesetze und Vorschriften verstoßen, nur zusammenarbeiten, wenn dies zur Bekämpfung der Armut geschieht oder wenn diese Organisationen die Menschenrechte respektieren und die begründete Erwartung besteht, dass sie beständig an der besseren Einhaltung von Gesetzen und Vorschriften arbeiten. Gerade dort, wo Armut die Ursache für Gesetzesübertretungen ist, sollten sie helfen, diese zu überwinden. Damit auch der Staat seinen Beitrag zur Entwicklung leisten kann, sind Organisationen aufgefordert, ihre Steuern zu zahlen.

Organisationen sollten die Diversifikation fördern und die physische, soziale und wirtschaftliche Isolation von Gemeinschaften bekämpfen. Sie sollten eine effiziente Ressourcennutzung bestärken und eine gute Behandlung der Tiere unterstützen. Die Auftragsvergabe an Organisationen aus der lokalen Gemeinschaft sollte vereinfacht werden. Außerdem wird empfohlen, Programme zu stärken, die Frauen und anderen sozial benachteiligte Gruppen helfen, ein Unternehmen zu gründen.

Gesundheit

Gesundheit ist ein Menschenrecht – Organisationen müssen sie achten und innerhalb ihrer Möglichkeiten fördern, auch dann, wenn der Staat bereits ein öffentliches Gesundheitswesen anbietet.

Der Zugang zu Gesundheitsdienstleistungen, Arzneimitteln, sauberem Wasser, Impfungen und angemessener Abwasserversorgung sollte verbessert werden. Ein weiteres Ziel besteht darin, das Bewusstsein für Gesundheitsbedrohungen, schwere Erkrankungen und deren Vorbeugung zu schärfen. Darüber hinaus sollten Organisationen dazu ermutigen, ein gesundes Leben zu führen.

Investitionen zugunsten des Gemeinwohls

Investitionen zugunsten des Gemeinwohls betreffen die Verbesserung der Infrastruktur und die sozialen Aspekte des Lebens in der Gemeinschaft. Das sind beispielsweise Bildung, Kultur, Gesundheitswesen, Einkommensniveau oder Informationszugänge. Für die bestmögliche Priorisierung sind Konsultationen mit der Gemeinschaft notwendig. Ein zentraler Aspekt ist dabei der langfristige Beitrag zu einer nachhaltigen Entwicklung.

Investitionen zugunsten des Gemeinwohls schließen Philanthropie nicht aus. Es sollte jedoch darauf geachtet werden, dass dadurch nicht die Abhängigkeit einer Gemeinschaft von philanthropischen Aktivitäten gefestigt wird.

3.5 Die Umsetzungshinweise gesellschaftlicher Verantwortung

Vor der eigentlichen Integration gesellschaftlicher Verantwortung in eine Organisation, sollte man sich der organisationsspezifischen Merkmale bewusst werden und ein Verständnis von der eigenen gesellschaftlichen Verantwortung entwickeln. Wichtige Aspekte sind zudem Kommunikation und Verbesserung der eigenen Glaubwürdigkeit. Die implementierten Methoden müssen überwacht, überprüft und kontinuierlich verbessert werden.

Nach den Ausführungen zu den Prinzipien, Kernthemen und Handlungsfeldern gesellschaftlicher Verantwortung schließen sich in der ISO 26000 Hinweise zur Umsetzung gesellschaftlicher Verantwortung in Organisationen an.
Der Komplex Umsetzung wird in die folgenden sieben Teilprobleme aufgespalten:

Beziehung zwischen organisationsspezifischen Merkmalen und gesellschaftlicher Verantwortung

Auch wenn die meisten Organisationen bei der (weiteren) Umsetzung gesellschaftlicher Verantwortung auf bereits bestehenden Systemen, Verfahrensweisen, Strukturen und Netzwerken aufbauen können, wird vorgeschlagen, sich zunächst noch einmal der organisationsspezifischen Merkmale bewusst zu werden.
Dies hilft bei der Identifikation der relevanten Handlungsfelder und der jeweiligen Stakeholder.

Verständnis von der gesellschaftlichen Verantwortung einer Organisation

Der Aufbau eines Verständnisses von gesellschaftlicher Verantwortung umfasst die Festlegung der individuellen Relevanz und Bedeutung der einzelnen Handlungsfelder sowie die Priorisierung der anschließenden Adressierung der einzelnen Themen.

Dazu ist gebührende Sorgfalt notwendig, mit anderen Worten die proaktive und umfassende Identifikation der tatsächlichen oder potenziellen Auswirkungen von Entscheidungen und Handlungen der eigenen Organisation bzw. anderer Organisationen in ihrem Einflussbereich.

Verfahren zur Integration gesellschaftlicher Verantwortung in die eigene Organisation

Die eigentliche Integration gesellschaftlicher Verantwortung umfasst drei Teilaufgaben: 1. die Schärfung des Bewusstseins, einen entsprechenden Kompetenzaufbau und vor allem die Gewinnung eines Verständnisses von gesellschaftlicher Verantwortung in der Organisation, 2. die Ausrichtung der Organisation auf gesellschaftliche Verantwortung auf Basis ihres Zwecks, ihrer Werte, ihrer Ethik, ihrer Ansprüche und ihrer Strategie und 3. die Einbeziehung der gesellschaftlichen Verantwortung in die Steuerung, die Systeme und die Verfahrensweisen, um so gesellschaftliche Verantwortung in der Organisation umzusetzen.

Kommunikation zur gesellschaftlichen Verantwortung

Kommunikation ist wichtig für eine Vielzahl von Aufgaben: Sie schafft intern und extern Bewusstsein für ein Thema, beweist Respekt für die Prinzipien gesellschaftlicher Verantwortung oder hilft, in den Dialog mit den Stakeholdern einzutreten. Sie dient dazu, die Informationsbedürfnisse der Stakeholder bzw. der allgemeinen Öffentlichkeit zu decken. Sie ermöglicht Vergleiche, ist ein Mittel zur Motivation und trägt dazu bei, das Ansehen zu verbessern. Die Organisation kann außerdem darüber informieren, wie sie eingegangenen Verpflichtungen nachgekommen ist und wie sich die Auswirkungen der Entscheidungen und Tätigkeiten der Organisation entwickelt haben.

Die ISO 26000 nennt eine Reihe von Kommunikationsarten und -medien, auf deren vollständige Auflistung hier jedoch verzichtet werden soll. Sie reicht von klassischen Zeitungsartikeln bis hin zu Internetblogs und Podcasts.

Dabei wird der Dialog mit Stakeholdern hervorgehoben und seine Bedeutung für Organisationen besonders betont. Er bietet der Organisation die Möglichkeit, Informationen direkt mit den Stakeholdern auszutauschen, und erlaubt es ihr, aus dem daraus resultierenden besseren Verständnis ihrer Sichtweise Nutzen zu ziehen. Die Organisation kann den Dialog kann verwenden, um die Angemessenheit und die Effektivität der Kommunikation zu beurteilen, Prioritäten besser festzulegen, Überprüfungen von Informationen zu ermöglichen oder Best Practices zu ermitteln.

Verbesserung der Glaubwürdigkeit in Bezug auf gesellschaftliche Verantwortung

Der beschriebene Dialog – oder allgemeiner die Einbindung der Stakeholder – erhöht über das bereits Gesagte hinaus auch noch die Glaubwürdigkeit einer Organisation in Bezug auf gesellschaftliche Verantwortung. Weitere Methoden dafür sind unabhängige und vertrauenswürdige Zertifizierungen oder der Einbezug unabhängiger und vertrauenswürdiger Dritter (zum Beispiel in Form von Überprüfungsgremien). Manchmal treten Organisationen auch Vereinigungen gleichrangiger Organisationen bei, um gesellschaftlich verantwortliches Handeln zu fördern. Ein Handeln gemäß entsprechenden Selbstverpflichtungen kann – kombiniert mit Leistungsüberprüfungen und entsprechender Berichterstattung sowohl über Fortschritte als auch über Defizite – die Glaubwürdigkeit erhöhen.

Überwachung, Überprüfung und Verbesserung der mit gesellschaftlicher Verantwortung verbundenen Handlungen und Methoden

Die Überwachung der mit gesellschaftlicher Verantwortung verbundenen Handlungen und Methoden zielt darauf ab, fortlaufend sicherzustellen, dass alles wie vorgesehen abläuft und ungewöhnliche Vorkommnisse aufgedeckt werden.

Die Überprüfung erfolgt in angemessenen Zeitabständen. Sie ist als Fortschrittsmesser zu betrachten und untersucht die Leistungsfähigkeit der Systeme.

Im Ergebnis sollen die Überwachung und die Überprüfung Verbesserungspotenzial aufdecken, um die gesellschaftliche Verantwortung in der Organisation kontinuierlich auszuweiten.

Freiwillige Initiativen

Es gibt eine Vielzahl freiwilliger Initiativen, die die gesellschaftliche Verantwortung fördern. Einige sind auf einzelne Kernthemen oder Handlungsfelder fokussiert oder die Herausforderungen bestimmter Branchen. Andere sind eher breit angelegt. Manche Initiativen bieten Werkzeuge oder praktische Anleitungen zur Umsetzung gesellschaftlicher Verantwortung an oder definieren Minimumstandards. Teils sind sie zertifizierbar, teils nicht. Manche sind kostenpflichtig, andere nicht. Aus Sicht der ISO 26000 ist aber vor allem wichtig, inwieweit die betroffenen Stakeholder an der Entwicklung einer Initiative beteiligt waren. Folglich rät sie dazu, die Eignung einer Initiative für die eigene Organisation gründlich zu prüfen. Als Hilfe enthält der Anhang A der ISO 26000 eine umfangreiche, naturgemäß dennoch unvollständige Liste von Initiativen mit einer kurzen Beschreibung. Es wird jedoch ausdrücklich betont, dass diese keinerlei Wertung hinsichtlich der aufgeführten Initiativen enthält.

4 Vergleich mit bestehenden Regelwerken/Gesetzen

4.1 Nationale Regelungen und Gesetze (Deutschland)

In Deutschland existiert sowohl eine Reihe verbindlicher als auch freiwillig befolgbarer Normen, denen die Kernthemen und die diesen zugeordneten Prinzipien bzw. Handlungsfelder und -themen der ISO 26000 zugrunde liegen.

Nachfolgend werden die Kernthemen und Prinzipien sowie die einschlägigen Handlungsfelder zu den bestehenden Normen in Beziehung gesetzt und sowohl Gemeinsamkeiten als auch Unterschiede zwischen der nationalen Kodifizierung und der ISO 26000 untersucht.

Zu beachten ist, dass die dargestellten Gesetze nicht abschließend sind. Die Aufzählung erhebt keinen Anspruch auf Vollständigkeit.

Wenn der Begriff „Norm“ oder „Normen“ verwendet wird, so sind keine ISO-Normen gemeint, sondern Gesetze oder andere Regelwerke. Anders ist dies nur, wenn ausdrücklich von einer ISO-Norm gesprochen wird.

4.1.1 Organisationsführung

Das Kernthema „Organisationsführung“, speziell auf Unternehmen bezogen, findet in Deutschland vor allem im Handelsgesetzbuch (HGB), dem Aktiengesetz (AktG) sowie im Gesetz betreffend die Gesellschaften mit beschränkter Haftung (GmbHG) seinen Niederschlag. Außerdem werden im Deutschen Corporate Governance Kodex (DCGK) (Corporate Governance bedeutet wörtlich Unternehmensführung) Empfehlungen für die Unternehmensleitung ausgesprochen.

Diese Gesetze bzw. Handlungsanleitungen befassen sich fast ausschließlich mit dem Thema der Leitung von Unternehmen. Im Folgenden werden spezielle Regelungen im Vergleich zur ISO 26000 untersucht, anhand derer sich Gemeinsamkeiten und Unterschiede besonders gut darstellen lassen.

Rechenschaftspflicht

Die bestehenden Gesetze erfüllen die Handlungserwartungen der ISO 26000 im Bereich der Rechenschaftspflicht. Hier existieren Regelungen zur Ablegung von Rechenschaft gegenüber den Aufsichtsorganen eines Unternehmens, gegenüber den Justizbehörden sowie gegenüber den Anspruchsgruppen der Organisation. Die Erfüllung dieser Pflicht gegenüber der Allgemeinheit kann den Gesetzen jedoch nur durch Auslegung entnommen werden.

Entsprechend der Forderung der ISO 26000, eine wirksame Organisationsführung solle das Prinzip der Rechenschaftspflicht in die Entscheidungsfindung und -umsetzung einbeziehen, finden sich auch in deutschen Regelwerken Normierungen, die eine Rechenschaftspflicht des Managements gegenüber den Aufsichtsorganen der Organisation, der Organisation gegenüber den Justizbehörden sowie der Organisation gegenüber ihren Anspruchsgruppen festlegen.

Gegenüber Aufsichtsorganen

Im deutschen Aktiengesetz gibt es zahlreiche Normen, die eine Rechenschaftspflicht der Geschäftsführung gegenüber dem Aufsichtsorgan bestimmen.

§ 90 AktG beispielweise nennt die Vorgänge im Unternehmen, über die der Vorstand in welchen zeitlichen Abständen an den Aufsichtsrat berichten muss. Davon erfasst sind gemäß § 90 Abs. 1 AktG die beabsichtigte Geschäftspolitik und andere Fragen der Unternehmensplanung, die Rentabilität der Gesellschaft, der Gang der Geschäfte, vor allem der Umsatz und die Lage der Gesellschaft, sowie Geschäfte, die für die Rentabilität und die Liquidität der Gesellschaft von erheblicher Bedeutung sein können. Hintergrund ist, das Funktionieren der Gesellschaft mit Hilfe einer wirksamen Kontrolle der Geschäftsführung durch den Aufsichtsrat sicherzustellen. [123]

Gemäß § 91 Abs. 1 AktG hat der Vorstand dafür zu sorgen, dass die erforderlichen Handelsbücher geführt werden. Der Aufsichtsrat soll sich ein Bild über die Geschäftsvorgänge im Unternehmen machen können. Diese Vorschrift schließt an die §§ 238 ff. HGB an, die ganz allgemein eine Buchführungspflicht für Kaufleute vorsehen, durch die die Handelsgeschäfte und die Vermögenslage eines Kaufmanns abgebildet werden sollen.

Im Zusammenhang mit diesen beiden Normen steht § 111 Abs. 1 AktG, der bestimmt, dass der Aufsichtsrat die Geschäftsführung zu überwachen hat. Gemäß § 111 Abs. 2 Satz 1 AktG kann der Aufsichtsrat die Bücher der Gesellschaft einsehen und prüfen.

Außerdem enthält der Deutsche Corporate Governance Kodex (DCGK) Empfehlungen, die die Rechenschaftspflicht der Unternehmensleitung gegenüber den Aufsichtsgremien weiter beschreiben. So wird in Ziffer 3.4 Abs. 3 DCGK empfohlen, dass der Aufsichtsrat die Informations- und Berichtspflichten des Vorstands näher festlegen soll. Über die gesetzlichen Regelungen hinaus sollen innerhalb eines Unternehmens detaillierte Vorschriften aufgestellt werden, um eine möglichst effektive Information des Aufsichtsorgans und damit die Rechenschaftspflichterfüllung des Vorstands sicherzustellen.

Diese Normen bzw. Empfehlungen können unter die in der ISO 26000 aufgestellten Erwartungen der regelmäßigen Überprüfung und Beurteilung der Führungsprozesse der Organisation sowie einer effizienten Nutzung finanzieller, aber in einem weiteren Sinne auch natürlicher und menschlicher Ressourcen gefasst werden. Ergeben sich Ineffizienzen im Bereich der Nutzung natürlicher und menschlicher Ressourcen, schlägt sich dies mittel- bis langfristig auch im Unternehmensergebnis nieder.

Die deutsche Gesetzgebung verfolgt mit diesen Normen das Ziel, einerseits auf Organisationsebene eine wirksame Kontrolle zu implementieren und damit das Funktionieren von Gesellschaften sicherzustellen. Andererseits führt die Rechenschaftspflicht letztendlich zu einer effizienten Nutzung der Ressourcen eines Unternehmens, da die Aufsichtsorgane bei Ineffizienzen, die der Organisation schaden könnten, tätig werden und die Geschäftsführung entsprechend sanktionieren würden. Insofern entspricht die Zielsetzung der ISO derjenigen der deutschen Regelwerke.

Gegenüber Justizbehörden

Die Unternehmensleitung hat immer dann vor den deutschen Justizbehörden Rechenschaft abzulegen, wenn gegen bestimmte Rechtspflichten verstoßen wurde. Bestes Beispiel sind die Bilanz- und Korruptionsskandale der jüngeren Vergangenheit.

§ 331 HGB und § 400 Abs. 1 AktG drohen Strafen für Vorstands- und Aufsichtsratsmitglieder an, die – ganz allgemein gesprochen – die Verhältnisse des Unternehmens oder Konzerns beispielsweise im Jahres- oder Konzernabschluss oder im Lagebericht unrichtig darstellen.

Ein derartiges Verhalten der Geschäftsführung führt also zu einer unmittelbaren Rechenschaftspflicht gegenüber den Justizbehörden, die mit Sanktionen verbunden sein kann.

Die ISO 26000 nimmt nicht weiter Stellung, wie die Rechenschaftspflicht gegenüber Justizbehörden ausgestaltet sein sollte. Da sie selbst keine Sanktionen anordnen kann – die von ihr aufgestellten Regeln entfalten schon keine Bindungswirkung gegenüber Dritten –, zeigt sie auch keine möglichen Reaktionen auf Verstöße gegen den ISO-Leitfaden auf. Zwar soll die Organisationsführung auch das Prinzip der Gesetzestreue verinnerlichen und sämtliche Handlungen am Gesetz ausrichten – dies beinhaltet die jeweiligen nationalen Gesetze –, für den Fall der Nichtbefolgung der ISO-Regeln werden jedoch keine bestimmten Maßnahmen vorgeschlagen.

Beispiel:

Siemens AG, München

Im November 2006 durchsuchte die Staatsanwaltschaft München Geschäfts- und Privaträume im Zusammenhang mit Ermittlungen gegen mehrere Mitarbeiter des Siemens-Bereichs Com wegen des Verdachts der Untreue, der Bestechung und der Steuerhinterziehung. In Verbindung mit diesen Untersuchungen wurden auch einige Haftbefehle ausgestellt. Unter den festgenommenen Personen waren unter anderem ein früheres Mitglied des Siemens-Zentralvorstands, der frühere Finanzvorstand des Bereichs Com sowie die ehemaligen Leiter der Abteilungen Interne Revision und Rechnungswesen dieses Bereichs. [113]

Gegen die Beschuldigten bestand der Verdacht, sich zusammengeschlossen zu haben, um fortgesetzt Untreuehandlungen zum Nachteil von Siemens durch die Bildung schwarzer Kassen zu begehen. Siemens kooperierte in vollem Umfang mit den Behörden, um die schweren Vorwürfe vollständig aufzuklären. Der Konzern beauftragte zudem eine externe Anwaltskanzlei, eine unabhängige Untersuchung durchzuführen, um festzustellen, ob gegen Antikorruptionsvorschriften verstoßen wurde. Diese identifizierten im Zuge ihrer Ermittlungen Beweise für Zahlungen an Business Consultants, vertriebsbezogene Dritte sowie Barzahlungen. [114]

Als Konsequenz aus den Vorfällen wurde im Jahr 2007 fast der gesamte Führungskreis der Siemens AG ausgetauscht, darunter auch der Vorstandsvorsitzende Klaus Kleinfeld sowie der Aufsichtsratschef und frühere Konzernchef Heinrich von Pierer. Des Weiteren hatte Siemens umfangreiche Maßnahmen zur Verbesserung der Compliance-Prozesse sowie der internen Kontrollen eingeführt. Besonderer Wert wurde dabei auf die ständige Überprüfung der Antikorruptionskontrollen und -prozesse gelegt. In allen Bereichen wurde Compliance als tragende Säule der Unternehmenskultur implementiert. [114]

Mitte Dezember 2008 gab Siemens bekannt, dass die in München und Washington gegen sie gerichteten Verfahren im Zusammenhang mit den Vorwürfen der Bestechung von Amtsträgern beendet worden waren. Nach einer Einigung mit der US-Börsenaufsicht SEC und der Staatsanwaltschaft München kam es in Verbindung mit diesen Strafzahlungen und Vorteilsabschöpfungen zu Zahlungsmittelabflüssen in Höhe von ca. 1 Milliarde Euro; hinzu kamen Beraterkosten sowie Steuernachzahlungen. Von dieser Einigung unberührt blieben zahlreiche Verfahren gegen frühere Vorstandsmitglieder und Mitarbeiter der Gesellschaft sowie weitere Einzelpersonen. [115]

Der Verfahrensabschluss belohnte die außergewöhnliche Kooperation von Siemens, das umfangreiche neue Compliance-Programm sowie die Aufarbeitung der Vorfälle durch das Unternehmen. Auf dieser Basis konnte der Konzern unter anderem Vertragspartner bei US-Regierungsgeschäften bleiben. [115]

Das umfassende Compliance-System von Siemens gilt mittlerweile als Benchmark für andere Unternehmen. Im Geschäftsjahr 2009 waren rund 600 Mitarbeiter (2007: ca. 170) in der unternehmensweiten Compliance-Organisation tätig. Als erstes Unternehmen führte Siemens sogar eine Compliance-Komponente bei den variablen Bezügen des Siemens-Senior-Managements ein. [112] Der Konzern engagiert sich stark für den Schulterschluss von Unternehmen und Institutionen für saubere Geschäfte, um Korruption vorzubeugen und die hohen Investitionen in ihre Compliance-Organisation zunehmend zum Wettbewerbsvorteil auszubauen. [116]

Die deutschen Gesetze sanktionieren Verstöße, die zum einen dem Unternehmen selbst schaden, und damit den betroffenen Stakeholdern, und zum anderen auch dem gesamten Kapitalmarkt, und somit der gesamten Gesellschaft. [110]

Die ISO 26000 spricht davon, dass eine Organisation in der Lage sein soll, eine Umgebung zu schaffen und zu fördern, in der die Prinzipien gesellschaftlicher Verantwortung umgesetzt werden. In diesen Kontext kann man wiederum den weiteren Zweck der deutschen Sanktionsnormen einordnen. Wer im Rahmen der Gesetze handelt, handelt auch unter Berücksichtigung der gesellschaftlichen Verantwortung und hat damit eine Kernaussage der ISO 26000 erfüllt.

Als Fazit kann man damit festhalten, dass im Fall des Einhaltens der Gesetze innerhalb eines Unternehmens – zumindest soweit deutsches Recht anwendbar ist –, bei der Beachtung der Rechenschaftspflicht gegenüber Justizbehörden bzw. bei Gesetzestreue keine neuen Verhaltensweisen im Rahmen der ISO 26000 implementiert werden müssen. Die ISO enthält insofern keine Neuerungen.

Gegenüber Anspruchsgruppen

Eine Organisation soll außerdem gemäß ISO 26000 gegenüber ihren verschiedenen Anspruchsgruppen sowie gegenüber der Gesellschaft im Allgemeinen Rechenschaft ablegen.

Neben der bereits erwähnten Buchführungspflicht gemäß §§ 238 ff. HGB dient beispielsweise die Verpflichtung einer Kapitalgesellschaft zur Offenlegung ihrer Rechnungslegungsunterlagen beim elektronischen Bundesanzeiger gemäß §§ 325 ff. HGB dazu, sowohl gegenüber den eigenen Anspruchsgruppen als auch und vor allem gegenüber Gläubigern, dem Kapitalmarkt und der Gesellschaft Rechenschaft über ihr Tun abzulegen. Die Öffentlichkeit hat die Möglichkeit, anhand des Jahres- bzw. Konzernabschlusses sowie der dazugehörigen Unterlagen wie dem Lagebericht nachzuvollziehen, welche Geschäfte das Unternehmen im vergangenen Geschäftsjahr getätigt hat. [95] Außerdem haben die eigenen Anspruchsgruppen sowie der Kapitalmarkt die Möglichkeit, die Organisation zu sanktionieren, wenn das erzielte Ergebnis nicht den vorhandenen Erwartungen entspricht.

§ 131 Abs. 1 AktG regelt das Auskunftsrecht eines Aktionärs in der Hauptversammlung gegenüber dem Vorstand über Angelegenheiten der Gesellschaft, soweit die Auskunft zur sachgemäßen Beurteilung des Gegenstands der Tagesordnung erforderlich ist. § 131 Abs. 2 Satz 1 AktG spricht in diesem Zusammenhang von einer gewissenhaften und getreuen Rechenschaft.

Das Auskunftsrecht dient dem Aktionär zur Vorbereitung auf die Stimmabgabe und erfüllt gleichzeitig sein Rechenschaftsinteresse gegenüber der Geschäftsführung bezüglich des Umgangs mit dem von ihm eingesetzten Kapital. [87] Bei Verweigerung der Auskunft steht dem Aktionär ein Auskunftserzwingungsrecht gemäß § 132 AktG zu. Möglich sind auch Schadenersatzansprüche des Aktionärs gegen die Vorstandsmitglieder und gegen das Unternehmen gemäß § 823 Abs. 2 in Verbindung mit § 131 Abs. 1 AktG. [88]

Das deutsche Gesetz statuiert also hier eine Rechenschaftspflicht der Organisationsführung gegenüber einer ihrer Anspruchsgruppen. Dies entspricht der Handlungserwartung der ISO 26000. Eine Organisation soll dialogorientierte Kommunikationsprozesse mit ihren Anspruchsgruppen aufbauen, um deren Interessen zu berücksichtigen, sowie dazu beitragen, sowohl Bereiche zu identifizieren, in denen es Einigkeit oder Meinungsverschiedenheiten gibt, als auch über Lösungen für mögliche Konflikte zu verhandeln. Dadurch haben die Aktionäre die Möglichkeit, Aspekte innerhalb der Unternehmensführung auszumachen, die konträr zu ihren Interessen sind, und auf entsprechende Weise zu reagieren. Die Anspruchsgruppe wird quasi mittelbar in die Unternehmensprozesse einbezogen, da die Unternehmensleitung befürchten muss, dass wenn sie gegen die Interessen der Aktionäre handelt, diese sie beispielsweise durch Kapitalentzug sanktioniert.

Im GmbHG bestimmt § 51a ein Auskunfts- und Einsichtsrecht des Gesellschafters gegenüber der Geschäftsführung. Die Geschäftsführer haben einem Gesellschafter unverzüglich Auskunft über die Angelegenheiten der Gesellschaft zu geben sowie Einsicht in Bücher und Schriften zu gestatten. Diese Vorschrift ist gemäß § 51a Abs. 3 GmbHG zwingend. Von ihr darf im Gesellschaftsvertrag nicht abgewichen werden.

Auch diese Norm ist Ausfluss des Rechenschaftsinteresses einer Anspruchsgruppe eines Unternehmens. Dass das Auskunftsverlangen nicht zur Disposition der Beteiligten steht, verdeutlicht, welchen Stellenwert der Gesetzgeber dem Informationsinteresse einräumt.

Eine weitere Anspruchsgruppe eines Unternehmens sind die Arbeitnehmer. § 96 AktG regelt die Zusammensetzung des Aufsichtsrats einer Aktiengesellschaft. Danach besteht der Aufsichtsrat in bestimmten Konstellationen aus von den Aktionären gewählten und aus von Arbeitnehmern gewählten Mitgliedern. Dies ist unter anderem dann der Fall, wenn ein Unternehmen in den Anwendungsbereich des Gesetzes über die Mitbestimmung der Arbeitnehmer (MitbestG) fällt. Das betrifft Aktiengesellschaften, Kommanditgesellschaften auf Aktien, Gesellschaften mit beschränkter Haftung – soweit diese einen Aufsichtsrat haben –, sowie Genossenschaften, die in der Regel mehr als 2.000 Arbeitnehmer beschäftigen (§ 1 Abs. 1 MitbestG).

Über die Vertretung im Aufsichtsrat, demgegenüber die Geschäftsführung rechenschaftspflichtig ist, wird insofern das Rechenschaftsinteresse der Arbeitnehmer berücksichtigt. Die Arbeitnehmer sind dadurch mittelbar an der Überwachung der Geschäftsführung beteiligt. Der Vorstand muss einen Bericht abliefern, wie er mit den der Gesellschaft anvertrauten Vermögenswerten umgeht und wie es um die Verhältnisse des Unternehmens – und damit auch um die Arbeitsplätze – bestellt ist.

Diese Regelungen zur Rechenschaftspflicht gegenüber Anspruchsgruppen verkörpern das von der ISO 26000 erklärte Ziel, die Interessen dieser Gruppen zu berücksichtigen. Aktionäre und Arbeitnehmer haben die Möglichkeit, ihre Ansichten über Vorgänge im Unternehmen mitzuteilen sowie in Abstimmungen wie der Hauptversammlung über die Geschicke der Gesellschaft mitzubestimmen bzw. durch ihre Vertreter im Aufsichtsrat die Geschäftsführung zu kontrollieren und diese im Bedarfsfall auszutauschen.

Gegenüber der Gesellschaft im Allgemeinen

In deutschen Regelwerken gibt es keine expliziten Normierungen, die ein Unternehmen dazu verpflichten, gegenüber der Gesellschaft im Allgemeinen Rechenschaft abzulegen. Dies kann lediglich als ein übergeordnetes Ziel der bereits beschriebenen Gesetze angesehen werden. Wie bereits bei der Offenlegungsverpflichtung hinsichtlich der Rechnungslegungsunterlagen gemäß §§ 325 ff. HGB beschrieben, bezwecken die Regelungen zur Organisationsführung – neben dem Gläubigerschutz und der Sicherstellung des Funktionierens des Unternehmens sowie des Kapitalmarkts – in einem weiteren Sinne auch das Funktionieren der Gesellschaftsordnung. Das Prinzip der sozialen Marktwirtschaft basiert gerade auch auf einer intakten Wirtschaftsordnung, in der der Wohlstand für alle maximiert werden soll. Das Funktionieren eines Unternehmens führt so letztendlich auch zu Vorteilen für die Gesellschaft im Allgemeinen. Dies ist von den Grundsätzen der ISO 26000 beabsichtigt.

Transparenz

Gegenüber Anspruchsgruppen

Auch in Bezug auf das Prinzip der Transparenzexistiert eine Reihe nationaler Regelungen, durch die die Handlungserwartungen der ISO 26000 zu einem Großteil erfüllt werden. Das Unternehmensrecht beschränkt sich jedoch auf die Einhaltung des Prinzips der Transparenz im Bereich des Wirtschaftslebens. Bereiche wie die Einhaltung der Menschenrechte im Ausland werden nicht geregelt.

Die ISO 26000 verlangt von Organisationen, hinsichtlich der Entscheidungen, die die Gesellschaft und die Umwelt beeinflussen, eine transparente Struktur zu schaffen, die es ihren Anspruchsgruppen und der Öffentlichkeit ermöglicht, Handlungen der Organisation nachzuvollziehen.

Normen, die die Transparenz des Handelns der Organisationsführung in deutschen Gesetzen regeln, sind beispielsweise die bereits genannten §§ 238 ff. HBG zur allgemeinen Buchführungspflicht sowie die §§ 325 ff. HGB zur Offenlegungspflicht der Rechnungslegungsunterlagen beim elektronischen Bundesanzeiger.

§ 264 Abs. 2 Satz 1 HGB besagt, dass der Jahresabschluss von Kapitalgesellschaften – unter Beachtung der Grundsätze ordnungsgemäßer Buchführung – ein den tatsächlichen Verhältnissen entsprechendes Bild der Vermögens-, Finanz- und Ertragslage der Gesellschaft zu vermitteln hat. In diesem Zusammenhang wird auch vom sogenannten „True-and-Fair-View-Prinzip" gesprochen. [157]

Die Grundsätze ordnungsmäßiger Buchführung (GoB) besagen unter anderem, dass die Rechnungslegungsunterlagen richtig, klar, übersichtlich und vollständig zu sein haben und ohne Willkür aufgestellt worden sein müssen (vgl. § 239 Abs. 2 HGB). [94]

Anhand dieser Normen sowie der nicht kodifizierten GoB lässt sich das Transparenzgebot im deutschen Unternehmensrecht sehr gut darstellen. Die Buchführung und damit auch die Dokumentation der Unternehmensführung sollen für jedermann transparent und nachvollziehbar sein.

Eine weitere wichtige Norm, die dem Transparenzgebot entspricht, ist § 15 des Gesetzes über den Wertpapierhandel (WpHG), der die Mitteilung, die Veröffentlichung und die Übermittlung von Insiderinformationen an das Unternehmensregister regelt.

Gemäß § 15 Abs. 1 Satz 1 Hs. 1 WpHG muss ein Inlandsemittent von Finanzinstrumenten Insiderinformationen, die ihn unmittelbar betreffen, unverzüglich veröffentlichen. Er muss diese Informationen außerdem sofort, jedoch nicht vor ihrer Veröffentlichung, dem Unternehmensregister im Sinne des § 8b des Handelsgesetzbuches zur Speicherung übermitteln (§ 15 Abs. 1 Satz 1 Hs. 2 WpHG). Eine Ausnahme hiervon besteht nur so lange, wie es der Schutz der berechtigten Interessen des Emittenten erfordert, keine Irreführung der Öffentlichkeit zu befürchten ist und der Emittent die Vertraulichkeit der Insiderinformation gewährleisten kann (§ 15 Abs. 3 Satz 1 WpHG).

Ziel dieser sogenannten „Ad-hoc-Publizitätspflicht“ ist die Erhöhung der Markttransparenz sowie die Vermeidung von Insidergeschäften. [64] Geschützt werden soll dadurch neben den Kapitalmärkten auch der individuelle Kleinanleger. [53] Dies lässt sich aus § 15 Abs. VI Satz 1 WpHG ableiten, wonach ein anderer einen Schadenersatzanspruch gegen den Emittenten hat, wenn dieser beispielsweise gegen die genannte Veröffentlichungspflicht verstößt und die Voraussetzungen der §§ 37b (Schadenersatz wegen unterlassener unverzüglicher Veröffentlichung von Insiderinformationen) und 37c (Schadenersatz wegen Veröffentlichung unwahrer Insiderinformationen) WpHG erfüllt sind. Ein anderer kann in diesem Fall auch ein individueller Anleger sein.

Außerdem kann man hier die Vorschrift des § 342b HGB in Verbindung mit § 37q Abs. 2 Sätze 1 und 3 WpHG anführen. Danach sind kapitalmarktorientierte Unternehmen, bei denen eine Prüfung durch die Deutsche Prüfstelle für Rechungslegung (DPR) Fehler in der Rechungslegung ergeben hat, verpflichtet, diese Fehler im elektronischen Bundesanzeiger bekannt zu machen. Dadurch haben sowohl die eigenen Aktionäre als auch die gesamte Öffentlichkeit die Chance, Verstöße des Managements bei der Rechnungslegung zu identifizieren. Damit verbunden ist eine Sanktionierungswirkung – verursacht durch eine mögliche negative Beeinträchtigung des Börsenkurses sowie durch eine Schädigung der Reputation. [62]

Auch im DCGK wird das Transparenzgebot geregelt. So bestimmt Ziffer 5.5.2 DCGK, dass jedes Aufsichtsratsmitglied Interessenkonflikte dem Aufsichtsrat offenlegen soll. Gemäß Ziffer 5.5.3 DCGK soll der Aufsichtsrat in seinem Bericht an die Hauptversammlung über aufgetretene Interessenkonflikte und deren Behandlung informieren. In Ziffer 4.3.4 DCGK findet sich die entsprechende Regelung für Vorstandsmitglieder.

Der DCGK verfügt außerdem über einen Abschnitt, der ausschließlich das Thema „Transparenz“ behandelt. Dieser umfasst hauptsächlich die Behandlung von Insiderinformationen sowie die Art und Weise, wie Informationen den Aktionären, den Anlegern und der Öffentlichkeit zugänglich gemacht werden sollen.

Ziffer 7.1.2 DCGK fordert, dass der Abschluss eines Konzerns innerhalb von 90 Tagen nach Geschäftsjahresende und die Zwischenberichte innerhalb von 45 Tagen nach Ende des Berichtszeitraums öffentlich zugänglich sein sollen.

Eine weitere wichtige Normierung im DCGK betrifft die Information der Hauptversammlung durch den Aufsichtsratsvorsitzenden über die Grundzüge des Vergütungssystems für die Vorstandsmitglieder (Ziffer 4.2.3 DCGK).

§ 161 Abs. 1 AktG bestimmt, dass Vorstand und Aufsichtsrat einer börsennotierten Gesellschaft jährlich zu erklären haben, dass den Empfehlungen der „Regierungskommission Deutscher Corporate Governance Kodex“ entsprochen wurde und wird oder welche Empfehlungen nicht angewendet wurden oder werden und warum nicht. Gemäß § 161 Abs. 2 AktG ist diese Erklärung auf der

Internetseite der Gesellschaft dauerhaft öffentlich zugänglich zu machen. Die Gesellschaft hat demnach die Handlungsgrundsätze, die der DCGK aufstellt und nach denen sie sich richtet oder nicht richtet, transparent zu machen. Dies verschafft jedermann, vor allem aber den Kapitalmarktteilnehmern, einen Einblick in die Arbeitsweise der Organisation. [124] Es besteht so die Möglichkeit, die Leitfäden, nach denen ein Unternehmen seine Entscheidungen trifft, nachzuvollziehen.

Die deutschen Regelungen zur Transparenz in der Organisationsführung beschränken sich vor allem auf die Rechnungslegung sowie die wirtschaftliche Tätigkeit eines Unternehmens. Hier gibt es ausdrückliche Regelungen, die genau dieses Ziel verfolgen. Die ISO 26000 erwähnt ebenfalls, dass sich Transparenz auch auf die Quelle der finanziellen Ressourcen einer Organisation beziehen soll. Sie geht jedoch weiter. Regelungen, die eine Verpflichtung zur Transparenz in anderen Gebieten der Organisationsführung wie die Beachtung von Menschenrechten bei der Produktion im Ausland oder bestimmte andere Kernthemen der ISO 26000 normieren würden, sind im deutschen Unternehmensrecht nicht vorgesehen.

Eine weitere Erwartung an die Handlungen von Unternehmen ist die Nachhaltigkeit. Dadurch soll gewährleistet werden, dass die Umsetzung von Entscheidungen verfolgt werden kann und dass diese Entscheidungen vollständig umgesetzt werden. Die Einhaltung der Prinzipien der Rechenschaftspflicht sowie der Transparenz stellt sicher, dass diese Erwartung auch erfüllt wird. Dadurch, dass deutsche Unternehmen verpflichtet sind, die genannten Normen einzuhalten bzw. beim DCGK Abweichungen zumindest in gewissem Maße offenlegen müssen (§ 161 AktG) – mithin also rechenschaftspflichtig sind –, und transparent zu handeln haben, wird auch insofern den Forderungen der ISO 26000 entsprochen.

Sofern Arbeitnehmer durch von ihnen gewählte Aufsichtsratsmitglieder im Aufsichtsrat vertreten sind, wird die Transparenzpflicht gegenüber dieser Anspruchsgruppe insoweit gewahrt, als die Unternehmensführung gegenüber dem Aufsichtsorgan transparent agieren muss.

Wie man erkennen kann, existiert in diesem Bereich eine Fülle von Gesetzen und Handlungsempfehlungen. In ihrer Ausgestaltung sind diese Normierungen sehr detailliert gefasst und enthalten zumeist auch Sanktionen bei einer Nichtbefolgung. Wie jedoch bereits ausgeführt, bezieht sich die Transparenz in den genannten Gesetzen auf den Bereich der wirtschaftlichen Tätigkeiten der Unternehmen. Die ISO verfolgt jedoch in weiteren Feldern das Prinzip der Transparenz. So sollen sämtliche Auswirkungen auf Umwelt und Gesellschaft transparent gemacht werden. So weit geht die deutsche Gesetzgebung zumindest nicht bezüglich aller in der ISO 26000 aufgestellten Prinzipien und Kernthemen – dazu jedoch mehr in den entsprechenden Abschnitten.

Befolgt ein Unternehmen die deutschen Regelungen, so besteht zumindest im Bereich der rein wirtschaftlichen Betätigungen eine der ISO entsprechende, ausreichende Erfüllung des Transparenzgebots.

Ethisches Verhalten

Die ISO 26000 legt fest, dass eine Organisation das Prinzip des ethischen Verhaltens in die Entscheidungsfindung und -umsetzung einbeziehen sollte.

Ethisches Verhalten als solches ist nicht direkt in Gesetzen geregelt. Es kann jedoch als Nebeneffekt beispielsweise dem Gesetz zur Angemessenheit der Vorstandsvergütung sowie den Bestimmungen des Deutschen Corporate Governance Kodex entnommen werden.

Bezüglich des ethischen Verhaltens findet man in deutschen Gesetzen keine ausdrücklichen Regelungen. Ethisches Verhalten wäre, transferiert in die deutsche Strafrechtssystematik, mit dem sogenannten „unbestimmten Rechtsbegriff" vergleichbar. Dies bedeutet, dass bereits bei der Frage, was ethisches Verhalten ist, ein Beurteilungsspielraum des Gesetzesanwenders bestünde. Dementsprechend schwierig wäre es, eine Gesetzesnorm zu schaffen, die das ethische Verhalten einer Organisation abbilden sollte. Eine entsprechende Norm wäre in jedem Fall auslegungsbedürftig. Man könnte ethisches Verhalten auch in jedem denkbaren Bereich unternehmerischen Handelns normieren, was eine Flut von Regulierungen zur Folge haben würde. Oftmals sind Bestimmungen vom Gesetzgeber gar nicht gewollt, da dies zu einer Überregulierung führen und die eigenständigen Handlungs- und Entscheidungsweisen von Unternehmen beeinträchtigen kann. Dies bedeutet jedoch nicht, dass Ethik in der deutschen Gesetzgebung überhaupt keine Erwähnung findet. Auch wenn der Begriff nicht ausdrücklich verwandt wird, so kommt doch in einer Vielzahl von Vorschriften ein Werteverständnis zum Ausdruck, das letztendlich Ausfluss ethischen Verhaltens ist.

Dies ist ganz allgemein bereits beim Grundgesetz für die Bundesrepublik Deutschland (GG) der Fall. Hier kann exemplarisch Art. 14 Abs. 2 GG genannt werden, der festschreibt, dass Eigentum verpflichtet und sein Gebrauch zugleich dem Wohle der Allgemeinheit dienen soll.

Auch bei einer Reihe einzelgesetzlicher Regelungen wird deutlich, dass ethisches Verhalten von Organisationen verlangt wird.

Unter dem Eindruck des Handelns von Banken, Unternehmen und Staaten, das zur aktuellen Wirtschaftskrise geführt hat, gewinnt die Vorstandvergütung eine ganz neue Bedeutung. Es kann kaum als ethisches Verhalten einer Organisation bzw. ihrer Leitung angesehen werden, wenn Vergütungen unabhängig von der Lage des Unternehmens bzw. den zuvor durchgeführten Maßnahmen sein sollen. Dies ist auch der Öffentlichkeit nicht vermittelbar. Es entspricht nicht den gängigen Definitionen von Anständigkeit und Rechtschaffenheit, Bezüge auch im Fall von eklatanter Misswirtschaft unangetastet zu lassen. Gleiches gilt für den

Fall, dass bei der Erzielung kurzfristiger Erfolge, die langfristig jedoch zu Schäden für das Unternehmen führen, zusätzliche Vergütungen ausgezahlt werden.

Im Zuge des Gesetzes zur Angemessenheit der Vorstandsvergütung (VorstAG) wurde eine Reihe von Normen, die die Vergütung von Vorstandsmitgliedern regeln, geändert. § 87 Abs. 1 Satz 1 AktG bestimmt, dass der Aufsichtsrat bei der Festsetzung der Gesamtbezüge eines Vorstandsmitglieds dafür zu sorgen hat, dass diese in einem angemessenen Verhältnis zu den Aufgaben und Leistungen des Vorstandsmitglieds sowie zur Lage der Gesellschaft stehen und die übliche Vergütung nicht ohne besondere Gründe übersteigen. Gemäß § 87 Abs. 1 Satz 2 AktG ist die Vergütungsstruktur bei börsennotierten Gesellschaften auf eine nachhaltige Unternehmensentwicklung auszurichten.

Man kann den Normen zur Vorstandsvergütung damit auch einen ethischen Aspekt entnehmen. Gerade im Rahmen der in den letzten Jahren immer stärker in den Vordergrund rückenden Wissenschaft der Wirtschafts- und Unternehmensethik wird man eine Fülle von Normen nicht nur nach ihrem Nutzen für die Sicherstellung der Funktionalität eines Unternehmens und die angemessene Wahrung der Aktionärsinteressen beurteilen können. Vielmehr steckt hinter diesen Vorschriften oft auch ein ethischer Hintergrund, der zwar nicht primär bezweckt ist, jedoch dem Sinn der dahinterstehenden Regelung entnommen werden kann.

Letztlich wird im Unternehmen so ein der Handlungserwartung der ISO 26000 entsprechendes System ökonomischer Anreize in Bezug auf gesellschaftlich verantwortliche Leistung etabliert. Das verantwortungsvolle Handeln im Unternehmenssinn bedeutet oft auch ein gesellschaftlich verantwortliches Handeln. Schließlich kann nicht nur die kurz- bis mittelfristige Gewinnmaximierung im Interesse des Unternehmens liegen. Vielmehr führt eine nachhaltige Unternehmensentwicklung langfristig zu einem höheren Mehrwert für die Organisation. Dieser kann aber neben rein wirtschaftlich orientierten Maßnahmen auch beispielsweise durch eine verantwortungsvolle Nutzung personeller Ressourcen sowie ein Engagement außerhalb der Organisation für soziale oder kulturelle Zwecke, das dem Unternehmen eine bessere Reputation verschafft, erreicht werden.

Die Wichtigkeit ethischen Verhaltens bei der Unternehmensführung heben auch Regelungen des DCGK hervor. So bestimmt beispielsweise Ziffer 4.3.2 DCGK, dass Vorstandsmitglieder und Mitarbeiter im Zusammenhang mit ihrer Tätigkeit von Dritten weder für sich noch für andere Zuwendungen oder sonstige Vorteile fordern oder annehmen oder Dritten ungerechtfertigte Vorteile gewähren dürfen.

Auch hier wird deutlich, dass die Einhaltung der Ethik nicht der primäre Zweck der Vorschrift ist. Bei Befolgung dieser Handlungsempfehlung wird man aber davon sprechen müssen, dass die Organisationsführung sich anständig und rechtschaffen verhalten hat.

Letztlich kann in einer Vielzahl der bereits behandelten Normen der deutschen Gesetzgebung sowie in den Handlungsempfehlungen des DCGK die zumindest als Nebeneffekt eintretende ethische Verhaltensanweisung erkannt werden. Handelt eine Organisation im Rahmen der Gesetze, so verhält sie sich, zumindest in dem kodifizierten Gebiet, in der Regel rechtschaffen.

Achtung der Interessen der Anspruchsgruppen

Die einschlägige Wirtschaftsrechtsgesetzgebung berücksichtigt im Zusammenhang mit der Organisationsführung vor allem die Anspruchsgruppen der Aktionäre bzw. Eigentümer eines Unternehmens sowie die dort tätigen Arbeitnehmer.

Es existieren Regelungen, die ein Unternehmen dazu verpflichten, die Interessen ihrer Anspruchsgruppen zu berücksichtigen. Dazu zählen vor allem Vorschriften zum Schutz der Aktionäre, der Arbeitnehmer, der Kunden und der Auftraggeber.

So werden in den §§ 118 ff. AktG die Rechte der Hauptversammlung ausführlich normiert. In den §§ 45 ff. GmbHG werden die Rechte der Gesellschafterversammlung, soweit sie nicht im jeweiligen Gesellschaftsvertrag bestimmt werden, geregelt.

Im DCGK sind exemplarisch Ziffer 3.1 (Der Vorstand und der Aufsichtsrat sollen zum Wohle des Unternehmens eng zusammenarbeiten.) und Ziffer 5.5.1 anzuführen. Letztere bestimmt, dass die Aufsichtsratsmitglieder dem Unternehmensinteresse verpflichtet sind und bei ihren Entscheidungen weder persönliche Interessen verfolgen noch Geschäftschancen, die dem Unternehmen zustehen, für sich nutzen sollen. Dies dient letztlich den Interessen der Anspruchsgruppen des Unternehmens, da sie selbstverständlich vom Wohlergehen der Gesellschaft profitieren.

Besondere Erwähnung verdient vor allem Ziffer 4.1.1 DCGK. Diese führt aus, dass bei der Unternehmensführung die Belange der Aktionäre, der Arbeitnehmer der Organisation und der sonstigen dem Unternehmen verbundenen Gruppen (Stakeholder) berücksichtigt werden sollen. Hier sind also sämtliche Anspruchsgruppen gemeint, die ein Interesse an einer ihre Bedürfnisse berücksichtigenden Leitung des Unternehmens haben. Erfasst werden nicht nur Aktionäre und Arbeitnehmer, sondern auch Kunden oder Auftraggeber. [122]

Bezüglich der Handlungserwartung der ISO 26000, eine Organisation solle eine gerechte Vertretung unterrepräsentierter Gruppen in leitenden Stellungen der Organisation fördern, lassen sich als im Abschnitt „Arbeitsbedingungen" näher zu behandelnde Normenwerke das Allgemeine Gleichbehandlungsgesetz (AGG) sowie das Neunte Sozialgesetzbuch (SGB IX) – Rehabilitation und Teilhabe behinderter Menschen – und hier vor allem die §§ 71 ff. nennen.

Das AGG verbietet die Benachteiligung von Arbeitsplatzbewerbern beispielsweise aufgrund ihrer Rasse oder ihres Geschlechts. § 71 SGB IX statuiert die Pflicht bestimmter Arbeitgeber, schwerbehinderter Menschen zu beschäftigen.

Zumindest bezüglich der Beschäftigung Schwerbehinderter kann man die Absicht des Gesetzgebers, diese Arbeitnehmergruppe aktiv zu fördern, erkennen.

Was die im AGG genannten, oftmals diskriminierten Personengruppen betrifft, lässt sich zunächst keine direkte Förderungspflicht feststellen. Das Gesetz besagt lediglich, dass diese Menschen bei gleicher Eignung nicht benachteiligt werden dürfen. Hierin ist zumindest eine mittelbare Förderung zu sehen, denn bereits das Verbot der Diskriminierung bedeutet für diese Arbeitnehmergruppen eine Verbesserung und damit Förderung. Sie bekommen die Möglichkeit, bei gleicher Eignung dieselbe Chance zu haben, eingestellt zu werden wie andere Bewerber.

Eine unterschiedliche Behandlung gemäß § 5 AGG ist zulässig, wenn durch geeignete und angemessene Maßnahmen bestehende Nachteile wegen eines in § 1 AGG genannten Grunds verhindert oder ausgeglichen werden sollen. Dies bedeutet, dass ein Unternehmen generell benachteiligte Gruppen im Rahmen der Verhältnismäßigkeit besonders fördern darf, um gerade die sonst bestehenden Nachteile für diese Gruppen zu verringern. Dies betrifft beispielsweise eine bevorzugte Einstellung von weiblichen Arbeitnehmern bei gleicher Qualifikation, sofern Frauen in dem betroffenen Betrieb oder Bereich unterrepräsentiert sind. [36]

Für derartige Förderungsmaßnahmen besteht jedoch keine Pflicht.

Es gibt also in der deutschen Normenlandschaft Regelungen, die die Unternehmensleitung dazu anhalten und verpflichten, die Interessen ihrer Anspruchsgruppen bei der Entscheidungsfindung ausreichend zu gewichten bzw. diesen Interessen den Vorrang einzuräumen.

Die Handlungserwartung der ISO 26000, dass eine Organisation die Bedürfnisse ihrer Anspruchsgruppen abwägt, wird durch die Einhaltung der bereits existierenden Normen erreicht. Hierzu ist es notwendig, die Interessen der eigenen Anspruchsgruppen in die Entscheidungsfindung einzubeziehen. Ansonsten wird gegen das Gesetz verstoßen, was letztlich immer sanktioniert werden wird.

Gesetzestreue

Das deutsche Recht statuiert Schadenersatzpflichten der Geschäftsleitung im Fall von Pflichtverstößen. Dies umfasst die Verletzung geltenden Rechts. Dem Prinzip der Gesetzestreue wird damit entsprochen.

Die ISO 26000 verlangt von Organisationen, dass diese bei ihrem Handeln das Prinzip der Rechtsstaatlichkeit beachten. Dies bedeutet ganz einfach, dass ein Unternehmen die bestehenden Gesetze und Regelungen einhalten soll.

Dieses Prinzip ergibt sich bereits daraus, dass das Grundgesetz in Art. 20 Abs. 3 bestimmt, dass die Bundesrepublik Deutschland ein Rechtsstaat ist. Dies impliziert, dass sich alle natürlichen und juristischen Personen an Recht und Gesetz halten müssen. Werden die Gesetze nicht eingehalten, so drohen Sanktionen.

Dies wird im Rahmen der Organisationsführung an den Straf- und Bußgeldvorschriften des Aktiengesetzes (§§ 399 ff. AktG) deutlich sowie dem Gesetz betreffend die Gesellschaften mit beschränkter Haftung (§§ 78 ff. GmbHG). Dort werden Verstöße gegen bestimmte Vorschriften geahndet.

§ 93 Abs. 2 Satz 1 AktG schreibt fest, dass Vorstandsmitglieder, die ihre Pflichten verletzen, der Gesellschaft gegenüber zum Ersatz des daraus entstehenden Schadens verpflichtet sind. Entsprechendes regelt § 43 Abs. 2 GmbHG in Bezug auf die Geschäftsführer einer GmbH. Unter den Begriff der Pflichten bzw. Obliegenheiten fällt selbstverständlich auch die Beachtung der geltenden Gesetze. Die Unternehmensleitung hat also mit gegen sie gerichteten Schadenersatzansprüchen zu rechnen, sofern sie Gesetze brechen, deren Einhaltung eine gegenüber der Gesellschaft zu erfüllende Pflicht darstellt.

Besonders deutlich wird die Verpflichtung von Unternehmen, sich an das Gesetz zu halten, anhand der Klarstellung in Ziffer 4.1.3 DCGK dahin gehend, dass der Vorstand für die Einhaltung der gesetzlichen Bestimmungen zu sorgen und auf deren Beachtung durch die Konzernunternehmen hinzuwirken hat. Dies bezeichnet der DCGK als Compliance. Auch wenn es diesbezüglich keiner ausdrücklichen Erwähnung bedurft hätte, da die Befolgung des Gesetzes an sich selbstverständlich sein dürfte, wird an dieser Stelle nochmals explizit darauf hingewiesen.

Somit erfüllen die bereits existierenden Normen auch das Prinzip der Gesetzestreue im Rahmen der Unternehmensführung. Die ISO 26000 beinhaltet insofern nichts Neues. In Rechtsstaaten ist die Beachtung des Gesetzes zwingend notwendig, um die langfristige Funktionalität eines Unternehmens gewährleisten zu können. Es bedarf insofern keiner Verhaltensanpassungen an die ISO 26000.

Achtung internationaler Verhaltensstandards

Internationale Verhaltensstandards sind dann verbindlich für Unternehmen, wenn die Standards in einem völkerrechtlichen Vertrag niedergelegt sind, den die Bundesrepublik unterzeichnet, ratifiziert und die entsprechenden Regelungen in einem sogenannten „Transformationsgesetz" umgesetzt hat. Auf diese Thematik wird genauer im Punkt 4.3.1 (Völkerrechtliche Verträge und Internationale Übereinkommen) eingegangen.

Achtung der Menschenrechte

Auf die Verpflichtung von Unternehmen, die Menschenrechte einzuhalten, wird genauer beim Kernthema „Menschenrechte" eingegangen. Es lässt sich jedoch bereits an dieser Stelle festhalten, dass ein Unternehmen, das sich an die bestehenden Gesetze hält, zunächst auch die Menschenrechte beachtet. Dies resultiert daraus, dass die Gesetze immer auch Ausfluss des Grundgesetzes sind. Dadurch kommen Organisationen in einem weiteren Sinn auch der Verpflichtung nach, gesellschaftliche Verantwortung wahrzunehmen und zu erfüllen. Allerdings wird noch aufzuzeigen sein, in welchen Bereichen für Unternehmen hier Nachholbedarf besteht und die gesetzlichen Regelungen nicht ausreichend sind.

Fazit

Die nationalen Regelungen decken einen Großteil der Erwartungen der ISO 26000 ab. Im Bereich beispielsweise der Einwirkung auf die Organisationsführung anderer Unternehmen sowie der Transparenz in Bezug auf Menschenrechtsverletzungen im Ausland besteht Anpassungsbedarf.

Organisationsführung im Rahmen der ISO 26000 beschränkt sich nicht nur auf die Leitung zum Beispiel eines Unternehmens unter rein wirtschaftlichen bzw. unternehmerischen Gesichtspunkten. Zentral ist die Schaffung und Förderung einer Umgebung innerhalb der Organisation, in der die Prinzipien gesellschaftlicher Verantwortung umgesetzt werden. Dies umfasst neben wirtschaftlichen Aspekten auch viel weitergehende Zielrichtungen wie die Achtung der Menschenrechte und ganz allgemein ethisches Verhalten.

Die ISO 26000 kann die Befolgung der mit den Kernthemen verbundenen Prinzipien und Handlungserwartungen jedoch nicht verbindlich festschreiben. Sie führt lediglich aus, dass eine Organisation die Normen des Leitfadens einhalten sollte.

Diesbezüglich gehen die Normierungen im deutschen Recht einerseits sehr viel weiter: Die beschriebenen Prinzipien werden verbindlich festgeschrieben. Die Ziele, die mit der Berücksichtigung dieser Prinzipien verfolgt werden, werden als zu essenziell für das Funktionieren des deutschen Kapitalmarkts angesehen, als dass der Gesetzgeber an dieser Stelle eine Art Wahlfreiheit hätte geben können.

Andererseits verfolgen die deutschen Gesetze keine so weitreichenden Ziele wie die ISO 26000. Die Regelungen haben einen abgegrenzten Zweckbereich, der sich auf rein wirtschaftliche Aspekte wie die Funktionsfähigkeit von Unternehmen sowie des Kapitalmarkts bezieht. Man kann jedoch aus diesen Zwecken auch höherrangige Ziele wie die Einhaltung ethischer Verhaltensstandards sowie die Achtung der Menschenrechte ableiten.

Die von der ISO 26000 in diesem Zusammenhang aufgestellten Handlungserwartungen finden sich auch größtenteils in den deutschen Gesetzen und dem DCGK wieder.

Insgesamt kann man festhalten, dass die deutschen Gesetze bezüglich des Kernthemas „Organisationsführung“ einen Großteil der Erwartungen der ISO 26000 abdecken. Einerseits ist die ISO 26000 weiter gefasst, da sie Zwecksetzungen für die Organisationsführung vorsieht, die der deutsche Gesetzgeber zumindest nicht ausdrücklich als Sinn der entsprechenden Gesetzgebung formuliert. Andererseits drückt sich die ISO 26000 aber auch weniger scharf bzw. verbindlich aus. Im Vergleich zu den deutschen Gesetzen bleibt die ISO 26000 ein reiner Handlungsleitfaden, der sehr in die Breite, jedoch nicht in die Tiefe geht. Er stellt Handlungserwartungen auf, zeigt jedoch nicht konkret, wie die damit verbundenen Ziele zu erreichen sind. Die deutsche Gesetzgebung hingegen nennt konkrete Handlungsanweisungen und knüpft an Verstöße gegen diese Anweisungen bestimmte Sanktionen.

Ein Bereich, in dem die ISO 26000 jedoch über die gesetzlichen Regelungen hinausgeht, ist die Einwirkung auf die Organisationsführung anderer Unternehmen, die im Einflussbereich der Organisation stehen. Hierzu ist ein Unternehmen derzeit rechtlich nicht verpflichtet und es muss von Gesetzes wegen auch nicht sicherstellen, dass andere Unternehmen die Prinzipien der gesellschaftlichen Verantwortung achten und befolgen.

Auch was die Transparenzpflicht betrifft, bestehen Anpassungsmöglichkeiten bezüglich des Umgangs mit Menschenrechtsverletzungen im Ausland.

4.1.2 Menschenrechte

Wie auch in der ISO 26000 ausgeführt, besteht im Rahmen der deutschen Normenlandschaft der Grundsatz, dass die Gesetze, die die Wahrung der Menschenrechte regeln, vor allem im Verhältnis des Staats zu Einzelpersonen gelten. [20] Jedoch besteht Konsens darüber, dass natürlich auch Unternehmen dazu verpflichtet sind, die Menschenrechte einzuhalten. [21] Dies sagen sowohl die ISO 26000 als auch die deutsche Gesetzgebung aus.

Handlungsfeld 1: Gebührende Sorgfalt

Im Rahmen des Handlungsfelds „gebührende Sorgfalt“ verlangt die ISO 26000 von den Unternehmen, bei ihren Tätigkeiten Auswirkungen auf die Menschenrechte zu identifizieren, zu vermeiden und innerhalb der Organisation anzusprechen. Dabei muss ein Unternehmen gebührende Sorgfalt anwenden. Dazu gehören die von dem Unternehmen selbst verursachten Auswirkungen auf die Menschenrechte sowie Beeinträchtigungen durch die Tätigkeiten anderer Unternehmen, auf die das Unternehmen Einfluss nehmen kann.

Das deutsche Gesetz verlangt keinen Aufbau einer Menschenrechtsstrategie innerhalb des Unternehmens. Durch die Einhaltung der Gesetze werden die Grundrechte jedoch oftmals automatisch befolgt. Regelungen bezüglich des Einwirkens auf Lieferanten im Fall von Menschenrechtsverletzungen existieren nicht.

Handlungserwartungen der ISO 26000 in diesem Bereich sind der Aufbau einer Menschenrechtsstrategie, die dem Unternehmen selbst und allen mit ihm in Verbindung Stehenden eine Anleitung zum Umgang mit Menschenrechten gibt, sowie die Implementierung eines Systems, mit dem Auswirkungen auf Menschenrechte identifiziert und die Bemühungen des Unternehmens zum Schutz der Menschenrechte kontrolliert werden können.

Bei der Frage, ob diese Forderungen gesetzlich geregelt sind, ist zu unterscheiden zwischen Tätigkeiten, die ein Unternehmen im Bereich des deutschen Rechts vornimmt und solchen, die in Staaten ausgeübt werden, die nicht dem deutschen Recht unterliegen.

Bei Handlungen innerhalb des deutschen Rechtsraums muss ein Unternehmen die deutschen Gesetze einhalten. Diese werden auf Basis der Grundrechte entwickelt, die die Menschenrechte verfassungsrechtlich garantieren. Jedes Grundrecht wird auf einzelgesetzlicher Ebene näher ausgestaltet. Durch die Einhaltung der Gesetze beachtet ein Unternehmen damit auch die diesem zugrunde liegenden Menschenrechte.

So wurden beispielsweise auf der Grundlage des Art. 9 Abs. 3 GG Vorschriften im Arbeitsrecht geschaffen, die die Rechte von Arbeitnehmerorganisationen festlegen. Eine einzelgesetzliche Regelung findet sich insofern im Tarifvertragsgesetz (TVG). Unternehmen sind verpflichtet, Gewerkschaften zuzulassen und mit ihnen zu verhandeln.

Art. 3 GG verbietet Diskriminierungen aller Art. Unternehmen sind damit bei der Auswahl ihrer Mitarbeiter sowie der Gestaltung der Arbeitsbedingungen unter anderem durch das AGG verpflichtet, niemanden zu diskriminieren.

Das informationelle Selbstbestimmungsrecht eines Menschen, das Bestandteil des allgemeinen Persönlichkeitsrechts des Art. 2 Abs. 1 GG ist und besagt, dass der Einzelne das Recht hat, „selbst über die Preisgabe und Verwendung persönlicher Daten zu bestimmen“, [19] wird für Unternehmen sowohl gegenüber den eigenen Arbeitnehmern als auch gegenüber Kunden relevant. Hier regelt das Bundesdatenschutzgesetz (BDSG) den Umgang mit den Daten dieser Anspruchsgruppen des Unternehmens.

Die gebührende Sorgfalt kann hier mit der Sorgfalt, die ein Unternehmen aufwenden muss, um die Einhaltung der bestehenden Gesetze sicherzustellen, gleichgesetzt werden. Dieses kann durch die Installation eines Compliance-Systems, mit dem die Beachtung der Gesetze kontrolliert wird, geschehen oder einfach durch die Organisation des Unternehmens in einer bestimmten Form.

Das Gesetz gibt jedoch nicht vor, dass zum Zwecke der Einhaltung der Menschenrechte eine bestimmte Menschenrechtsstrategie im Unternehmen implementiert werden muss.

In deutschen Gesetzen finden sich keine derartigen der ISO 26000 entsprechenden Anweisungen an Unternehmen. Dennoch sind diese dazu gezwungen, bei ihren Tätigkeiten innerhalb des deutschen Rechtsraums die Auswirkungen ihrer Handlungen auf die Menschenrechte zu beachten. Jedes Gesetz, das ein Unternehmen befolgen muss, ist Ausfluss des deutschen Grundgesetzes, in dem die Menschenrechte statuiert sind. Zu jedem Grundrecht gibt es auf der einzelgesetzlichen Ebene Gesetze, die den Zweck haben, diese Rechte in der Praxis durchzusetzen. Da Unternehmen diese Normen zwingend befolgen müssen, müssen sie auch die dahinter stehenden Grundrechte in der durch das Gesetz vorgeschriebenen Form einhalten.

Gesetzliche Bestimmungen, dass auf ausländische Lieferanten bezüglich deren Menschenrechtspolitik eingewirkt werden muss bzw. dass die eigenen Tätigkeiten im Ausland den Grundsätzen der deutschen Grundrechte entsprechen müssen, existieren jedoch nicht. Unternehmen werden nicht daran gehindert, Produktion durch Kinderarbeit oder andere unmenschliche Arbeitsbedingungen zuzulassen.

In diesem Bereich bestehen also noch Anpassungsanforderungen gegenüber den Unternehmen an die ISO 26000.

Handlungsfeld 2: Kritische Situationen in Bezug auf Menschenrechte

Durch die Beachtung der deutschen Gesetze beziehen Unternehmen bei ihrer Tätigkeiten automatisch die Würdigung der Menschenrechte in ihre Entscheidungen ein. Die in der ISO 26000 erwähnten kritischen Situationen für Menschenrechte und die in diesem Zusammenhang angeführten Ursachen hierfür wie politische Instabilität, Armut oder Versagen des demokratischen Systems treten mehr außerhalb des deutschen Rechtsraums auf.

Die deutschen Gesetze erstrecken sich in der Regel nicht auf fremde Rechtsräume. In diesem Bereich existieren nur vereinzelte Regelungen. Hier ist die Eigeninitiative von Unternehmen gefragt.

Deshalb entstehen die Probleme bei Handlungen, die ein Unternehmen selbst im Ausland durchführt bzw. von Dritten durchführen lässt. Hier besteht die Gefahr, dass bereits existierende Missbräuche verschlimmert werden.

Da sich die deutschen Gesetze in der Regel nicht auf fremde Rechtsräume erstrecken, können sie im Ausland grundsätzlich auch keine Wirkung entfalten.

In diesem Bereich bestehen nur vereinzelt Regelungen wie beispielsweise Ausfuhrbestimmungen für festgelegte Waren. So regelt das Ausführungsgesetz zu Artikel 26 Abs. 2 des Grundgesetzes (Kriegswaffenkontrollgesetz - KrWaffKontrG) in § 3 Abs. 3, dass Kriegswaffen nur ausgeführt werden dürfen, wenn die dazu erforderliche Beförderung durch das Bundesgebiet genehmigt worden ist. Verboten sind gemäß § 17 Abs. 1 Nr. 1 KrWaffKontrG die Ausfuhr von Atomwaffen, gemäß § 18 Nr. 1 KrWaffKontrG die Ausfuhr biologischer und chemischer Waffen sowie gemäß § 18a Abs. 1 Nr. 1 KrWaffKontrG der Export von Antipersonenminen und Streumunition.

Sinn dieser Regelungen ist es unter anderem, eine Aufrüstungspolitik ausländischer Staaten oder Gruppen zu verhindern, mit der letztlich als Konsequenz die Verletzung von Menschenrechten verbunden sein könnte. Sicherlich beziehen sich diese Normen zunächst auf den deutschen Rechtsraum. Der Export, der genehmigungsbedürftig und bei bestimmten Gütern teilweise sogar verboten ist, findet von deutschem Boden aus statt. Dennoch hätte die Ausfuhr der beschriebenen Güter erhebliche Auswirkungen auf ausländische Rechtsgebiete sowie die Menschenrechte ihrer Einwohner.

Das KrWaffKontrG enthält auch Regelungen, die sich auf Taten, die innerhalb eines ausländischen Rechtsraums begangen wurden, beziehen, sofern der Täter Deutscher ist. § 21 KrWaffKontrG legt fest, dass bestimmte Strafvorschriften des KrWaffKontrG unabhängig vom Recht des Tatorts auch dann anwendbar sind, wenn die Tat von einem Deutschen begangen wurde. Dies bezieht sich beispielsweise auf § 19 Abs. 2 Nr. 2 KrWaffKontrG, der eine Freiheitsstrafe nicht unter zwei Jahren anordnet für den Fall, dass durch die Ausfuhr von Atomwaffen das friedliche Zusammenleben der Völker gefährdet wird. Dies muss sich nicht zwangsläufig auch auf den Frieden innerhalb der Bundesrepublik beziehen; es genügt, wenn es sich allein um ausländische Staaten handelt.

Auch im Außenwirtschaftsgesetz (AWG) sowie der dazugehörigen Außenwirtschaftsverordnung (AWV) existieren Normen, die die Ausfuhr bestimmter Waren in gewisse Staaten untersagen. In Kapitel VIIa der AWV werden Nationen aufgeführt, gegenüber denen in diesem Zusammenhang besondere Beschränkungen bestehen. Diese Liste enthält unter anderem Waffen, Munition und Rüstungsmaterial, deren Ausfuhr in bestimmte Länder, in denen offensichtlich Menschenrechtsverletzungen stattfinden, verboten ist.

Zum einen sind damit im Rahmen der deutschen Gesetzgebung auch Tätigkeiten von Unternehmen erfasst, die sich negativ auf die Einhaltung der Menschenrechte in ausländischen Staaten auswirken können. Zum anderen wird damit aber nur ein Teil möglicher Aktivitäten deutscher Organisationen im Ausland erfasst. Gerade im Bereich der Arbeitsbedingungen sowie dem Umweltschutz existieren insofern Handlungserwartungen der ISO 26000, die durch die deutschen Gesetze nicht abgedeckt werden. Hierzu wird ausführlicher bei den entsprechenden Kernthemen Stellung genommen.

Hier kommt es ganz entscheidend auf die Eigeninitiative der Unternehmen an. Die Forderung der ISO 26000, dass ein Unternehmen bei seinen Entscheidungen die Menschenrechte würdigen und diese gleichfalls fördern und verteidigen soll, kann gesetzlich zumindest außerhalb des deutschen Rechtsraums nicht in vollem Umfang gewährleistet werden.

Handlungsfeld 3: Vermeidung der Mitschuld

In diesem Handlungsfeld besteht Verbesserungspotenzial für die Unternehmen. Zumindest im nicht juristischen Kontext von Mitschuld werden nicht alle Handlungserwartungen der ISO 26000 erfüllt.

Die ISO 26000 unterscheidet zwischen Mitschuld im rechtlichen und im nicht rechtlichen Sinn.

Mitschuld wird innerhalb der deutschen Gesetze vor allem im Strafgesetzbuch (StGB) angesprochen. § 25 StGB definiert in Abs. 1 die Begriffe der Täterschaft sowie der mittelbaren Täterschaft. Mittelbarer Täter ist demnach, wer die Tat durch einen anderen begeht. In § 25 Abs. 2 StGB wird bestimmt, dass im Fall der gemeinschaftlichen Begehung einer Straftat, jeder Täter als Mittäter bestraft wird. § 26 StGB regelt den Fall der Anstiftung und § 27 StGB die Beihilfe. In allen diesen Fällen liegt eine Mitschuld an einem strafbaren Verhalten vor.

Diese Bestimmungen beziehen sich neben den Tatbeständen des StGB auch auf die strafrechtlichen Nebengesetze, das heißt alle Strafvorschriften, die in Gesetzen außerhalb des StGB normiert sind. Sie werden in Verbindung mit den einschlägigen Straftatbeständen angewandt und geben den Grad der Täterschaft oder der Teilnahme an.

Bezüglich der Vermeidung einer Mitschuld an Menschenrechtsverletzungen im Inland kann auf die bereits beschriebenen Handlungsfelder verwiesen werden. Ob die Verletzung allein durch das Unternehmen oder zusammen mit Dritten begangen wird, macht insofern keinen Unterschied. Bei einem Verstoß gegen die Menschenrechte liegt in der Regel auch ein Verstoß gegen die existierenden Gesetze vor. Im Rahmen von Strafvorschriften aus dem StGB oder den Nebengesetzen werden diese Verstöße geahndet. Dies geschieht je nach dem Grad der Schuld bzw. Mitschuld.

Hier ergibt sich wiederum das Problem, dass ein Unternehmen mit einem anderen Unternehmen eine Partnerschaft eingeht und dieses andere Unternehmen Menschenrechtsverletzungen begeht, sei es im In- oder Ausland. Solange sich das Unternehmen nicht an diesen Verletzungen beteiligt, kann das Gesetz insofern nicht verhindern, dass wes durch die Tätigkeiten seines Partners Vorteile erlangt.

Hier liegt gemäß der ISO jedoch eine Mitschuld im nicht rechtlichen Zusammenhang vor, die darin besteht, dass die übergeordneten Erwartungen der Gesellschaft an das Verhalten von Organisationen nicht erfüllt werden.

Gemäß der ISO 26000 liegt bereits dann eine Mitschuld vor, wenn ein Unternehmen das menschenrechtswidrige Verhalten eines anderen mit ihm in Geschäftsbeziehung stehenden Unternehmens toleriert.

Die Handlungserwartung, dass insofern keine Waren und Dienstleistungen an eine Organisation geliefert werden, die diese dazu benutzt, die Menschenrechte zu missbrauchen, wird zumindest teilweise durch die im vorherigen Handlungsfeld beschriebenen Ausfuhrbeschränkungen erfüllt. Diese erfassen jedoch nicht jede denkbare Konstellation.

Die Forderung der ISO 26000, Unternehmen sollten sich über die sozialen und umweltbezogenen Bedingungen, unter denen ein Produkt oder eine Dienstleistung, die sie von einem Dritten beziehen, hergestellt bzw. erbracht wird, informieren, findet im Gesetz keine Entsprechung. Die bereits erwähnten Regelungen zur Mitschuld werden hier nicht angewendet, da es gar keine Normen gibt, nach denen das Unterlassen dieser Informationbeschaffung geahndet wird.

Bei der Vermeidung von Mitschuld gibt es somit einiges Verbesserungspotenzial für Unternehmen. Nach den Grundsätzen der ISO 26000 genügt es nicht, sich nur an die bestehenden Gesetze zu halten. Vielmehr muss auch menschenrechtswidriges Verhalten anderer Organisationen kritisiert und wenn möglich durch entsprechende Einflussnahme unterbunden werden.

Handlungsfeld 4: Umgang mit Menschenrechtsbeschwerden

Es gibt zahlreiche Institutionen, bei denen Beschwerden im Zusammenhang mit Menschenrechtsverletzungen vorgebracht werden können. Innerhalb von Unternehmen beschränkt sich die Verpflichtung zur Einrichtung solcher Stellen jedoch auf einige wenige gesetzliche Vorschriften.

Die ISO 26000 erwartet, dass für Menschen, die sich in ihren Menschenrechten verletzt fühlen, geeignete Beschwerdemöglichkeiten eingerichtet werden.

Das deutsche Gesetz eröffnet Betroffenen bei der Verletzung von Gesetzen, mit der eine Menschenrechtsverletzung einhergeht, grundsätzlich den Rechtsweg, auf dem die Verstöße verfolgt werden können.

So können Betroffene bei Verstößen beispielsweise im Bereich der Einhaltung von Arbeitsbedingungen die Arbeitsgerichte anrufen und die Beschwerden vorbringen (§§ 2 ff. Arbeitsgerichtsgesetz - ArbGG).

Die Strafermittlungsbehörden bzw. im Nachgang die Strafgerichtsbarkeit untersuchen bzw. sanktionieren die Verwirklichung von Straftatbeständen, die oftmals Menschenrechtsverletzungen beinhalten.

Im Bereich des öffentlichen Rechts, also beispielsweise bei Verletzungen von Vorschriften des VersammlG, ist der Weg zu den Verwaltungsgerichten offen.

Es besteht die Möglichkeit die Landesverfassungsgerichte bzw. des Bundesverfassungsgericht anzurufen, sollte der Menschenrechtsverstoß auf den vorgelagerten Rechtswegen und Instanzen nicht verurteilt worden sein.

Problematischer sieht es dagegen mit Beschwerdeinstitutionen aus, die Unternehmen in ihren eigenen Reihen schaffen sollen, wie es die ISO 26000 fordert.

Gesetzlich normiert ist beispielsweise im Bereich des Arbeitsrechts das Beschwerderecht des Arbeitnehmers gemäß § 84 Betriebsverfassungsgesetz (BetrVG). Fühlt sich der Arbeitnehmer von seinem Arbeitgeber oder von Arbeitnehmern benachteiligt oder ungerecht behandelt oder in sonstiger Weise beeinträchtigt, kann er sich mit seiner Beschwerde an den Betriebsrat wenden.

Auch das AGG bietet in § 13 ein Beschwerderecht für Beschäftigte. Sie können sich bei den zuständigen Stellen des Betriebs, des Unternehmens oder der Dienststelle beschweren, wenn sie sich im Zusammenhang mit ihrem Beschäftigungsverhältnis vom Arbeitgeber, von Vorgesetzten, anderen Beschäftigten oder Dritten wegen eines in § 1 AGG genannten Grunds benachteiligt fühlen. § 1 AGG umfasst Benachteiligungen aufgrund der Rasse, der ethnischen Herkunft, des Geschlechts, der Religion oder Weltanschauung, einer Behinderung, des Alters oder der sexuellen Identität.

Für den Fall von Datenschutzrechtsverletzungen, die das in Art. 2 Abs. 1 GG verankerte Recht auf informationelle Selbstbestimmung tangieren, existiert das Institut der Datenschutzbeschwerde. Danach kann ein Betroffener, der glaubt, bei der Verarbeitung, vor allem der Erhebung, Speicherung, Nutzung oder Weitergabe seiner personenbezogenen Daten, durch eine öffentliche oder nicht öffentliche Stelle in seinen Rechten verletzt worden zu sein, Beschwerde bei der zuständigen Aufsichtsbehörde im Sinne des § 38 BDSG einlegen. Stellt die Aufsichtsbehörde einen Verstoß gegen das BDSG oder andere Vorschriften über den Datenschutz fest, ist sie befugt, bei schwerwiegenden Vergehen die Gewerbeaufsichtsbehörde zu unterrichten, damit diese gewerberechtliche Maßnahmen ergreifen kann (§ 38 Abs. 1 Satz 6 BDSG).

In Anbetracht der Tatsache, dass es für jeden Gesetzesverstoß einen Rechtsweg gibt, der zur Verfolgung der eigenen Rechte beschritten werden kann, wird ein Großteil der begangenen Menschenrechtsverletzungen verfolgt und geahndet. Das Unternehmen selbst muss, abgesehen von den beschriebenen Einrichtungen, keine Maßnahmen zur Aufnahme von Beschwerden im Zusammenhang mit Menschenrechtsverletzungen ergreifen. Dies betrifft vor allem die Menschenrechtsverletzungen, die nicht durch das Gesetz erfasst werden, da sie beispielsweise außerhalb des deutschen Rechtsraums stattfinden.

Handlungsfeld 5: Diskriminierung und schutzbedürftige Gruppen

Die ISO 26000 verlangt, dass niemand aufgrund bestimmter Eigenschaften diskriminiert werden darf.

Beim Schutz vor Diskriminierung ist vor allem das Allgemeine Gleichbehandlungsgesetz zu erwähnen. Die ISO 26000 bezieht jedoch in diesen Schutz alle Gruppen ein, die in Verbindung zu einem Unternehmen stehen. In dieser Breite bieten die Gesetze keinen Schutz.

Zum Zwecke der Vermeidung von Diskriminierungen existiert im deutschen Recht das bereits erwähnte Allgemeine Gleichbehandlungsgesetz (AGG). Dieses soll Diskriminierungen aufgrund bestimmter Eigenschaften wie Rasse oder Geschlecht verhindern oder beseitigen (§ 1 AGG). Der Anwendungsbereich umfasst unter anderem Beschäftigungs- und Arbeitsbedingungen, den Sozialschutz und die Bildung.

§ 19 Abs. 1 Nr. 1 und 2 AGG bestimmt, dass eine Benachteiligung aus Gründen der Rasse oder der ethnischen Herkunft, wegen des Geschlechts, der Religion, einer Behinderung, des Alters oder

der sexuellen Identität bei der Begründung, Durchführung oder Beendigung zivilrechtlicher Schuldverhältnisse, die typischerweise ohne Ansehen der Person zu vergleichbaren Fällen in einer Vielzahl von Fällen zustande kommen (Massengeschäfte) oder bei denen das Ansehen der Person nach der Art des Schuldverhältnisses eine nachrangige Bedeutung hat und die zu vergleichbaren Bedingungen in einer Vielzahl von Fällen zustande kommen oder eine privatrechtliche Versicherung zum Gegenstand haben unzulässig ist.

Damit wird der Forderung der ISO 26000, neben Arbeitnehmern auch Kunden frei von Diskriminierungen zu behandeln, entsprochen.

Nicht dagegen geregelt ist die Behandlung von Diskriminierungen bezüglich Partnern des Unternehmens. Gemäß dem Grundsatz der Vertragsfreiheit ist ein Unternehmen frei, zu entscheiden, mit welchem Lieferanten etc. es zusammenarbeiten möchte. Hierbei darf es sich von allen denkbaren Motiven leiten lassen. Ein Unternehmen ist beispielsweise nicht gezwungen, einen Lieferanten zu wählen, dessen Belegschaft überwiegend aus Frauen besteht oder im Eigentum einer besonders benachteiligten Gruppe steht.

Die ISO 26000 führt auch die Gruppe der Kinder als besonders schutzbedürftig auf. Diese sollen einerseits nicht diskriminiert werden und andererseits sollen Unternehmen ihr Recht auf Leben, Überleben, Entwicklung und freie Meinungsäußerung bei ihren Tätigkeiten achten.

Bezüglich der Vermeidung der Diskriminierung von Kindern kann auf das AGG verwiesen werden. Dieses umfasst auch Benachteiligungen im Hinblick auf das Alter. Davon sind Kinder ebenfalls betroffen.

Die Rechte von Kindern wahren Normen wie die §§ 223 und 211 ff. StGB, die die körperliche Unversehrtheit und das Recht auf Leben bestimmen, und das Gesetz zum Schutz der arbeitenden Jugend (JArbSchG). Dieses legt fest, dass die Beschäftigung von Kindern verboten ist (§ 5 Abs. 1 JArbSchG). Kind im Sinne dieses Gesetzes ist gemäß § 2 Abs. 1 JArbSchG, wer noch nicht 15 Jahre alt ist. Ausnahmen bestehen nach § 5 Abs. 2 Nr. 1 bis 3 JArbSchG zum Zwecke der Beschäftigungs- und Arbeitstherapie, im Rahmen des Betriebspraktikums während der Vollzeitschulpflicht und in Erfüllung einer richterlichen Weisung.

Ein eigenes Kinderschutzgesetz, in dem die weiteren Rechte von Kindern geregelt wären, gibt es jedoch nicht.

Es existieren also Regelungen, die in weiten Teilen für die Vermeidung von Diskriminierungen der genannten Gruppen sorgen sollen. Die ISO 26000 bezieht jedoch auch Gruppen in ihren Anwendungsbereich ein, die im Gesetz so nicht aufgeführt sind. Vor allem fordert die ISO 26000, dass jede Person, die mit einem Unternehmen in Kontakt steht oder auf die ein Unternehmen Einfluss hat, von diesem nicht diskriminiert werden darf. In dieser Breite wird die Verhinderung von Benachteiligungen im Gesetz nicht geregelt. Das Gesetz bildet nicht alle Lebenssituationen, in denen es zu Diskriminierungen kommen kann, ab. Insofern besteht eine Lücke zu den Handlungserwartungen der ISO 26000, die die Verhinderung von Benachteiligungen in vollem Umfang verlangt.

Handlungsfeld 6: Bürgerrechte und politische Rechte

Bezüglich der Bürgerrechte und der politischen Rechte des Einzelnen bestehen sowohl verfassungsrechtlich garantierte Grundrechte als auch einzelgesetzliche Regelungen. Jedes Unternehmen hat beispielsweise das Leben anderer zu schützen und kein Recht, Kritik an der eigenen Organisation zu unterdrücken. Auch körperliche Bestrafungen oder unmenschliche und erniedrigende Behandlungen im Zuge von Disziplinarmaßnahmen sind durch die Arbeits- und Strafgesetze selbstverständlich untersagt.

In diesem Bereich besteht eine durchgängige Regelungsvielfalt. Mit der Einhaltung der Gesetze werden auch die beschriebenen Bürgerrechte und die politischen Rechte gewahrt.

Handlungsfeld 7: Wirtschaftliche, soziale und kulturelle Rechte

Im Handlungsfeld der wirtschaftlichen, sozialen und kulturellen Rechte besteht in der deutschen Gesetzgebung eine Zweiteilung: Einerseits müssen die Unternehmen für Arbeit unter gerechten und günstigen Bedingungen sowie für die soziale Sicherheit ihrer Arbeitnehmer sorgen, beispielsweise in Form von Beitragszahlungen zur Sozialversicherung (§ 249 SGB V), für die Krankenversicherung sowie für die gesetzliche Unfallversicherung (§ 150 SGB VII). Außerdem müssen sie auf gesunde Arbeitsbedingungen achten und die Vereinigungsfreiheit von Arbeitnehmern berücksichtigen.

Bei den wirtschaftlichen, sozialen und kulturellen Rechten besteht eine Zweiteilung zwischen der Verpflichtung von Unternehmen, diese Rechte zu gewährleisten, und der primären Einstandspflicht des Staats für die Daseinsvorsorge. Nur vereinzelt sehen sich Unternehmen hier einem Kontrahierungszwang ausgesetzt.

Andererseits liegt ein großer Teil der Zuständigkeit in diesem Bereich beim Staat und nicht bei den Unternehmen. So muss der Staat sicherstellen, dass jeder Einzelne Zugang zu Bildungseinrichtungen bekommt und dass das Existenzminimum eines jeden gewährleistet ist.

Die Handlungserwartungen, die die ISO 26000 in diesem Handlungsfeld aufstellt, sind teilweise gesetzlich normiert, teilweise beruht deren Erfüllung bislang auf der Freiwilligkeit der Unternehmen. Dies liegt daran, dass die angesprochenen Dienste zur sogenannten „Daseinsvorsorge“ gehören, deren Sicherstellung naturgemäß beim Staat liegt. Dies betrifft beispielsweise die Erwartung, ihre Waren und Dienstleistungen an die Kaufkraft armer Personen anzupassen. Letzteres ist vorwiegend bei Unternehmen in staatlicher Hand zu beobachten, die oft bestimmte Tarife für Rentner oder Behinderte anbieten. Privatwirtschaftliche Unternehmen sind jedoch grundsätzlich nicht dazu verpflichtet, bei ihrer Preisgestaltung auf sozial schwächere Marktteilnehmer Rücksicht zu nehmen. Auch besteht aufgrund der generellen Vertragsfreiheit keine Verpflichtung, Verträge mit Kunden abzuschließen.

Eine Ausnahme besteht im Bereich der Grundversorgung von Haushaltskunden mit Strom und Gas. Gemäß § 36 Abs. 1 Satz 1 in Verbindung mit Abs. 2 Satz 1 des Gesetzes über die Elektrizitäts- und Gasversorgung (EnWG) haben Energieversorgungsunternehmen die Verpflichtung, in Netzgebieten, in denen sie im Vergleich zu anderen Versorgern die meisten Haushaltskunden beliefern, die Grundversorgung mit Strom und Gas zu gewährleisten. Dies bedeutet, dass Haushaltskunden beliefert werden müssen, solange dies für das Energieversorgungsunternehmen nicht wirtschaftlich unzumutbar ist (§ 36 Abs. 1 Satz 2 EnWG). Hiermit wird der Forderung der ISO 26000, ein Unternehmen dürfe nicht den Zugang zu einem wesentlichen Produkt verweigern, entsprochen. Zwar bezieht sich dies nicht auf alle Unternehmen. Zur Grundversorgung verpflichtet ist, wie beschrieben, nur der Energieversorger mit den meisten Kunden im betroffenen Gebiet. Jedoch wird die Versorgung aller Personen durch die bestehenden Regelungen gewährleistet.

Dieser sogenannte „Kontrahierungszwang" stellt die wohl prominenteste Ausnahme zum Grundsatz der Vertragsfreiheit dar.

Handlungsfeld 8: Grundprinzipien und Grundrechte am Arbeitsplatz

Die im Handlungsfeld der Grundprinzipien und Grundrechte am Arbeitsplatz von der ISO 26000 aufgestellten Erwartungen überschneiden sich teilweise mit denen, die auch beim Kernthema „Arbeitsbedingungen" erwähnt werden. Daher sollen hier nur die Prinzipien besprochen werden, die die ISO 26000 ausschließlich bei den Menschenrechten regelt.

Die Erwartung der ISO 26000, Unternehmen sollten sich weder an Zwangs- oder Pflichtarbeit beteiligen noch daraus Nutzen ziehen, findet sich zunächst in Art. 12 Abs. 2 und 3 GG wieder. Art. 12 Abs. 2 GG besagt, dass niemand zu einer bestimmten Arbeit gezwungen werden darf, außer im Rahmen einer herkömmlichen allgemeinen, für alle gleichen öffentlichen Dienstleistungspflicht. Art. 12 Abs. 3 GG erlaubt Zwangsarbeit nur bei einer gerichtlich angeordneten Freiheitsentziehung. Zwangsarbeit ist damit nur in besonders engen Grenzen möglich. So dürfen Strafgefangene in Justizvollzugsanstalten gemäß § 41 Abs. 1 Satz 1 des Gesetzes über den Vollzug der Freiheitsstrafe und der freiheitsentziehenden Maßregeln der Besserung und Sicherung (StVollzG) zu einer ihnen zugewiesenen Arbeit grundsätzlich verpflichtet werden. Die Arbeiten dürfen auch für ein privates Unternehmen erbracht werden (§ 149 Abs. 4 StVollzG und Art. 39 Abs. 5 des Gesetzes über den Vollzug der Freiheitsstrafe, der Jugendstrafe und der Sicherungsverwahrung - BayStVollzG).

Private Unternehmen können damit von der Zwangsarbeit, die Inhaftierte ausüben müssen, profitieren. Dies untersagt die ISO 26000 jedoch nicht. Danach soll die Inanspruchnahme von bzw. die Nutzenziehung aus Strafgefangenenarbeit dann zulässig sein, wenn Strafgefangene vom Gericht dazu verurteilt wurden und die Arbeit unter der Aufsicht einer staatlichen Behörde steht. Zwar soll die Arbeit von Strafgefangenen für private Organisationen nur auf freiwilliger Basis erfolgen. Nach dem deutschen Gesetz entsteht aber kein Arbeitsverhältnis zwischen Privaten und Strafgefangenen, sondern zwischen den Inhaftierten und dem Staat. Hier besteht Auslegungsbedarf bezüglich der Aussage der ISO 26000. Es ist nicht ganz klar, ob nur Arbeitsverhältnisse, die auch zwischen den privaten Unternehmen und den Strafgefangenen bestehen, gemeint sind oder auch die nach dem deutschen Gesetz mögliche, gerade beschriebene Konstellation.

In allen anderen Fällen besteht jedoch ein absolutes Verbot der Zwangsarbeit.

Fazit

Im Bereich des Kernthemas „Menschenrechte" gibt es, wie dargestellt, eine Vielzahl von Regelungen, durch die Unternehmen verpflichtet sind, die Menschenrechte einzuhalten. Dies bezieht sich jedoch größtenteils auf den deutschen Rechtsraum. Dagegen besteht keine Verpflichtung, auf Lieferanten im Ausland einzuwirken, die ihre Produkte unter Menschenrechtsverletzungen herstellen. Die ISO 26000 stellt in mehreren Bereichen Handlungserwartungen an Unternehmen, die im Gesetz zumindest nicht ausdrücklich statuiert sind.

4.1.3 Arbeitsbedingungen

Handlungsfeld 1: Beschäftigung und Arbeitsverhältnisse

Im Rahmen der Beschäftigung von Arbeitnehmern und der Ausgestaltung von deren Arbeitsverhältnissen stellt die ISO 26000 eine ganze Reihe von Handlungserwartungen an Organisationen.

Es besteht eine umfassende Regelungsdichte im Bereich der Beschäftigung von Arbeitnehmern. Jedoch stellt das deutsche Recht auch hier nicht sicher, dass Lieferanten die der ISO 26000 nach einzuhaltenden Arbeitsbedingungen im Ausland einhalten.

Die Erwartung, ein Unternehmen müsse die Arbeitnehmereigenschaft von Mitarbeitern anerkennen, findet im deutschen Arbeitsrecht seine Entsprechung. In einer Reihe von Arbeitsgesetzen wird auf den Begriff des Arbeitnehmers Bezug genommen und an diesen werden bestimmte Rechte und Pflichten geknüpft. Es gibt insofern keinen durchgängig einheitlichen Begriff.

So definiert § 5 Abs. 1 Satz 1 Arbeitsgerichtsgesetz (ArbGG) Arbeiter und Angestellte sowie die zu ihrer Berufsausbildung Beschäftigten als Arbeitnehmer. Als solche gelten auch die in Heimarbeit Beschäftigten und die ihnen Gleichgestellten sowie sonstige Personen, die wegen ihrer wirtschaftlichen Unselbstständigkeit als arbeitnehmerähnliche Personen anzusehen sind (§ 5 Abs. 1 Satz 2 ArbGG).

Das Kündigungsschutzgesetz (KSchG) enthält dagegen keinen eigenen Arbeitnehmerbegriff. Hier muss auf allgemeine Grundsätze zurückgegriffen werden. [33] Danach ist Arbeitnehmer, wer auf Basis eines privatrechtlichen Vertrags oder eines diesem gleichgestellten Rechtsverhältnisses zur unselbstständigen Arbeit für einen anderen verpflichtet ist. [33]

Fällt ein Mitarbeiter eines Unternehmens unter die jeweilige Definition des Arbeitnehmers, so eröffnet ihm dies die entsprechenden Rechte der einzelnen Gesetze, unabhängig davon, ob der Arbeitgeber ihm diese Rechtsstellung einräumt oder nicht.

Das KSchG bietet Arbeitnehmern Schutz vor ungerechtfertigten sowie willkürlichen Entlassungen und regelt die Rechte, die diese im Fall einer Kündigung haben. Ziel dieses Gesetzes ist es, zu verhindern, dass Personen, die für ein Unternehmen arbeiten, als solche anerkannt werden sowie beim Vorliegen der Arbeitnehmereigenschaft den Schutz, den das Gesetz für diese vorsieht, erhalten. Arbeitnehmern stehen insofern wesentlich mehr Rechte zu als beispielsweise freien Mitarbeitern.

In diesem Zusammenhang ist auch die Vermeidung der sogenannten „Scheinselbstständigkeit" zu sehen. Oft wird versucht, einen Beschäftigten als selbstständig einstufen zu lassen, damit der Arbeitgeber für diesen keine Beiträge zur Sozialversicherung abführen muss.

Dazu finden sich Regelungen im Sozialgesetzbuch (SGB), Viertes Buch (IV), gemeinsame Vorschriften für die Sozialversicherung. § 1 Abs. 1 Satz 1 SGB IV bestimmt, dass dieses Gesetz unter anderem für die gesetzliche Kranken-, Unfall- und Rentenversicherung sowie für die soziale Pflegeversicherung gilt. Die Frage, ob eine Beschäftigung oder eine selbstständige Tätigkeit gegeben ist, lässt sich mithilfe des § 7 Abs. 1 Satz 1 SGB IV beantworten. Danach ist Beschäftigung die nichtselbstständige Arbeit, vor allem in einem Arbeitsverhältnis. Anhaltspunkte für eine Beschäftigung sind eine Tätigkeit nach Weisungen und eine Eingliederung in die Arbeitsorganisation des Weisungsgebers, § 7 Abs. 1 Satz 2 SGB IV. Es wird also objektiv beurteilt, ob eine sozialversicherungspflichtige Beschäftigung oder eine selbstständige Tätigkeit vorliegt. Dies hängt nicht von der Definition und damit der Entscheidungsgewalt eines Arbeitgebers bzw. Auftraggebers ab.

Das Gesetz über Teilzeitarbeit und befristete Arbeitsverträge (TzBfG) enthält demgegenüber Regelungen, die der Forderung der ISO 26000, Gelegenheits- sowie Zeitarbeit zu begrenzen, entsprechen. Ziel eines jeden Beschäftigungsverhältnisses soll dessen Dauerhaftigkeit sein. [85] Verhindert werden soll, dass Arbeitnehmer fortwährend eingestellt sowie entlassen werden. Dies ist unter anderem deshalb von Bedeutung, da das KSchG in seinem Anwendungsbereich erst eröffnet ist, wenn ein Arbeitnehmer eine bestimmte Zeit für das Unternehmen gearbeitet hat. Dies könnte durch laufendes Entlassen und Wiedereinstellen unterlaufen werden. Weiterhin stellt die ISO 26000 fest, dass eine sichere Beschäftigung von zentraler Bedeutung für die menschliche Entwicklung ist. Nur durch ein dauerhaft angelegtes Arbeitsverhältnis werde es ermöglicht, sich eine sichere Existenz aufzubauen.

Das TzBfG verfolgt denselben Ansatz. So bestimmt § 14 TzBfG, dass die Befristung einer Beschäftigung nur unter bestimmten Voraussetzungen erlaubt ist. Gemäß § 14 Abs. 1 Satz 1 TzBfG ist dies der Fall, wenn die Befristung durch einen sachlichen Grund gerechtfertigt ist. Ein solcher liegt dann vor, wenn beispielsweise der betriebliche Bedarf an der Arbeitsleistung nur vorübergehend besteht (Saisonarbeit) oder die Befristung zur Erprobung erfolgt, § 14 Abs. 1 Satz 2 Nr. 1 und 5 TzBfG. Der Regelfall soll aber das auf Dauer angelegte Arbeitsverhältnis sein.

Eine weitere Handlungserwartung der ISO 26000 ist es, dass die personenbezogenen Daten von Arbeitnehmern sowie deren Privatsphäre geschützt werden.

Dafür gibt es in der deutschen Gesetzgebung das Bundesdatenschutzgesetz (BDSG). Gemäß § 1 Abs. 1 BDSG ist Ziel des Gesetzes, den Einzelnen davor zu schützen, dass er durch den Umgang mit seinen personenbezogenen Daten in seinem Persönlichkeitsrecht beeinträchtigt wird. Das BDSG gilt auch für die Erhebung, Verarbeitung und Nutzung personenbezogener Daten durch nicht öffentliche Stellen. Dies gilt insoweit, als sie die Daten unter Einsatz von Datenverarbeitungsanlagen verarbeiten, nutzen oder dafür erheben oder die Daten in oder aus nicht automatisierten Dateien verarbeiten, nutzen oder dafür erheben. Eine Ausnahme ist es, wenn die Erhebung, Verarbeitung oder Nutzung der Daten ausschließlich für persönliche oder familiäre Tätigkeiten erfolgt (§ 1 Abs. 2 Nr. 3 BDSG).

Unter den Begriff der nicht öffentlichen Stellen fallen privatwirtschaftliche Unternehmen (§ 2 Abs. 4 Satz 1 BDSG).

Gemäß § 3 Abs. 1 BDSG sind personenbezogene Daten Einzelangaben über persönliche oder sachliche Verhältnisse einer bestimmten oder bestimmbaren natürlichen Person (Betroffener). Diese dürfen nach § 4 Abs. 1 BDSG nur dann erhoben, verarbeitet und genutzt werden, soweit das BDSG oder eine andere Rechtsvorschrift dies erlaubt oder anordnet oder der Betroffene eingewilligt hat. Die Einwilligung ist in § 4a BDSG geregelt und nach Abs. 1 Satz 1 nur wirksam, wenn sie auf der freien Entscheidung des Betroffenen beruht.

§ 32 Abs. 1 Satz 1 BDSG erlaubt die Erhebung, Verarbeitung und Nutzung personenbezogener Daten eines Beschäftigten für Zwecke des Beschäftigungsverhältnisses, wenn dies für die Entscheidung über die Begründung eines Beschäftigungsverhältnisses oder nach Begründung eines solchen für dessen Durchführung oder Beendigung erforderlich ist.

Gemäß § 32 Abs. 1 Satz 2 BDSG dürfen personenbezogene Daten eines Beschäftigten zur Aufdeckung von Straftaten nur dann erhoben, verarbeitet oder genutzt werden, wenn zu dokumentierende tatsächliche Anhaltspunkte den Verdacht begründen, dass der Betroffene im Beschäftigungsverhältnis eine Straftat begangen hat, die Erhebung, Verarbeitung oder Nutzung zur Aufdeckung erforderlich ist und das schutzwürdige Interesse des Beschäftigten an dem Ausschluss der Erhebung, Verarbeitung oder Nutzung nicht überwiegt, vor allem Art und Ausmaß im Hinblick auf den Anlass nicht unverhältnismäßig sind.

Rechte des Betroffenen in diesem Zusammenhang sind unter anderem die Berichtigung, Löschung oder Sperrung der Daten gemäß § 35 BDSG, wenn die dort aufgeführten Voraussetzungen erfüllt sind.

In § 7 BDSG wird dem Betroffenen die Möglichkeit eingeräumt, im Fall einer unzulässigen oder unrichtigen Erhebung, Verarbeitung oder Nutzung seiner personenbezogenen Daten, durch die ihm ein Schaden entsteht, einen Schadenersatzanspruch gegenüber der hierfür verantwortlichen Stelle geltend zu machen.

Im August 2010 wurde vom Bundeskabinett ein weiterer Gesetzentwurf zur Regelung des Beschäftigtendatenschutzes beschlossen. [9] Die Neuerungen sollen das datenrechtliche Schutzniveau verbessern. Die geplanten Änderungen sind jedoch nicht das Ergebnis der Regelungen der ISO 26000. Das macht deutlich, dass die ISO nicht die alleinige Quelle für neue Gesetze darstellt. Es existieren in diesem Bereich bereits allgemeine Rechtsüberzeugungen. Die ISO enthält insofern keine neuen Grundsätze.

Im Zusammenhang mit der Durchsetzung der arbeitsrechtlichen Ansprüche eines Arbeitnehmers steht das Arbeitsgerichtsgesetz (ArbGG), das dem Arbeitnehmer den auch von der ISO 26000 geforderten Zugang zur Justiz gewährleistet. Geregelt werden hier die Voraussetzungen, die beispielsweise bei der Erhebung einer Klage zur Durchsetzung der Ansprüche im Zusammenhang mit dem Arbeitsverhältnis erfüllt werden müssen. Der Arbeitnehmer hat insofern ungehinderten Zugang zu den Arbeitsgerichten und kann seine Ansprüche verfolgen lassen.

Der von der ISO 26000 geforderten Chancengleichheit von Arbeitnehmern bezüglich der Arbeitsbedingungen, die nicht abhängig von beispielsweise dem Geschlecht, der Rasse, der Religion oder dem Alter sein dürfen, trägt das Allgemeine Gleichbehandlungsgesetz Rechnung. Dieses Gesetz stellt klar, dass genau diese Ungleichbehandlung verboten ist. Sowohl bei der Einstellung als auch während der Beschäftigung des Arbeitnehmers dürfen diesem keine Nachteile aus bestimmten, ihm eigenen Eigenschaften entstehen (§ 2 Abs. 1 Nr. 1 und 2 AGG).

Außerdem soll ein Arbeitnehmer gemäß der ISO 26000 angemessen benachrichtigt und rechtzeitige informiert werden, unter anderem im Fall von Vorgängen im Unternehmen, die sich negativ auf sein Beschäftigungsverhältnis auswirken können.

Dies wird beispielsweise in § 613a Bürgerliches Gesetzbuch (BGB) geregelt. Bei einem Übergang des Betriebs auf ein anderes Unternehmen sind die Arbeitnehmer, die gemäß § 613a Abs. 1 Satz 1 BGB mit in das erwerbende Unternehmen übergehen würden, rechtzeitig zu informieren sowie über die Folgen des Betriebsübergangs zu unterrichten (§ 613a Abs. 5 BGB). Es soll ihnen insofern ausreichend Gelegenheit gegeben werden, sich auf die Folgen der geplanten Transaktion einzustellen und ihre weitere Reaktion zu planen. Möglich sind der Widerspruch gegen den Übergang und damit der Verbleib im Unternehmen gemäß § 613a Abs. 6 BGB oder das Absehen von einem Widerspruch und damit der Übergang des Arbeitsverhältnisses auf den neuen Arbeitgeber.

§ 111 Satz 1 BetrVG sieht vor, dass ein Unternehmer in einem Unternehmen mit in der Regel mehr als 20 wahlberechtigten Arbeitnehmern den Betriebsrat über geplante Betriebsänderungen, die wesentliche Nachteile für die Belegschaft oder erhebliche Teile der Belegschaft zur Folge haben können, rechtzeitig umfassend zu unterrichten und die geplanten Betriebsänderungen mit diesem zu beraten hat. Gemäß § 111 Satz 3 Nr. 1 und 3 BetrVG gelten als Betriebsänderungen im Sinne des Satzes 1 unter anderem Einschränkung und Stilllegung des ganzen Betriebs oder von wesentlichen Betriebsteilen oder der Zusammenschluss mit anderen Betrieben oder die Spaltung von Betrieben.

Als Folge der Beratung zwischen Unternehmer und Betriebsrat kann ein Sozialplan erstellt werden, der eine Einigung über den Ausgleich oder die Milderung der wirtschaftlichen Nachteile, die den Arbeitnehmern infolge der geplanten Betriebsänderung entstehen, enthält (§ 112 Abs. 1 Satz 2 BetrVG).

Die deutsche Arbeitsrechtsgesetzgebung stellt also im Bereich der Arbeitsbedingungen eine Vielzahl von Normen zur Verfügung, die mit der ISO 26000 konform sind. Innerhalb des Anwendungsgebiets des deutschen Rechts besteht ein umfassender Schutz für Arbeitnehmer.

Allerdings kann auch hier die Forderung der ISO 26000, keinen Nutzen aus ausbeuterischen Arbeitsbedingungen zu ziehen, die Partner oder Lieferanten im Ausland bieten, nicht vollständig durch die deutschen Gesetze erfüllt werden. Diese liefern keine Handhabe gegen unmenschliche Arbeitspraktiken im Ausland. Inländische Unternehmen sind frei in der Entscheidung, mit solchen Lieferanten Verträge abzuschließen und von deren Vorgehensweise zu profitieren.

Das StGB bestimmt jedoch in § 6 für international geschützte Rechtsgüter, dass das deutsche Strafrecht unabhängig vom Recht des Tatorts auch für bestimmte Taten, die im Ausland begangen wurden, gilt. Dies betrifft beispielsweise den Menschenhandel zum Zweck der Ausbeutung der Arbeitskraft (§ 6 Nr. 4 StGB).

Gemäß § 233 Satz 1 StGB wird mit Freiheitsstrafe von sechs Monaten bis zu zehn Jahren bestraft, wer eine andere Person unter Ausnutzung einer Zwangslage [...] in Sklaverei, Leibeigenschaft oder Schuldknechtschaft oder zur Aufnahme oder Fortsetzung einer Beschäftigung bei ihm oder einem Dritten zu Arbeitsbedingungen bringt, die in einem auffälligen Missverhältnis zu den Arbeitsbedingungen anderer Arbeitnehmerinnen oder Arbeitnehmer stehen, die die gleiche oder eine vergleichbare Tätigkeit ausüben.

Dies bedeutet jedoch kein Verbot für ein Unternehmen – selbst als juristische Person –, nicht von Kinderarbeit oder anderen ausbeuterischen Arbeitsbedingungen zu profitieren. Juristische Personen können sich nicht strafbar machen, sondern nur natürliche Personen. [59] Daher kann es in diesem Zusammenhang höchstens zu einer Strafbarkeit der Vertreter des Unternehmens wegen Beihilfe zum Menschenhandel kommen (§§ 233, 27 StGB in Verbindung mit § 14 StGB (Handeln für einen anderen)).

Die Wahrnehmung gesellschaftlicher Verantwortung durch das Unternehmen als juristische Person, die von der ISO 26000 erwartet wird, könnte durch diese Lücke im deutschen Strafrecht konterkariert werden. Da ein Unternehmen jedoch durch seine Vertreter handelt und diese aufgrund der ihnen drohenden strafrechtlichen Sanktionen von den in den Strafgesetzen geregelten Taten oftmals absehen, führt dies als Konsequenz auch zu der von der ISO 26000 erwarteten Einhaltung der sozialen Verantwortung.

Im Bereich der beschriebenen Menschenrechtsproblematik ist das jedoch nicht der Fall. In der Praxis werden diese Taten nämlich so gut wie nie verfolgt. [46]

Auch außerhalb der Strafgesetzgebung existieren keine Normen, die es einem Unternehmen verbieten, aus den genannten Arbeitsverhältnissen einen Nutzen zu ziehen.

Innerhalb der deutschen Gesetze besteht auch keine Verpflichtung von Unternehmen, bei einer Tätigkeit im Ausland verstärkt Arbeitnehmer des Gastlandes einzustellen bzw. diese auf eine besondere Weise – vor allem in Entwicklungsländern –, beispielsweise im Hinblick auf eine verbesserte berufliche Entwicklung zu fördern.

In diesem Bereich besteht das bereits beschriebene Problem, dass die deutschen Gesetze keinen Einfluss auf ausländische Rechtsräume entfalten können. Tätigkeiten von Unternehmen im Ausland können daher nur schwer kontrolliert werden.

Die ISO 26000 erwartet ebenso, dass Unternehmen Kindern helfen, die zur Arbeit gezwungen wurden, und ihnen Zugang zu Bildungseinrichtungen verschaffen. Auch hierzu besteht keinerlei gesetzliche Verpflichtung. Es handelt sich vielmehr um eine moralische Erwartung der ISO 26000.

Hier bietet die ISO 26000 zahlreiche Anpassungsmöglichkeiten für Organisationen, die sich über die bestehenden Regelungen hinaus engagieren wollen.

Handlungsfeld 2: Arbeitsbedingungen und sozialer Schutz

Auch im Bereich der Arbeitsbedingungen und des sozialen Schutzes gibt es eine Normenvielfalt, die die Einhaltung der entsprechenden Anforderungen der ISO 26000 in großen Teilen gewährleistet.

So finden sich auf dem Gebiet der Arbeitsbedingungen beispielsweise das Gesetz über die Durchführung von Maßnahmen des Arbeitsschutzes zur Verbesserung der Sicherheit und des Gesundheitsschutzes der Beschäftigten bei der Arbeit (ArbSchG), das Arbeitszeitgesetz (ArbZG) sowie das Mindesturlaubsgesetz für Arbeitnehmer (BUrlG).

Das ArbSchG legt die Pflichten des Arbeitgebers fest, die dieser zum Schutz seiner Arbeitnehmer vor Unfällen bei der Arbeit sowie allgemein vor Gesundheitsgefahren erfüllen muss. Auch die ISO 26000 verlangt von Unternehmen, dass sie ihren Arbeitnehmern Arbeitsbedingungen bieten, die nicht gesundheitsgefährdend sind.

Das ArbZG bestimmt dagegen, wie die Arbeitszeiten von Arbeitnehmern ausgestaltet sein dürfen. So regeln die §§ 3 ff. ArbZG die zulässige Höchstarbeitszeit, die Voraussetzungen für Sonntags- und Nachtarbeit sowie die zu gewährenden Ruhepausen.

Weiterhin zu erwähnen ist das Schwarzarbeitsbekämpfungsgesetz. Dessen Zweck ist es, dafür zu sorgen, dass für jeden Arbeitnehmer ordnungsgemäß Kranken-, Unfall- sowie weitere Sozialversicherungen abgeschlossen werden, um diesen beispielsweise bei Eintritt eines Unfalls sozial abzusichern.

Die genannten Gesetze enthalten Buß- und Strafgeldvorschriften, die die Einhaltung der gesetzlichen Regelungen gewährleisten sollen. Auch hier wird dem Rechtsstaatlichkeitsprinzip der ISO 26000 Genüge getan. Ohne die Androhung von Sanktionen bestünde oft die Gefahr von Zuwiderhandlungen auf Kosten der zu schützenden Arbeitnehmer.

Das Bundesurlaubsgesetz schreibt generell fest, dass jeder Arbeitnehmer einen Anspruch auf eine bestimmte Anzahl von Urlaubstagen im Jahr hat. § 13 BUrlG bestimmt für die zwischen den Tarifvertragsparteien ausgehandelten Tarifverträge, dass in diesen zumindest der generelle Anspruch auf Urlaub sowie dessen Mindestdauer nicht ausgeschlossen werden dürfen.

Das Gesetz zum Schutz der erwerbstätigen Mutter (MuSchG) bezweckt den Schutz der werdenden Mutter. Dies bezieht sich zum einen auf die Arbeitsbedingungen, die so ausgestaltet sein müssen, dass für Mutter und Kind keinerlei Gefahren bestehen. Zum anderen legt es fest, dass einer Arbeitnehmerin nicht deswegen gekündigt werden darf, weil sie schwanger ist. Dies ist Ausdruck des sozialen Schutzes, den sowohl die ISO 26000 verlangt als auch das deutsche Gesetz sicherstellt.

In denselben Bereich fällt das Gesetz über die Zahlung des Arbeitsentgelts an Feiertagen und im Krankheitsfall (EntgeltFG) . Dieses bestimmt unter anderem, dass ein Arbeitnehmer im Krankheitsfall eine sechswöchige Lohnfortzahlung von seinem Arbeitgeber erhält (§ 3 Abs. 1 EntgeltFG). Kein Mensch soll in seiner Existenz bedroht werden, weil er arbeitsunfähig erkrankt ist.

Der Forderung der ISO 26000 nach gleicher Bezahlung für Männer und Frauen bei gleicher Leistung wird durch das AGG entsprochen. § 2 Abs. 1 Nr. 2 AGG verbietet Benachteiligungen aus Gründen des Geschlechts unter anderem bei der Bemessung des Arbeitsentgelts.

Weiterhin gewährleistet das Gesetz zum Elterngeld und zur Elternzeit (BEEG), dass einem Arbeitnehmer, der in Elternzeit geht, ab dem Zeitpunkt, von dem an er Elternzeit verlangt hat – höchstens jedoch acht Wochen vor dem Beginn der Elternzeit –, und während der Elternzeit nicht gekündigt werden darf (§ 18 Abs. 1 Satz 1 BEEG). Dies ist nur in besonderen Fällen und nur ausnahmsweise zulässig (§ 18 Abs. 1 Satz 2 BEEG), wobei eine Zulässigkeitserklärung von der für den Arbeitsschutz zuständigen obersten Landesbehörde oder der von ihr bestimmten Stelle erforderlich ist (§ 18 Abs. 1 Satz 3 BEEG).

Der Einhaltung nationaler oder religiöser Traditionen und Bräuche, die eine weitere Handlungserwartung der ISO 26000 an Unternehmen darstellt, wird durch die §§ 9 ff. ArbZG Genüge getan. Diese regeln die Sonn- und Feiertagsruhe von Arbeitnehmern.

§ 9 Abs. 1 ArbZG bestimmt, dass Arbeitnehmer an Sonn- und gesetzlichen Feiertagen von 0 bis 24 Uhr nicht beschäftigt werden dürfen. Die weiteren Vorschriften lassen Ausnahmen zu. Jedoch muss für diese Sonn- und Feiertagsarbeit gemäß § 11 ArbZG ein Ausgleich geschaffen werden.

Handlungsfeld 3: Sozialer Dialog

Der soziale Dialog zwischen Unternehmen und Arbeitnehmern wird hierzulande durch verschiedene Normen sichergestellt.

Verfassungsrechtlich garantiert ist das Recht auf Vereinigungsfreiheit gemäß Art. 9 Abs. 3 GG. Dieses beinhaltet für Arbeitnehmer die Möglichkeit, Gewerkschaften zu bilden, die ihre Interessen gegenüber den Arbeitgebern vertreten.

Auf der einzelgesetzlichen Ebene finden sich Gesetze wie das Tarifvertragsgesetz (TVG), das MitbestG und das Betriebsverfassungsgesetz (BetrVG). Das TVG regelt das Verhältnis der Tarifvertragsparteien untereinander sowie die im Rahmen von Tarifverträgen regelbaren Gebiete. Durch die Möglichkeit, Gewerkschaften zu bilden, können die Arbeitnehmer ihre Interessen mit genügendem Gewicht gegenüber den Unternehmen durchsetzen. Dies stellt den sozialen Dialog erst sicher. Ansonsten wären die Arbeitnehmer aufgrund der wirtschaftlichen Übermacht der Unternehmen unterlegen und es läge keine ausgewogene Chancenverteilung vor.

Das MitbestG ermöglicht es Arbeitnehmern, von ihnen ausgewählte Vertreter in den Aufsichtsrat zu entsenden. Durch die Teilhabe am Aufsichtsorgan des

Unternehmens bietet sich ein Rahmen für einen Dialog mit der Organisationsleitung. Mit dieser können Arbeitnehmerbelange erörtert und es kann darauf hingewirkt werden, diese Belange zumindest in gewissem Maße durchzusetzen.

Das BetrVG regelt in § 1 Abs. 1, dass in Betrieben mit in der Regel mindestens fünf ständigen wahlberechtigten Arbeitnehmern, von denen drei wählbar sind, Betriebsräte gewählt werden. Diese vertreten die Interessen der Arbeitnehmer im Betrieb. So gibt es Mitbestimmungsrechte des Betriebsrats beispielsweise bei Fragen der betrieblichen Lohngestaltung (§ 87 Abs. 1 Nr. 10 BertrVG). Auch der Arbeitnehmer selbst hat in betrieblichen Angelegenheiten, die seine Person betreffen, ein Anhörungs- und Erörterungsrecht gemäß § 82 BetrVG sowie ein Beschwerderecht nach § 84 BetrVG, wenn er sich vom Arbeitgeber oder von Arbeitnehmern benachteiligt oder ungerecht behandelt oder in sonstiger Weise beeinträchtigt fühlt.

Diese Normen ermöglichen es den Arbeitnehmern, ihre Interessen und Ansprüche gegenüber dem Unternehmen zu artikulieren und durchzusetzen. Es findet ein sozialer Dialog statt, der so auch von der ISO 26000 verlangt wird.

Handlungsfeld 4: Gesundheit und Sicherheit am Arbeitsplatz

Im Rahmen des Handlungsfelds Gesundheit und Sicherheit am Arbeitsplatz kann auf die im Handlungsfeld Arbeitsbedingungen und sozialer Schutz beschriebenen Gesetze des ArbSchG sowie des MuSchG verwiesen werden.

Wie in den anderen Handlungsfeldern besteht auch im Bereich Gesundheit und Sicherheit am Arbeitsplatz eine enge Regelungsdichte. Neben Vorschriften, die sich mit Gefahren für Leib und Leben befassen, gibt es Normen, die psychosoziale Beeinträchtigungen für Arbeitnehmer behandeln.

Weiterhin gibt es die Verordnung über Sicherheit und Gesundheitsschutz bei der Bereitstellung von Arbeitsmitteln und deren Benutzung bei der Arbeit, über Sicherheit beim Betrieb überwachungsbedürftiger Anlagen und über die Organisation des betrieblichen Arbeitsschutzes (Betriebssicherheitsverordnung – BetrSichV). Diese gilt gemäß § 1 Abs. 1 BetrSichV für die Bereitstellung von Arbeitsmitteln durch Arbeitgeber sowie für die Benutzung von Arbeitsmitteln durch Beschäftigte bei der Arbeit.

Das ArbSchG dient dazu, Sicherheit und Gesundheitsschutz der Beschäftigten bei der Arbeit durch Maßnahmen des Arbeitsschutzes zu gewährleisten und zu verbessern (§ 1 Satz 1 ArbSchG). Nach § 3 Abs. 1 Satz 1 und 2 ArbSchG hat der Arbeitgeber die Verpflichtung, die erforderlichen Maßnahmen des Arbeitsschutzes unter Berücksichtigung der Umstände zu treffen, die Sicherheit und Gesundheit der Beschäftigten bei der Arbeit beeinflussen. Er muss die Maßnahmen auf ihre Wirksamkeit hin überprüfen und erforderlichenfalls sich ändernden Gegebenheiten anpassen. Den Beschäftigten dürfen für diese Maßnahmen jedoch keine Kosten durch den Arbeitgeber auferlegt werden (§ 3 Abs. 3 ArbSchG).

Gemäß § 5 Abs. 1 ArbSchG in Verbindung mit § 3 Abs. 1 Satz 1 BetrSichV hat der Arbeitgeber die für seine Beschäftigten mit der Arbeit verbundenen Gefahren zu beurteilen sowie die geeigneten Schutzmaßnahmen zu ermitteln.

Eine Unterrichtungs- und Unterweisungspflicht des Arbeitgebers gegenüber den Arbeitnehmern bezüglich der Gefahren im Zusammenhang mit den von ihnen ausgeübten Tätigkeiten statuiert § 9 Abs. 2 Satz 1 ArbSchG für den Bereich der besonderen Gefahren sowie § 12 ArbSchG.

Den Forderungen der ISO 26000, dass Sicherheitsvorfälle an die zuständigen Behörden gemeldet sowie aufgezeichnet und untersucht werden sollen, wird durch die §§ 18 BetrSichV (Unfall- und Schadensanzeige) sowie 6 Abs. 2 ArbSchG (Dokumentation) entsprochen.

Weiterhin regelt § 17 Abs. 1 Satz 1 ArbSchG, dass die Beschäftigten das Recht haben, dem Arbeitgeber Vorschläge zu allen Fragen der Sicherheit und des Gesundheitsschutzes bei der Arbeit zu machen. Damit wird die Forderung der ISO 26000 nach einer Beteiligung der Arbeitnehmer an Gesundheits- und Sicherheitsentscheidungen erfüllt.

Beschweren sich die Arbeitnehmer bei ihrem Arbeitgeber über ihrer Ansicht nach unzureichende Sicherheitsmaßnahmen und hilft der Arbeitgeber diesen Beschwerden nicht ab, können die Arbeitnehmer sich an die zuständige Behörde wenden (§ 17 Abs. 2 Satz 1 ArbSchG). Gemäß § 17 Abs. 2 Satz 2 ArbSchG dürfen den Arbeitnehmern hieraus keine Nachteile entstehen.

Die ISO 26000 verlangt außerdem Maßnahmen, die auch Vorgänge wie Mobbing am Arbeitsplatz verhindern.

Dazu existieren im Rahmen der deutschen Gesetze verschiedene Normen.

Das Recht auf Schutz gegen Mobbing lässt sich nur ganz allgemein den Grundrechten entnehmen. Zu nennen wären hier Art. 1 Abs. 1 Satz 1 GG („Die Würde des Menschen ist unantastbar"), Art. 2 Abs. 1 GG (Allgemeines Persönlichkeitsrecht) sowie Art. 3 GG (Diskriminierungsverbot).

Im Rahmen der Strafgesetze gibt es keine Vorschrift, die Mobbing als solches unter Strafe stellt. Erfasst werden können nur einzelne Mobbinghandlungen, die einem entsprechenden Strafgesetz unterliegen.

So kann es sich beispielsweise um eine Körperverletzung gemäß § 223 StGB handeln. Dabei ist nach § 223 Abs. 1 Satz 1 StGB eine Gesundheitsschädigung Voraussetzung. Darunter versteht man das Hervorrufen oder Steigern eines auch nur vorübergehenden Zustands. [45] Die reine Berührung des seelischen Wohlbefindens stellt grundsätzlich noch keine Gesundheitsschädigung dar. Diese ist erst dann gegeben, wenn der ausgelöste Zustand ein somatisch objektivierbarer ist, das heißt wenn er sich körperlich auswirkt. [89] Hier bestehen aber grundsätzlich Probleme hinsichtlich der Nachweisbarkeit der körperlichen Auswirkungen, weshalb eine Verfolgung nur sehr schwer durchzusetzen sein wird.

Weiterhin können die Tatbestände der Beleidigung (§185 StGB), der Verleumdung (§187 StGB) sowie der Nötigung (§ 240 StGB) erfüllt sein.

§ 3 Abs. 3 AGG behandelt Belästigungen. Eine Belästigung ist eine Benachteiligung, wenn unerwünschte Verhaltensweisen, die mit einem in § 1 AGG genannten Grund in Zusammenhang stehen, bezwecken oder bewirken, dass die Würde der betreffenden Person verletzt und ein von Einschüchterungen, Anfeindungen, Erniedrigungen, Entwürdigungen oder Beleidigungen gekennzeichnetes Umfeld geschaffen wird.

Unter diese Definition fällt auch der Begriff des Mobbings, soweit dieses auf der Rasse, der ethnischen Herkunft, dem Geschlecht, der Religion oder Weltanschauung, einer Behinderung, dem Alter oder der sexuellen Identität beruht. [2] Das Bundesarbeitsgericht (BAG) hat entschieden, dass ein Fall von Mobbing aber auch dann vorliegen soll, wenn eine Belästigung im Sinne des § 3 Abs. 3 AGG gegeben ist, die nicht auf den genannten Gründen beruht. [3] Verstoßen Beschäftigte gegen das Benachteiligungsverbot des § 7 Abs. 1 AGG, liegt also eine Belästigung im Sinne des § 3 Abs. 3 AGG vor, hat der Arbeitgeber die im Einzelfall geeigneten, erforderlichen und angemessenen Maßnahmen zur Unterbindung der Benachteiligung wie Abmahnung, Umsetzung, Versetzung oder Kündigung zu ergreifen (§ 12 Abs. 3 AGG). Dies gilt analog auch in dem Fall, in dem die Ursache der Belästigung nicht in einem der in § 1 AGG aufgeführten Gründe liegt. [5] Im ArbSchG besteht mit § 2 Abs. 1 eine Norm, die als Verpflichtung des Arbeitgebers zur Vermeidung von Mobbing ausgelegt werden könnte. Danach sind Maßnahmen des Arbeitsschutzes im Sinne des ArbSchG Maßnahmen zur Verhütung von Unfällen bei der Arbeit und arbeitsbedingten Gesundheitsgefahren, einschließlich Maßnahmen der menschengerechten Gestaltung der Arbeit. Vor allem die Verpflichtung der menschengerechten Gestaltung der Arbeit beinhaltet die Achtung der Menschenwürde der Arbeitnehmer sowie die Gewährleistung ihrer geistig-seelischen Gesundheit. [103]

Weiterhin verlangt § 75 Abs. 1 Satz 1 BetrVG, dass Arbeitgeber und Betriebsrat darüber zu wachen haben, dass alle im Betrieb tätigen Personen nach den Grundsätzen von Recht und Billigkeit behandelt werden. Arbeitgeber und Betriebsrat haben die freie Entfaltung der Persönlichkeit der im Betrieb beschäftigten Arbeitnehmer zu schützen und zu fördern (§ 75 Abs. 2 Satz 1 BetrVG). Auch hieraus könnte man eine Verpflichtung des Arbeitgebers, seine Arbeitnehmer vor Mobbing zu schützen, entnehmen.

Darüber hinaus wird Mobbing als eine Beeinträchtigung schwerer Art, die ein Beschwerderecht gemäß § 84 BetrVG eröffnet, angesehen. [129]

Letztlich kann auch aus der sich aus § 242 BGB (Leistung nach Treu und Glauben) ergebenden Fürsorgepflicht des Arbeitgebers eine Pflicht zur Vermeidung von Mobbing abgeleitet werden. Der Arbeitgeber muss das Persönlichkeitsrecht des Arbeitnehmers schützen. Es obliegt ihm daher, seine Mitarbeiter vor Belästigungen durch Vorgesetzte, andere Arbeitnehmer oder Dritte, auf die er Einfluss nehmen kann, zu bewahren. [4] Die genannten Vorschriften erfüllen die Erwartungen, die die ISO 26000 an den Arbeitsschutz stellt. In diesem Bereich erfüllt die deutsche Gesetzgebung die Anforderungen nahezu lückenlos, sodass für Unternehmen so gut wie kein Anpassungsbedarf besteht.

Handlungsfeld 5: Entwicklung und Schulung am Arbeitsplatz

Die ISO 26000 fordert, dass Arbeitnehmer/Arbeiter durch Programme der Arbeitgeber beschäftigungsfähig gehalten werden. Dies bedeutet, dass sie die Möglichkeit zu Aus- und Fortbildung haben.

§ 1 Abs. 1 des Berufsbildungsgesetzes (BBiG) definiert Berufsbildung im Sinne des BBiG als die Berufsausbildungsvorbereitung, die Berufsausbildung, die berufliche Fortbildung und die berufliche Umschulung.

Exemplarisch herausgegriffen werden hier jedoch nur die Berufsausbildung sowie die berufliche Fortbildung.

Gemäß § 1 Abs. 3 Satz 1 BBiG hat die Berufsausbildung die für die Ausübung einer qualifizierten beruflichen Tätigkeit in einer sich wandelnden Arbeitswelt notwendigen beruflichen Fertigkeiten, Kenntnisse und Fähigkeiten (berufliche Handlungsfähigkeit) in einem geordneten Ausbildungsgang zu vermitteln. Satz 2 der Norm bestimmt, dass die Berufsausbildung ferner den Erwerb der erforderlichen Berufserfahrungen zu ermöglichen hat.

Weiterhin haben Ausbildende gemäß § 14 Abs. 1 Nr. 1 BBiG unter anderem dafür zu sorgen, dass den Auszubildenden die berufliche Handlungsfähigkeit vermittelt wird, die zum Erreichen des Ausbildungsziels erforderlich ist.

Unternehmen haben damit die Verpflichtung, die Auszubildenden derart zu qualifizieren, dass diese den Anforderungen des jeweiligen Berufs genügen.

Diese Anforderungen können in sogenannten „Ausbildungsordnungen" gemäß § 5 BBiG geregelt werden. Eine solche Ausbildungsordnung hat unter anderem die beruflichen Fertigkeiten, Kenntnisse und Fähigkeiten, die mindestens Gegenstand der Berufsausbildung sind (Ausbildungsberufsbild), sowie eine Anleitung zur sachlichen und zeitlichen Gliederung der Vermittlung der beruflichen Fertigkeiten, Kenntnisse und Fähigkeiten (Ausbildungsrahmenplan) festzulegen (§ 5 Abs. 1 Nr. 3 und 4 BBiG).

Bezüglich der Fortbildung von Arbeitnehmern enthält das BBiG jedoch keine Regelungen, die den materiellen Gehalt der Fortbildung betreffen, sondern lediglich Normen, die beispielsweise Fortbildungsordnungen und -prüfungen regeln.

Dafür bestehen mit den §§ 96 ff. BetrVG Vorschriften, die die berufliche Bildung von Arbeitnehmern behandeln. Gemäß § 96 Abs. 1 Satz 1 BetrVG haben Arbeitgeber und Betriebsrat im Rahmen der betrieblichen Personalplanung und in Zusammenarbeit mit den für die Berufsbildung und den für die Förderung der Berufsbildung zuständigen Stellen die Berufsbildung der Arbeitnehmer zu fördern. Weiterhin muss darauf geachtet werden, dass Arbeitnehmer die Möglichkeit zur Teilnahme an betrieblichen und außerbetrieblichen Maßnahmen der Berufsbildung haben, (§ 96 Abs. 2 Satz 1 BetrVG). Dabei sind auch die Belange älterer Arbeitnehmer, Teilzeitbeschäftigter und der Arbeitnehmer mit Familienpflichten zu berücksichtigen (§ 96 Abs. 2 Satz 2 BetrVG).

Hier besteht also eine Pflicht des Arbeitgebers, die berufliche Bildung der Arbeitnehmer zu fördern. Durch die ausdrückliche Erwähnung der Belange von beispielsweise älteren Arbeitnehmern soll eine diskriminierungsfreie Förderung gewährleistet werden. Dies erwartet auch die ISO 26000.

Zur Herstellung eines Ausgleichs zwischen Arbeits- und Privatleben bestimmt zum einen das ArbZG in § 3 Satz 1, dass die werktägliche Arbeitszeit der Arbeitnehmer acht Stunden nicht überschreiten darf. Unter bestimmten eingeschränkten Voraussetzungen kann diese auf zehn Stunden erhöht werden (§ 3 Satz 2 ArbZG).

Zum anderen bietet das BEEG für Eltern die Möglichkeit, Elternzeit zu nehmen (§§ 15 ff. BEEG) und so einen Ausgleich der Familienpflichten zu ermöglichen, wie von der ISO 26000 erwartet.

Eine gesetzliche Verpflichtung, sogenannte „Arbeitsmanagementprogramme", die die Gesundheit und das Wohlergehen der Arbeitnehmer fördern, aufzustellen, wie die ISO 26000 es verlangt, existiert zwar nicht. Jedoch ist fraglich, ob dies aufgrund der Fülle von Gesetzen in diesem Bereich nötig ist.

Fazit

Die deutsche Arbeitsrechtsgesetzgebung deckt die Forderungen und Handlungserwartungen der ISO 26000 weitgehend ab.

Wie aufgezeigt, existieren für jedes Handlungsfeld zahlreiche Gesetze, die dem Schutz und der Entwicklung der Arbeitnehmer dienen. Daran sowie an deren detaillierter Ausgestaltung kann man sehr schnell erkennen, dass der Arbeitnehmerschutz in Deutschland eines der höchsten Rechtsgüter darstellt. Auch im Grundgesetz wird dies an mehreren Stellen deutlich (unter anderem Art. 2 und 9).

Mit der Einhaltung der Arbeitsgesetze besteht daher für Unternehmen beim Kernthema „Arbeitsbedingungen" kaum Anpassungsbedarf an die Aussagen der ISO 26000.

Gesetzlich nicht geregelt ist jedoch, wie Unternehmen im Bereich der Arbeitsbedingungen mit ihren Lieferanten umzugehen haben. So wird keiner Organisation vorgeschrieben, dass sie beispielsweise nur mit Lieferanten zusammenarbeiten darf, die ihre Arbeitnehmer im Sinne der Grundsätze der ISO 26000 behandeln. Auch hier besteht die bereits beschriebene Vertragsfreiheit. Daher ist es Unternehmen nicht verboten, Produkte zu beziehen, die von ihren Zulieferern unter ausbeuterischen Arbeitsbedingungen oder durch Kinderarbeit hergestellt werden. Hier besteht Regelungsbedarf, da immer wieder Fälle großer Unterneh-

Beispiel:

Hennes & Mauritz (H&M), Stockholm, Schweden

Im November 2007 berichtete das schwedische Fernsehen über Kinderarbeit bei der Baumwollproduktion in Usbekistan. Diese Baumwolle wurde auch von Produzenten des Bekleidungskonzerns Hennes & Mauritz gekauft und weiterverarbeitet. Der TV-Bericht bezichtigte H&M, von der Kinderarbeit zu profitieren. Der Modekonzern ließe einen großen Teil seiner Ware in Bangladesch herstellen, zwei der dort für H&M tätigen Nähereien bezögen ihre Baumwolle in Usbekistan. [102]

In Usbekistan würden dem Bericht zufolge jedes Jahr rund 450.000 Kinder, meist zwischen 7 und 14 Jahren, gezwungen, unter menschenunwürdigen Bedingungen Baumwolle zu ernten. Der zentralasiatische Staat gehört zu den Haupterzeugern und weltweit größten Exporteuren dieses Rohstoffs. Die überwiegend in staatlicher Hand befindliche Baumwollproduktion macht einen wesentlichen Teil der Deviseneinnahmen des Landes aus. 90 Prozent der Baumwolle wird dort von Hand gepflückt. [102]

Hennes & Mauritz bestätigte, dass eine der im Fernsehbericht genannten Nähereien für den Konzern produziere. Dabei betonte die Konzernleitung, dass H&M keine Kinderarbeit dulde. [55] Das Unternehmen wies jedoch darauf hin, dass es zu den Baumwollherstellern keine eigenen Geschäftsbeziehungen habe. „Unsere direkten Zulieferer, [...] müssen in unseren Verhaltenskodex einwilligen, der auf den UN-Konventionen für die Rechte von Kindern und den ILO-Konventionen für Arbeitsbedingungen und -rechte basiert", rechtfertigt eine Unternehmenssprecherin. H&M sorge durch weltweite Kontrollen dafür, dass die Einhaltung der Regeln bei den Herstellern gewährleistet werde. „Unser Einfluss reicht aber nur bis zu unseren eigenen Lieferanten. Mit den Baumwollfarmern selbst haben wir keine Geschäftsbeziehung. Die bräuchten wir aber, um Forderungen an sie zu stellen." Meistens habe das Unternehmen nicht einmal die Möglichkeit, herauszufinden, woher die Baumwolle überhaupt stamme, gab der Modekonzern zu bedenken. [102] [55]

Als Konsequenz auf die Vorwürfe verlange das schwedische Unternehmen nun von seinen Baumwollankäufern und Spinnereien, keine Baumwolle mehr zu verwenden, die unter Einsatz von Kinderarbeit gepflückt werde. Wo die Herkunft nicht eindeutig festgestellt werden könne, sollten die Zulieferer auf andere Lieferanten zurückgreifen. Laut Aussage des Konzerns richten sich die Bemühungen vor allem auf ihre Fabrikanten in Bangladesch, da ein Großteil der dort verwendeten Baumwolle aus Usbekistan stammt. [54] Auf internationalen Druck der Bekleidungsindustrie, erließ Usbekistan 2008 ein Verbot, Kinder auf den Baumwollfeldern einzusetzen. Beobachtern zufolge kommt es aber weiterhin in weiten Teilen des Landes zum Einsatz von Kindern bei der Ernte. Deshalb vermeide H&M die Verwendung von Baumwolle usbekischer Herkunft für seine Kleidungsstücke, solange dort Kinder zur Baumwollernte gezwungen würden. [55] [138] [54]

Laut eigener Aussage arbeitet H&M an Methoden, den Ursprung der Baumwolle nachzuverfolgen und auf Basis dieser Erkenntnisse seine Lieferantenauswahl zu treffen. Bis spätestens zum Jahr 2020 solle sämtliche für den Konzern verarbeitete Baumwolle aus nachhaltigen Quellen stammen. [54] Der Konzern steigerte den Verbrauch von Bio-Baumwolle von 1.300 Tonnen in 2007 auf 3.000 Tonnen in 2008; Ziel des Unternehmens sei es, im Jahr 2013 15.000 Tonnen zu erreichen. H&M gehört zudem der Führungsgruppe der „Better Cotton Initiative" (BCI) an, einer Initiative, die sich für eine nachhaltigere Baumwollproduktion einsetzt. [34]

men bekannt werden, die sich zwar im Inland an die Gesetzgebung halten, jedoch im Ausland bei der Fertigung selbst oder bei Lieferanten auf den Prinzipien der ISO 26000 widersprechende Arbeitsbedingungen setzen. Wie bereits beschrieben, kann lediglich eine Strafbarkeit der vertretungsberechtigten Organe des Unternehmens infrage kommen.

4.1.4 Die Umwelt

Auch im Bereich des Kernthemas „Umwelt" verfügt das deutsche Recht über eine Vielzahl von Gesetzen zu den unterschiedlichsten für die Umwelt relevanten Aspekten. Außerdem bestehen zahlreiche Initiativen, die beispielsweise spezielle Prüfsiegel für Unternehmen anbieten, die bestimmte Umweltstandards einhalten. Darauf wird im Rahmen der privaten Selbstverpflichtungen noch näher eingegangen.

Nachfolgend werden die einzelnen Handlungsfelder dieses Kernthemas untersucht, ob sie und die ihnen zuzuordnenden Prinzipien eine Entsprechung in deutschen Gesetzen finden.

Handlungsfeld 1: Verhütung der Umweltbelastung

Bei der Verhütung von Umweltbelastungen zählt die ISO 26000 exemplarisch die Bereiche Luftemissionen, Einleitungen in das Wasser, Abfall, Freisetzung giftiger und gefährlicher Chemikalien sowie ganz allgemein weitere erkennbare Belastungsformen auf.

Bei der Verhütung der Umweltbelastung besteht sehr wenig Raum für Anpassungen an die ISO 26000. Dem Umweltschutz wird in Deutschland ein sehr hoher Stellenwert beigemessen, was sich durch eine Reihe von Gesetzen zeigt.

Luftemissionen

In der deutschen Umweltgesetzgebung befassen sich in erster Linie das Gesetz zum Schutz vor schädlichen Umwelteinwirkungen durch Luftverunreinigungen, Geräusche, Erschütterungen und ähnliche Vorgänge (BImSchG) sowie die dazugehörigen Bundesimmissionsschutzverordnungen (BImSchV) mit dem Umgang mit schädlichen Emissionen sowie Immissionen.

§ 1 Abs. 1 BImSchG bestimmt den Zweck des Gesetzes dahin gehend, dass Menschen, Tiere, Pflanzen, der Boden, das Wasser, die Atmosphäre sowie Kultur- und sonstige Sachgüter vor schädlichen Umwelteinwirkungen geschützt und dem Entstehen schädlicher Umwelteinwirkungen vorgebeugt werden.

§ 1 Abs. 2 BImSchG spezifiziert diesen Zweck für nach dem Gesetz genehmigungsbedürftige Anlagen hinsichtlich Emissionen in Luft, Wasser und Boden, die vermieden und vermindert werden sollen.

Zur Erreichung dieses Zwecks stellen das BImSchG sowie die auf diesem beruhenden Verordnungen und Verwaltungsvorschriften bestimmte Anforderungen an Unternehmen, die diese zum Zwecke der Luftreinhaltung beachten müssen.

So legen zahlreiche Verordnungen, die auf der Grundlage des § 48a BImSchG erlassen wurden, Grenzwerte für bestimmte Emissionen fest. Zu nennen sind exemplarisch die 28. BImSchV (Verordnung über Emissionsgrenzwerte für Verbrennungsmotoren) sowie die 31. BImSchV (Verordnung zur Begrenzung der Emissionen flüchtiger organischer Verbindungen bei der Verwendung organischer Lösemittel in bestimmten Anlagen).

Außerdem gibt es in der Technischen Anleitung zur Reinhaltung der Luft (TA Luft) Vorschriften, die die zuständigen Behörden bei der Entscheidung über die Genehmigung von Industrieanlagen zu beachten haben.

Zweck der TA Luft ist der Schutz der Allgemeinheit und der Nachbarschaft vor schädlichen Umwelteinwirkungen durch Luftverschmutzungen und die Vorsorge gegen schädliche Umwelteinwirkungen durch solche Verschmutzungen. Sie stellt Anforderungen an Anlagen, die zur Vermeidung von Luftverunreinigungen beitragen sollen. Immissions- und Emissionsgrenzwerte werden bestimmt sowie Auflagen geregelt, die von den Anlagenbetreibern eingehalten werden müssen.

Grundsätzlich regelt das BImSchG die Anforderungen an die Zulassung genehmigungsbedürftiger Anlagen und die Pflichten, die die Anlagenbetreiber beim Betrieb zu erfüllen haben. Außerdem normiert sie im Bereich der Luftreinhaltung gemäß §§ 26 ff. BImSchG Regelungen zur Feststellung sowie zur Überprüfung von Immissionen und Emissionen. Die §§ 44 ff. BImSchG enthalten Vorschriften zur Überwachung und Verbesserung der Luftqualität und zur Luftreinhalteplanung.

Weiterhin schreibt die 11. BImSchV (Verordnung über Emissionserklärungen und Emissionsberichte) vor, dass Betreiber bestimmter genehmigungsbedürftiger Anlagen eine sogenannte „Emissionserklärung“ abgeben müssen (§§ 1 und 3 der 11. BImSchV). Danach sind die Emissionen von Stoffen wie beispielsweise Quecksilber und Cadmium gegenüber der zuständigen Behörde anzugeben (§ 3 Abs. 1 Satz 2, Abs. 3 Satz 1 der 11. BImSchV).

Damit wird der Berichtspflicht hinsichtlich der durch ein Unternehmen verursachten Umweltverschmutzungen, die die ISO 26000 statuiert, entsprochen.

In diesem Zusammenhang erwähnenswert ist auch das Gesetz über den Handel mit Berechtigungen zur Emission von Treibhausgasen (TEHG), das den Handel mit Berechtigungen zur Emission von Treibhausgasen regelt.

Dies alles zeigt, dass der Umgang von Unternehmen mit Luftemissionen im deutschen Recht sehr ausführlich geregelt ist. Der Vermeidung bzw. Verringerung von Luftverunreinigungen wird ein sehr hoher Stellenwert beigemessen.

Einleitungen in das Wasser

Laut ISO 26000 sind bei der Verhütung von Umweltbelastungen auch schädliche Einleitungen in das Wasser durch Unternehmen zu vermeiden. Dies betrifft

Stoffe und Gegenstände jeder Art, die durch wie auch immer geartete Handlungen der Organisation einen Schaden für die Umwelt verursachen können.

In der deutschen Gesetzgebung existieren mit dem Wasserhaushaltsgesetz des Bundes sowie den Wassergesetzen der Länder Normierungen, die sich mit dem Schutz des Wassers befassen.

§ 1a Abs. 1 Satz 1 des Gesetzes zur Ordnung des Wasserhaushalts (WHG) stellt den Grundsatz auf, dass die Gewässer als Bestandteil des Naturhaushalts und als Lebensraum für Tiere und Pflanzen zu sichern sind. Satz 2 spricht in diesem Zusammenhang von einer nachhaltigen Entwicklung.

Die Wassergesetze regeln, auf welche Weise Gewässer genutzt werden dürfen und welche Voraussetzungen dabei zu erfüllen sind. Unternehmen, die für ihre Tätigkeiten auf die Benutzung von Gewässern angewiesen sind, müssen hierzu teilweise Genehmigungen einholen. Dies betrifft beispielweise die Einleitung von Stoffen in Gewässer oder das Entnehmen von Wasser aus oberirdischen Gewässern.

Abfall

Das Gesetz zur Förderung der Kreislaufwirtschaft und Sicherung der umweltverträglichen Beseitigung von Abfällen (KrW-/AbfG) beabsichtigt die Förderung der Kreislaufwirtschaft zur Schonung der natürlichen Ressourcen und die Sicherung der umweltverträglichen Beseitigung von Abfällen (§ 1 KrW-/AbfG). Gemäß § 2 Abs. 1 KrW-/AbfG gilt das Gesetz für die Vermeidung, die Verwertung und die Beseitigung von Abfällen.

Das KrW-/AbfG legt Grundsätze und Pflichten der Erzeuger und Betreiber von Abfällen sowie der Entsorgungsträger fest.

Entsprechend der Vorgabe der ISO 26000, die zur Abfallvermeidung auffordert, bestimmt § 4 Abs. 1 KrW-/AbfG, dass Abfälle in erster Linie zu vermeiden sind, vor allem durch die Verminderung ihrer Menge und ihrer Schädlichkeit.

§ 22 KrW-/AbfG regelt die Verantwortung der Unternehmen, die bestimmte Produkte entwickeln, herstellen, be- und verarbeiten oder vertreiben. Produkte sind demnach möglichst so zu gestalten, dass bei ihrer Herstellung und ihrem Gebrauch das Entstehen von Abfällen vermindert wird und die umweltverträgliche Verwertung und Beseitigung der nach ihrem Gebrauch entstandenen Abfälle sichergestellt ist (§ 22 Abs. 1 Satz 2 KrW-/AbfG). Hier wird also ganz klar den Verursachern von Abfällen, also den die Produkte herstellenden Unternehmen, die Verantwortung für die Abfallvermeidung und -beseitigung zugewiesen.

Die gesetzlichen Regelungen stimmen auch in diesem Bereich mit der Aussage der ISO 26000 überein, wonach ein verantwortungsbewusstes Abfallmanagement auf die Vermeidung von Abfällen abzielt.

Freisetzen giftiger und gefährlicher Chemikalien

Zu dieser in der ISO 26000 aufgeführten Belastungsform findet sich in der deutschen Gesetzgebung beispielsweise das Gesetz zum Schutz vor gefährlichen Stoffen, kurz Chemikaliengesetz (ChemG). Gemäß § 1 ChemG zielt es auf den Schutz des Menschen und der Umwelt vor schädlichen Einwirkungen gefährlicher Stoffe und Zubereitungen ab.

Auf der Grundlage des § 17 ChemG wurde beispielsweise die Verordnung über Verbote und Beschränkungen des Inverkehrbringens gefährlicher Stoffe, Zubereitungen und Erzeugnisse nach dem Chemikaliengesetz (ChemVerbotsV) erlassen. Neben den Verboten beinhaltet die Verordnung auch Sanktionsmöglichkeiten bei Verstößen. So stellt es bereits eine Straftat dar, wenn bestimmte Stoffe verordnungswidrig in den Verkehr gebracht werden oder wenn dies zwar erlaubnisfähig ist, jedoch ohne Erlaubnis getan wurde (§ 8 Abs. 1 ChemVerbotsV). Die Strafandrohung richtet sich nach § 27 Abs. 1 Nr. 1 und Abs. 2 bis 4 ChemG (§ 8 Abs. 1 ChemVerbotsV). Danach kann je nach Verschuldensgrad und Handlung eine Freiheitsstrafe zwischen einem und fünf Jahren drohen. Bei bestimmten Handlungen, durch die das Leben, die Gesundheit oder Sachen von bedeutendem Wert gefährdet werden, ist eine Freiheitsstrafe von bis zu fünf Jahren möglich (§ 27 Abs. 2 ChemG). Hier wird auch dem von der ISO aufgestellten Prinzip der Achtung der Rechtsstaatlichkeit entsprochen. Im Fall eines Verstoßes gegen die genannten Vorschriften drohen Sanktionen. Das zwingt zur Einhaltung dieser Normen.

Diese Bestimmungen machen deutlich, für wie essenziell der Gesetzgeber den Schutz von Mensch und Umwelt vor gefährlichen Stoffen hält. Dadurch, dass das höchste Rechtsgut, das menschliche Leben, durch Verstöße gegen die gesetzlichen Vorschriften bedroht sein kann, ergibt sich hier ein besonderer Regelungsbedarf.

Weitere erkennbare Belastungsformen

Bezüglich weiterer schädigender Einwirkungen auf Mensch und Umwelt wie Strahlen- oder Lärmbelastungen finden sich in der bestehenden Gesetzgebung Regelungen wie das Gesetz über die friedliche Verwendung der Kernenergie und den Schutz gegen ihre Gefahren (AtG) sowie wiederum das BImSchG.

Fazit

Im Bereich der Verhütung von Umweltbelastungen existiert in der deutschen Gesetzgebung in allen von der ISO 26000 angesprochenen Gebieten eine Reihe von Vorschriften. Die ISO enthält insofern keine neuen Anforderungen. Die deutsche Umweltgesetzgebung ist sehr umfangreich und bietet der ISO wenig Raum für neue Erkenntnisse bzw. Handlungserwartungen. Hier besteht für Unternehmen kein besonderer Handlungsbedarf im Hinblick auf die Anpassung der eigenen Struktur und der eigenen Abläufe an die Anforderungen der ISO 26000.

Handlungsfeld 2: Nachhaltige Nutzung von Ressourcen

Eine Reihe von Gesetzen behandelt die nachhaltige Nutzung von Ressourcen sowie die Verpflichtung von Unternehmen, nachhaltigen Konsum zu fördern.

Das zweite Handlungsfeld in diesem Bereich beschäftigt sich mit der nachhaltigen Nutzung von Ressourcen. Ein Unternehmen soll die vorhandenen Rohstoffe sowie ganz allgemein die Umwelt in einer Weise nutzen, die schonend und vorausschauend ist.

Mit dem Thema der Nachhaltigkeit im Rahmen der Umweltnutzung befassen sich unter anderem das WHG, die Wassergesetze der Länder, das Gesetz über Naturschutz und Landschaftspflege (BNatSchG), die Naturschutzgesetze der Länder sowie das Gesetz zum Schutz vor schädlichen Bodenveränderungen und zur Sanierung von Altlasten (BBodSchG). Alle diese Gesetze stellen darauf ab, dass es zum Schutz von Mensch, Tier und Umwelt unerlässlich ist, einen nachhaltigen Umgang mit Naturgütern sowie Ressourcen sicherzustellen (beispielsweise § 1 BNatSchG und § 1 WHG, der von einer nachhaltigen Gewässerbewirtschaftung spricht).

Zu diesem Zweck werden Regelungen zur Nutzung der Umwelt aufgestellt, die auch und gerade Unternehmen betreffen, die bei ihrer Tätigkeit Rohstoffe verbrauchen bzw. die Umwelt belasten müssen.

Mit dem Gesetz zur Förderung Erneuerbarer Energien im Wärmebereich (EEWärmeG) werden Eigentümer von Neubauten, die über eine Nutzfläche von mehr als 50 Quadratmetern verfügen und unter Einsatz von Energie beheizt oder gekühlt werden, dazu verpflichtet, den Wärmeenergiebedarf durch die anteilige Nutzung von erneuerbaren Energien zu decken.

Dies bedeutet für Unternehmen, die in den Anwendungsbereich dieses Gesetzes fallen, dass sie dazu verpflichtet sind, zum Zwecke der Energieeffizienz erneuerbare Ressourcen wie Wind- oder Solarkraft zu nutzen.

Eine gesetzliche Regelung dazu, dass ein Unternehmen beim Verbrauch von Rohstoffen auf eine effiziente Nutzung achten muss, kann dem KrW-/AbfG entnommen werden. Gemäß § 1 KrW-/AbfG besteht der Zweck des Gesetzes einerseits in der Sicherung der umweltverträglichen Beseitigung von Abfällen, andererseits aber auch in der Förderung der Kreislaufwirtschaft zur Schonung der natürlichen Ressourcen. Gemäß § 2 Abs. 1 Nr. 1 KrW-/AbfG gelten die Vorschriften dieses Gesetzes auch für die Vermeidung von Abfällen. § 4 Abs. 1 Nr. 1 KrW-/AbfG schreibt vor, dass Abfälle in erster Linie zu vermeiden sind, vor allem – wie bereits erwähnt – durch die Verminderung ihrer Menge und ihrer Schädlichkeit. Die Vermeidung von Abfällen wird aber gerade durch einen sparsamen Umgang mit Ressourcen erreicht.

§ 9 KrW-/AbfG führt aus, dass sich die Pflichten von Betreibern genehmigungsbedürftiger und nicht genehmigungsbedürftiger Anlagen im Hinblick auf die Abfallvermeidung nach dem BImSchG bemisst. Gemäß § 5 Abs. 1 Nr. 3 und 4 BImSchG sind genehmigungsbedürftige Anlagen so zu errichten und zu betreiben, dass zur Gewährleistung eines hohen Schutzniveaus für die Umwelt insgesamt unter anderem Abfälle grundsätzlich vermieden werden sowie Energie sparsam und effizient verwendet wird.

Erwähnenswert ist diesbezüglich auch die Verordnung über die Vermeidung und Verwertung von Verpackungsabfällen (Verpackungsverordnung – VerpackV).

Damit in Zusammenhang steht auch die Erwartung der ISO 26000 nach einer größtmöglichen Verwendung recycelter Materialien.

Das KrW-/AbfG stellt auch die Verpflichtung zur Verwertung von Abfällen auf. Gemäß § 4 Abs. 1 Nr. 2a) und b) KrW-/AbfG sind Abfälle, sofern sie nicht in erster Linie vermieden werden können, in zweiter Linie stofflich zu verwerten oder zur Gewinnung von Energie zu nutzen (energetische Verwertung). Auch § 5 Abs. 1 Satz 1 Nr. 3 BImSchG verpflichtet die Betreiber genehmigungsbedürftiger Anlagen zu einer Verwertung von Abfällen, sofern diese nicht vermieden werden können. Dies bedeutet, dass die Abfälle nicht einfach beseitigt, sondern für andere Zwecke wiederverwertet werden.

In § 22 KrW-/AbfG kann man eine Norm sehen, durch die Unternehmen dazu verpflichtet werden, nachhaltigen Konsum zu fördern. § 22 Abs. 1 Satz 2 KrW-/AbfG bestimmt, dass zur Erfüllung der Produktverantwortung Erzeugnisse möglichst so zu gestalten sind, dass bei ihrer Herstellung und ihrem Gebrauch das Entstehen von Abfällen vermindert wird und die umweltverträgliche Verwertung und Beseitigung der nach ihrem Gebrauch entstandenen Abfälle sichergestellt ist.

Die Forderung der ISO 26000 nach einem Wassermanagement von Unternehmen, die auch anderen Nutzern den Zugang zu einer bestimmten Wasserquelle ermöglichen, wird durch die Wassergesetze erfüllt. Die Nutzung des Wassers ist in vielen Fällen genehmigungsbedürftig, vor allem natürlich die Nutzung durch Unternehmen, da hiermit besondere Gefährdungen für den Wasserhaushalt verbunden sind.

Handlungsfeld 3: Klimaschutz und Anpassung an den Klimawandel

Mit dem Thema Klimaschutz und Anpassung an den Klimawandel befassen sich sowohl die bereits erläuterten Gesetze wie das BImSchG, das TEHG und das EEWärmeG als auch beispielsweise das Gesetz zum Protokoll von Kyoto vom 11. Dezember 1997 zum Rahmenübereinkommen der Vereinten Nationen über Klimaänderungen (KyotoProtG).

Von entscheidender Bedeutung ist das Kyoto-Protokoll. Globale Erwartungen der ISO 26000 wie die, dass Unternehmen bei ihren Entscheidungen zukünftige Klimaprognosen berücksichtigen sollen, sind nicht gesetzlich geregelt. Außerdem gibt es keine gesetzliche Verpflichtung zum Bezug energieeffizienter Produkte.

Das Gesetz für den Vorrang Erneuerbarer Energien (EEG) hat eine nachhaltige Entwicklung der Energieversorgung im Interesse des Klima- und Umweltschutzes sowie die deutliche Erhöhung des Anteils erneuerbarer Energien an der Stromversorgung zum Ziel (§ 1 EEG).

Das KyotoProtG stellt die Ratifizierung des Protokolls von Kyoto durch die Bundesrepublik Deutschland dar. Dadurch besteht eine Bindung der Gesetzesanwender in Deutschland an die Normierungen des Kyoto-Protokolls. Dessen Zweck ist der Klimaschutz. Es legt verbindliche Zielwerte für die Emission von Treibhausgasen in den Industrieländern fest und definiert das Ziel, den CO_2-Ausstoß in Zukunft nach und nach zu reduzieren. [141]

Im deutschen Recht normiert das TEHG den Handel mit Berechtigungen zur Emission von Treibhausgasen (§ 1 TEHG). Unternehmen, die bei ihrer Tätigkeit gezwungen sind, Treibhausgase zu emittieren, können – neben den vom Staat zugeteilten Emissionszertifikaten – von anderen Unternehmen zusätzliche Zertifikate erwerben, falls der von ihnen verursachte CO_2-Ausstoß nicht von den eigenen Rechten gedeckt wird (§§ 6 ff. TEHG).

Der Gesetzgeber schafft damit einen Anreiz für Unternehmen, durch Modernisierung der vorhandenen Technik Energie einzusparen, damit keine zusätzlichen Mittel für den Erwerb der Emissionszertifikate aufgewandt werden müssen.

Dies sind genau die Ziele, die die ISO 26000 im Rahmen des Klimaschutzes aufstellt. Organisationen sollen die von ihnen verursachten Emissionen ermitteln, die Nutzung von herkömmlichen, umweltschädigenden Brennstoffen verringern sowie die Möglichkeit des Emissionshandels nutzen.

Die Klimaschutzgesetzgebung greift damit die Anforderungen der ISO 26000 auf.

Die ISO führt aber auch Erwartungen auf, die nur sehr allgemein beschreiben, was von Unternehmen bei der Anpassung an den Klimawandel erwartet wird. So sollen sie Möglichkeiten identifizieren, um Schäden im Zusammenhang mit dem Klimawandel zu vermeiden, sowie zukünftige Klimaprognosen in ihre Entscheidungsfindung einbeziehen.

Die sehr generell gehaltenen Handlungsanforderungen finden in dieser Art keine Entsprechung in der Gesetzgebung. Grundsätzlich werden Unternehmen in einzelnen Bereichen sehr wohl dazu verpflichtet, auf Energieeffizienz zu achten. Dies betrifft aber nur abgegrenzte Gebiete wie den CO_2-Ausstoß oder die Nutzung von erneuerbaren Energien. Eine gesetzliche Regelung dahin gehend, dass ein Unternehmen dazu verpflichtet ist, bei seinen Entscheidungen ganz allgemein den Klimawandel zu berücksichtigen, existiert jedoch nicht.

Auch müssen nicht durchweg Produkte oder Dienstleistungen bezogen werden, die energieeffizient hergestellt oder angeboten werden.

Hier geht die ISO 26000 über die gesetzlichen Anforderungen hinaus.

Handlungsfeld 4: Schutz und Wiederherstellung natürlicher Lebensräume

Im Rahmen dieses Handlungsfeldes kann auf die bereits erläuterten Gesetze zum Wasserhaushalt sowie zum Natur- und Bodenschutz verwiesen werden. Weiterhin existieren Gesetze zum Tierschutz wie das Tierschutzgesetz (TierSchG) und diverse Verordnungen.

Durch diese Vorschriften wird ein Großteil der von der ISO 26000 in diesem Bereich aufgestellten Handlungserwartungen abgedeckt. So wird sichergestellt, dass bei der Tätigkeit von Unternehmen die daraus resultierenden Belastungen für die Umwelt so gering wie möglich gehalten werden und die Ökosysteme geschützt sind.

Lediglich die Forderung der ISO, bei dem Erwerb von Produkten Lieferanten zu bevorzugen, die bei der Herstellung die Anforderungen von Normen und Zertifizierungssystemen erfüllen, findet keine Entsprechung im Gesetz. Grundsätzlich ist ein Unternehmen nach deutschem Recht nicht verpflichtet, Produkte nur von bestimmten Lieferanten zu beziehen. Dies käme einem Kontrahierungszwang gleich, der der geltenden Vertragsfreiheit widersprechen würde. Zwar gibt es dieses Vorgehen beispielsweise im bereits dargestellten EEWärmeG bezüglich des Bezugs von erneuerbaren Energien. Verallgemeinern und auf alle Bezugsquellen ausdehnen lässt sich ein solcher Vertragszwang jedoch nicht.

Fazit

Aufgrund der Regelungsdichte im Bereich der Umweltgesetzgebung besteht hier für Unternehmen nur geringer Handlungsbedarf, um die eigene Organisation an die Anforderungen der ISO 26000 anzupassen.

Durch die Beachtung der deutschen Umweltgesetzgebung werden die Erwartungen der ISO 26000 größtenteils erfüllt. Lediglich einzelne Handlungsthemen finden keine Entsprechung im Gesetz. Umweltgerechtes Verhalten bedeutet auch ethisches Verhalten.

Durch die Beachtung der bestehenden Gesetze wird sichergestellt, dass die bei jedem Kernthema zu beachtenden Prinzipien im Rahmen der Unternehmenstätigkeit eingehalten werden.

Unternehmen müssen beispielweise bei der Beantragung von Genehmigungen zum Bau bestimmter Anlagen darlegen, wie diese Anlage sich auf die Umwelt auswirken wird. Umweltschädigendes Verhalten wird damit transparent gemacht.

Indem ein Unternehmen die von den Umweltgesetzen vorgeschriebenen Anweisungen einhält, berücksichtigt es auch die Interessen der eigenen Anspruchsgruppen. Da sich umweltschädigendes Verhalten auch negativ auf die Allgemeinheit auswirkt, führt Gesetzeskonformität demgegenüber zu positiven Folgen für die Allgemeinheit.

Auch bedeutet umweltgerechtes Verhalten wiederum ethisches Verhalten, denn es ist als anständig anzusehen, die Lebensgrundlagen für die jetzigen und die zukünftigen Generationen zu bewahren.

Insofern bleibt auch beim Kernthema „Umwelt" nur festzuhalten, dass die ISO kaum Neuerungen enthält. Lediglich die Berücksichtigung globaler Klimaveränderungen bei der Entscheidungsfindung und einzelne, oben beschriebene Handlungserwartungen werden nicht gesetzlich normiert. Wie bereits an anderer Stelle erwähnt, normiert die ISO teilweise sehr unspezifische und globale Ziele, die auf der Ebene der Einzelgesetzgebung aufgrund praktischer Undurchsetzbarkeit nicht kodifizierbar sind. Es handelt sich dabei um eher moralische Ziele, die durch ihre schwere Definierbarkeit nicht geregelt werden.

Dennoch gilt, dass die Zielsetzungen der ISO 26000 in diesem Bereich größtenteils erfüllt werden, wenn Organisationen die bestehenden Gesetze beachten.

Beispiel:

HiPP-Unternehmensgruppe, Pfaffenhofen an der Ilm

Die HiPP-Unternehmensgruppe ist ein Hersteller für Babynahrung. Das Familienunternehmen wurde 1932 gegründet. Ein Vorfahre des Firmengründers Georg Hipp verkaufte bereits 1899 Säuglingsnahrung als Produkt seiner Bäckerei. Seit Mitte der 1950er-Jahre stellt HiPP industriell Babynahrung her und engagiert sich seither für den Umweltschutz. 1964 übernahm Claus Hipp den väterlichen Betrieb. Er ist bis heute zusammen mit seinen Brüdern geschäftsführender Gesellschafter. Auch in der Schweiz ist die Familie Hipp seit 1954 mit der auf biologische Müsli spezialisierten bio-familia AG aktiv.

Das Familienunternehmen verfolgt entlang seiner Wertschöpfungskette ein durchgängiges Nachhaltigkeitsmanagement. Von Beginn der industriellen Fertigung an begann HiPP die Zutaten seiner Kindernahrung auf organisch-biologische Erzeugung umzustellen, zunächst in der familieneigenen Landwirtschaft bei Pfaffenhofen, später bei allen Vertragslandwirten. Derzeit ist ein Netz von mehr als 3.000 Bio-Vertragslandwirten an der Produktion von HiPP-Zutaten beteiligt. 1997 stellte HiPP als erster großer deutscher Lebensmittelproduzent die Energieversorgung komplett auf erneuerbare Energien um.

„Wir nehmen unsere Verantwortung für unsere Mitarbeiter, für die Umwelt und für die Gesellschaft sehr ernst – nicht nur in der Theorie, sondern ganz praktisch in allen Bereichen. Eine Balance zwischen nachhaltiger Nutzung und Schutz der biologischen Vielfalt ist eine der zentralen Aufgaben unseres Unternehmens." [48]

Vom Einkauf über die Produktion bis in den Vertrieb und die Administration finden bei HiPP Nachhaltigkeitsgrundsätze Beachtung. Unter anderem wurde das Unternehmen für sein Energiekonzept 2002 mit dem Energy Globe Award „Weltpreis für Nachhaltigkeit" ausgezeichnet. In den Jahren 2003 und 2004 wurde HiPP außerdem der Deutsche Umwelt Reporting Award verliehen. Der Standort Pfaffenhofen ist seit 2007 CO2-neutral ausgestaltet. Dies brachte dem Unternehmen im Jahr 2008 den Preis für das „umweltfreundlichste Büro Deutschlands" des B.A.U.M. e. V. ein. [1]

Wegen des hohen Liefervolumens werden bei HiPP vor allem im Einkauf die Grundsätze der Nachhaltigkeit umgesetzt. Mit ca. 25.000 Tonnen weltweit ist das Unternehmen einer der größten Verarbeiter von organisch-biologischen Rohstoffen. Durch den Einsatz weitestgehend regional bezogener Rohstoffe und regionaler Partner sowie durch klare Vorschriften für Bioprodukte wird HiPP seinen eigenen Grundsätzen gerecht. Die unternehmensinternen Vorschriften gehen häufig über gesetzliche Vorgaben hinaus. Durch ein hauseigenes Labor wird ihre Einhaltung kontrolliert. HiPP erhielt dafür im Jahr 2009 den Deutschen Nachhaltigkeitspreis in der Kategorie Einkauf. [126]

Als Reaktion auf Diskussionen über den allgemeinen Werteverfall in der Gesellschaft wurde bereits im März 1999 von den geschäftsführenden Gesellschaftern der HiPP-Gruppe ein umfangreiches Ethik-Management-Konzept entwickelt, das bedingt durch die Familienhistorie bewusst in der christlichen Tradition steht. Es wurde in Form einer selbstverpflichtenden Ethik-Erklärung im Unternehmen eingeführt. Daraus wurde eine Ethik-Charta entwickelt, die ein Regelwerk darstellt, das ähnlich dem ISO 26000 Standard umfangreiche Handlungsanweisungen auf Basis des ethischen Selbstverständnisses des Unternehmens gibt. Dabei werden Verhaltensmaßstäbe in Bezug auf Unternehmens- und Mitarbeiterführung, Verhalten am Markt, Unternehmenskultur, Strategieausrichtung und Umweltschutz festgelegt, die für das Unternehmen verbindlich und in der Unternehmenskultur verankert sind.

Die HiPP-Unternehmensgruppe ist ein Vorreiter für nachhaltiges Wirtschaften und verbindet eine lange Unternehmenstradition mit einer modernen Managementphilosophie.

4.1.5 Anständige Handlungsweisen (und Umgangsformen) von Organisationen

Handlungsfeld 1: Antikorruption

Gesetzliche Regelungen existieren vor allem im Strafrecht sowie im Geldwäschegesetz. Es gibt keine gesetzliche Verpflichtung zur Durchführung interner Untersuchungen im Unternehmen.

Das Problem der Korruption wird in der deutschen Gesetzgebung in einer Vielzahl von Gesetzen behandelt.

§ 333 StGB beschäftigt sich mit der sogenannten „Vorteilsgewährung". Gemäß § 333 Abs. 1 StGB wird mit einer Freiheitsstrafe von bis zu drei Jahren oder mit einer Geldstrafe geahndet, wer einem Amtsträger, einem für den öffentlichen Dienst besonders Verpflichteten oder einem Soldaten der Bundeswehr für die Dienstausübung einen Vorteil für diesen oder einen Dritten anbietet, verspricht oder gewährt.

Wer einem Richter oder Schiedsrichter einen Vorteil für diesen oder einen Dritten als Gegenleistung dafür anbietet, verspricht oder gewährt, dass er eine richterliche Handlung vorgenommen hat oder zukünftig vornehme, wird mit einer Freiheitsstrafe von bis zu fünf Jahren oder mit einer Geldstrafe belegt (§ 333 Abs. 2 StGB).

Das StGB enthält weiterhin mit § 334 eine Vorschrift, die die Bestechung unter anderem von Amtsträgern unter Strafe stellt. Danach erhält jemand eine Freiheitsstrafe von grundsätzlich drei Monaten bis zu fünf Jahren, wer einem Amtsträger, einem für den öffentlichen Dienst besonders Verpflichteten oder einem Soldaten der Bundeswehr einen Vorteil für diesen oder einen Dritten als Gegenleistung dafür anbietet, verspricht oder gewährt, dass er eine Diensthandlung vorgenommen hat oder zukünftig vornehme und dadurch seine Dienstpflichten verletzt hat oder verletzen würde (§ 334 Abs. 1 Satz 1 StGB).

§ 334 Abs. 2 Satz 1 StGB bestimmt auch, dass wer einem Richter oder Schiedsrichter einen Vorteil für diesen oder einen Dritten als Gegenleistung dafür anbietet, verspricht oder gewährt, dass er eine richterliche Handlung entweder vorgenommen und dadurch seine richterlichen Pflichten verletzt hat (Nr. 1) oder zukünftig vornehme und dadurch seine richterlichen Pflichten verletzen würde (Nr. 2), in den Fällen der Nummer 1 mit einer Freiheitsstrafe von drei Monaten bis zu fünf Jahren und in den Fällen der Nummer 2 mit einer Freiheitsstrafe von sechs Monaten bis zu fünf Jahren bestraft wird.

Gemäß § 335 Abs. 1 Nr. 1a StGB kann die Freiheitsstrafe auch zwischen einem und zehn Jahren liegen, wenn es um einen besonders schwerer Fall der Bestechung geht. Dies ist nach § 335 Abs. 2 Nr. 1 StGB beispielsweise gegeben, wenn sich die Tat auf einen Vorteil großen Ausmaßes bezieht, oder gemäß § 335 Abs. 2 Nr. 3 StGB, wenn der Täter gewerbsmäßig oder als Mitglied einer Bande handelt, die sich zur fortgesetzten Begehung solcher Taten verbunden hat.

Der Unterschied zwischen § 333 StGB und § 334 StGB liegt bezüglich der Tathandlung gegenüber beispielsweise den Amtsträgern darin, dass im Fall der Bestechung diese für die Vornahme einer konkreten Diensthandlung durchgeführt wird, die Vorteilsgewährung jedoch an die bloße Dienstausübung anknüpft. Bezüglich der Tathandlung gegenüber Richtern besteht der Unterschied darin, dass im Fall der Bestechung zusätzlich eine Verletzung der richterlichen Pflicht vorliegen muss.

Eine weitere Norm beinhaltet § 299 StGB, die die Bestechlichkeit und Bestechung im geschäftlichen Verkehr regelt. Gemäß § 299 Abs. 1 StGB wird mit einer Freiheitsstrafe von bis zu drei Jahren oder mit einer Geldstrafe belegt, wer als Angestellter oder Beauftragter eines geschäftlichen Betriebs im geschäftlichen Verkehr einen Vorteil für sich oder einen Dritten als Gegenleistung dafür fordert, sich versprechen lässt oder annimmt, dass er einen anderen bei dem Bezug von Waren oder gewerblichen Leistungen im Wettbewerb in unlauterer Weise bevorzuge (Bestechlichkeit).

Ebenso wird gemäß § 299 Abs. 2 StGB bestraft, wer im geschäftlichen Verkehr zu Zwecken des Wettbewerbs einem Angestellten oder Beauftragten eines geschäftlichen Betriebs einen Vorteil für diesen oder einen Dritten als Gegenleistung dafür anbietet, verspricht oder gewährt, dass er ihn oder einen anderen bei dem Bezug von Waren oder gewerblichen Leistungen in unlauterer Weise bevorzuge (Bestechung).

Zusätzlich existiert mit § 108e StGB eine Vorschrift, die die Bestechung von Abgeordneten unter Strafe stellt.

Im Zusammenhang mit Fällen der Korruption können unter anderem auch die Straftatbestände der Geldwäsche (§ 261 StGB) sowie der Untreue (§ 266 StGB) erfüllt sein.

§ 261 Abs. 1 Sätze 1 und 2 Nr. 1 und 2a StGB bestimmt, dass mit Freiheitsstrafe von drei Monaten bis zu fünf Jahren bestraft wird, wer einen Gegenstand, der aus einem Verbrechen oder einem Vergehen nach § 334 StGB (Bestechung) herrührt, verbirgt, dessen Herkunft verschleiert oder die Ermittlung der Herkunft, das Auffinden, den Verfall, die Einziehung oder die Sicherstellung eines solchen Gegenstands vereitelt oder gefährdet.

Jedoch betrifft die Strafbarkeit nicht das Unternehmen selbst, das als juristische Person nicht strafbar sein kann, sondern nur die für die Organisation Handelnden (§ 14 StGB).

Das Thema der Geldwäsche wird außerdem im Gesetz über das Aufspüren von Gewinnen aus schweren Straftaten (GwG) behandelt. Diese Regelung dient der Vermeidung und der Aufdeckung von Geldwäsche. Gelder, die aus der Begehung von schweren Straftaten hervorgehen, werden oftmals in legale Projekte investiert, um ihre Herkunft nach und nach zu verschleiern. [60] Zu diesem Zweck bestimmt § 3 Abs. 1 Nr. 1 in Verbindung mit Abs. 2 Nr. 1 GwG die Verpflichtung, bei der Begründung einer Geschäftsbeziehung den Vertragspartner zu identifizieren. Es soll deutlich werden, mit wem die Geschäftsbeziehung eingegangen wird, ob beispielsweise hinter einer Person noch ein oder mehrere Unternehmen stehen.

Einerseits soll es Unternehmen erschwert werden, die aus schweren Straftaten stammenden Gelder zu legalisieren. Wenn sie befürchten müssen, dass bei der Anbahnung legaler Geschäfte im Rahmen der Überprüfung aufgedeckt wird, dass das von ihnen als Investition geplante Geld aus Straftaten stammt, besteht eine große Wahrscheinlichkeit dafür, dass zumindest ein gewisser Prozentsatz dieser Taten sowie der Geldwäsche selbst verhindert wird.

Andererseits sind aber bestimmte Unternehmen auch verpflichtet, beim Abschluss von Geschäften, ihre Vertragspartner im Vorfeld zu überprüfen. Die Prüfungspflicht erfasst beispielsweise bestimmte Kredit- und Finanzdienstleistungsinstitute, Versicherungsunternehmen sowie Personen, die gewerblich mit Gütern handeln (§ 2 Abs. 1 Nr. 1, 2, 4 und 12 GwG).

Gerade am Beispiel der Geldwäschebekämpfung wird deutlich, dass die deutsche Gesetzgebung auch und gerade bei der Bekämpfung von Korruption das von der ISO 26000 aufgestellte Prinzip der Transparenz befolgt.

Handlungserwartungen in diesem Bereich erstrecken sich auf die Einführung, Anwendung und Verbesserung der Methoden und Verfahren in den Unternehmen, mit deren Hilfe die Risiken für Korruption identifiziert werden können, sowie auf die Durchführung interner Kontrollen, um der Korruption entgegenzuwirken. Außerdem sollen Verletzungen des Strafrechts den Vollzugsbehörden gemeldet werden.

Die ISO 26000 verlangt damit die Implementierung eines Compliance-Systems im Unternehmen. Im deutschen Gesetz fordert dies beispielsweise § 64a des Gesetzes über die Beaufsichtigung von Versicherungsunternehmen (VAG). Gemäß § 64a Abs. 1 Satz 1 VAG müssen Versicherungsunternehmen über eine ordnungsgemäße Geschäftsorganisation verfügen, die die Einhaltung der von ihnen zu beachtenden Gesetze und Verordnungen sowie der aufsichtsbehördlichen Anforderungen gewährleistet.

Bezüglich der Durchführung interner Kontrollen sowie der Anzeige von Straftaten bei den Vollzugsbehörden existieren kaum Vorschriften.

§ 138 StGB bestimmt, dass die Nichtanzeige bestimmter geplanter Straftaten strafbar ist. Dies betrifft aber keine Taten wie Geldwäsche oder Bestechung.

Viele Unternehmen führen bei Bekanntwerden von durch die Unternehmensleitung oder andere Mitarbeiter begangenen Straftaten sogenannte „Interne Untersuchungen“ (Internal Investigations) durch. Darunter versteht man beispielsweise durch Rechtsanwälte oder Wirtschaftsprüfer im Auftrag des Unternehmens vorgenommene Ermittlungen im Unternehmen, die dazu dienen, die bestehenden Vorwürfe aufzuklären. [93] Die so gewonnenen Ergebnisse werden oftmals an die Strafverfolgungsbehörden weitergegeben.

Es wird jedoch in keinem Gesetz geregelt, dass Unternehmen solche Untersuchungen durchzuführen haben. Die ISO 26000 geht damit über die Gesetze hinaus.

Dies ist auch bei den weiteren Handlungserwartungen in diesem Bereich der Fall. So besteht, anders als die ISO 26000 es verlangt, keine Pflicht der Unternehmen, ihre Arbeitnehmer, Partner, Vertreter und Lieferanten zu ermutigen, über Regelverletzungen der Organisation zu berichten, indem Mechanismen etabliert werden, die eine Berichterstattung ohne Angst vor Sanktionen ermöglichen.

Dennoch gibt es auf dem Gebiet der Antikorruption zahlreiche Normen, die Korruption verhindern und sanktionieren sollen.

Handlungsfeld 2: Verantwortungsbewusste politische Mitwirkung

Eine Handlungserwartung im Bereich der verantwortungsbewussten politischen Mitwirkung besteht darin, bezüglich Lobbying, politischen Beiträgen sowie politischer Beteiligung transparent zu sein. Unternehmen sollen beispielsweise Parteispenden oder sonstige Zuwendungen offenlegen.

Im Rahmen der Gesetze besteht keine Verpflichtung für Unternehmen, die von ihnen an Parteien geleisteten Spenden offenzulegen. Im Gegenzug haben jedoch Parteien gemäß § 25 Abs. 3 Satz 1 des Gesetzes über die politischen Parteien (PartG) ihnen oder einem oder mehreren ihrer Gebietsverbände zugewendete Spenden, deren Gesamtwert in einem Kalenderjahr (Rechnungsjahr) 10.000 Euro übersteigt, unter Angabe des Namens und der Anschrift des Spenders sowie der Gesamthöhe der Spende im von der Partei abzugebenden Rechenschaftsbericht zu verzeichnen. Gemäß § 25 Abs. 3 Satz 2 PartG müssen Spenden, die im Einzelfall die Höhe von 50.000 Euro übersteigen, unverzüglich dem Präsidenten des Deutschen Bundestags angezeigt werden.

Dadurch wird zumindest mittelbar Transparenz über die von Unternehmen an politische Parteien geleisteten Spenden erzielt. Über Spenden ab einer gewissen Höhe muss Rechenschaft abgelegt werden. Dass nicht die Unternehmen selbst hierüber berichten müssen, ist insofern unschädlich, da die Öffentlichkeit in den Rechenschaftsbericht der Parteien Einblick nehmen kann. Dieser wird gemäß § 23 Abs. 2 Satz 3 PartG vom Präsidenten des Deutschen Bundestags als Bundestagsdrucksache veröffentlicht.

Erwartungen wie die Unterlassung von Tätigkeiten, die Bedrohungen oder Nötigungen enthalten, werden dadurch erfüllt, dass das Strafrecht in den §§ 240 (Nötigung) und 241 (Bedrohung) diese Handlungen sowohl im politischen als auch im sonstigen Leben unter Strafe stellt.

Im Übrigen bestehen jedoch keine gesetzlichen Regelungen, die den Unternehmen eine verantwortungsbewusste politische Mitwirkung vorschreiben. Forderungen der ISO 26000 nach einer Schärfung des politischen Bewusstseins von Arbeitnehmern und ihrer Vertreter sowie die aktive Unterstützung öffentlicher politischer Prozesse durch Unternehmen werden durch die bestehenden Gesetze nicht erfüllt. Tätigkeiten, die zu einer illegalen Einflussnahme auf Parteien führen, sind gesetzlich verboten. Darüber hinaus müssen Unternehmen sich aber nicht politisch engagieren bzw. Parteien und das politische System fördern.

Handlungsfeld 3: Fairer Wettbewerb

Das Wettbewerbsrecht in Deutschland besteht aus einer großen Vielzahl von Regelungen, die die Wettbewerbsfreiheit sowie einen fairen Wettbewerb sicherstellen sollen.

Einen freien und fairen Wettbewerb sollen Gesetze wie das Gesetz gegen Wettbewerbsbeschränkungen und das Gesetz gegen den unlauteren Wettbewerb gewährleisen. Gesetzliche Pflichten zur aktiven Wettbewerbsförderung, indem auch andere Unternehmen von der Notwendigkeit der Wettbewerbsfreiheit überzeugt werden, existieren nicht. Die ISO 26000 geht hier über das Gesetz hinaus.

Hier soll nur die rein nationale Gesetzgebung unter Ausschluss europarechtlicher Regelungen erläutert werden.

In diesem Zusammenhang ist zunächst das Gesetz gegen Wettbewerbsbeschränkungen (GWB) zu erwähnen. Dieses bestimmt in § 1, dass Vereinbarungen zwischen Unternehmen, Beschlüsse von Unternehmensvereinigungen und aufeinander abgestimmte Verhaltensweisen, die eine Verhinderung, Einschränkung oder Verfälschung des Wettbewerbs bezwecken oder bewirken, verboten sind.

Eine derartige aufeinander abgestimmte Verhaltensweise ist beispielsweise eine Preisabsprache zwischen mehreren Unternehmen, die den Sinn hat, einen bestimmten Preis auf dem Markt zu erzielen, der sich nicht im Rahmen eines fairen Wettbewerbsprozesses gebildet hat. [161] Dieser Preis ist dann nicht Ausdruck einer besseren Leistung oder einer gegenüber Konkurrenzprodukten besseren Qualität, sondern ein durch Marktmacht erzielbarer Preis.

§ 19 Abs. 1 GWB enthält das Verbot des Missbrauchs einer marktbeherrschenden Stellung durch ein oder mehrere Unternehmen.

Ein Missbrauch liegt beispielsweise vor, wenn ein marktbeherrschendes Unternehmen als Anbieter oder Nachfrager einer bestimmten Art von Waren oder gewerblichen Leistungen die Wettbewerbsmöglichkeiten anderer Unternehmen in einer für den Wettbewerb auf dem Markt erheblichen Weise ohne sachlich gerechtfertigten Grund beeinträchtigt. Dies ist ein sogenannter „Behinderungsmissbrauch“ (§ 19 Abs. 4 Nr. 1 GWB).

§ 19 Abs. 4 Nr. 4 GWB beschreibt als weitere Missbrauchshandlung den Fall, dass ein solches marktbeherrschendes Unternehmen sich weigert, einem anderen Unternehmen gegen angemessenes Entgelt Zugang zu den eigenen Netzen oder Infrastruktureinrichtungen zu gewähren, wenn es dem anderen Unternehmen aus rechtlichen oder tatsächlichen Gründen ohne die Mitbenutzung nicht möglich ist, auf dem vor- oder nachgelagerten Markt als Wettbewerber des marktbeherrschenden Unternehmens tätig zu werden. Kann das marktbeherrschende

Unternehmen nicht nachweisen, dass die Mitbenutzung aus betriebsbedingten oder sonstigen Gründen nicht möglich oder nicht zumutbar ist, verhält es sich missbräuchlich.

Es handelt sich hier um die gesetzliche Ausgestaltung der aus dem angloamerikanischen Rechtsraum stammenden Essential-Facilities-Doktrin. Essential Facilities sind die wesentlichen Einrichtungen, die ein Unternehmen benötigt, um eine Ware oder Dienstleistung einem Kunden zur Verfügung zu stellen. [98]

Dies ist beispielsweise der Fall beim Zugang von Stromversorgern zu den vorhandenen Stromnetzen. Diese befinden sich im Eigentum einiger weniger großer Stromkonzerne. Seit der Liberalisierung des Strommarkts ist es auch neuen Anbietern möglich, Kunden mit Strom zu versorgen. Diese verfügen jedoch nicht über eigene Stromnetze, weshalb sie auf die Durchleitung durch die bestehenden Netze angewiesen sind. Der Bau eigener Netze ist oftmals zu kostenintensiv und aufgrund begrenzter räumlicher Möglichkeiten kaum realisierbar.

Hier regelt die Verordnung über die Entgelte für den Zugang zu Elektrizitätsversorgungsnetzen (StromNEV) in § 1 die Festlegung der Methode zur Bestimmung der Entgelte für den Zugang zu den Elektrizitätsübertragungs- und Elektrizitätsverteilernetzen (Netzentgelte), einschließlich der Ermittlung der Entgelte für dezentrale Einspeisungen.

Außerdem enthält § 20 Abs. 4 GWB ein grundsätzliches Verbot von verdrängenden Preisfestsetzungen, wie es auch die ISO 26000 verlangt. § 20 Abs. 4 Satz 1 GWB führt aus, dass Unternehmen mit einer gegenüber kleinen und mittleren Wettbewerbern überlegenen Marktmacht diese nicht dazu ausnutzen dürfen, solche Wettbewerber unmittelbar oder mittelbar unbillig zu behindern. In Satz 2 wird die unbillige Behinderung durch Beispiele definiert. Demnach liegt eine solche vor allem dann vor, wenn ein Unternehmen Lebensmittel im Sinne des § 2 Abs. 2 des Lebensmittel- und Futtermittelgesetzbuchs unter Einstandspreis oder andere Waren oder gewerbliche Leistungen nicht nur gelegentlich unter Einstandspreis anbietet, es sei denn, dies ist jeweils sachlich gerechtfertigt (§ 20 Abs. 4 Satz 2 Nr. 1 und 2 GWB).

Eine solche Verhaltensweise stellt eine Kampfpreisunterbietung dar, mit der bezüglich der Marktmacht unterlegene Unternehmen vom Markt verdrängt werden sollen. Ist dies erst einmal erreicht, können die Preise beliebig erhöht werden, da keine Konkurrenz mehr vorhanden ist.

Weitere Normen in diesem Bereich enthält das Gesetz gegen den unlauteren Wettbewerb (UWG). Gemäß § 1 Satz 1 UWG ist der Zweck des Gesetzes der Schutz der Mitbewerber, der Verbraucherinnen und Verbraucher sowie der sonstigen Marktteilnehmer vor unlauteren geschäftlichen Handlungen. Satz 2 legt fest, dass das UWG gleichzeitig das Interesse der Allgemeinheit an einem unverfälschten Wettbewerb schützt.

Gemäß § 3 Abs. 1 UWG sind unlautere geschäftliche Handlungen unzulässig, wenn sie geeignet sind, die Interessen von Mitbewerbern, Verbrauchern oder sonstigen Marktteilnehmern spürbar zu beeinträchtigen.

§ 4 UWG nennt Beispiele für unlautere geschäftliche Handlungen. Danach handelt gemäß § 4 Nr. 7 UWG unlauter, wer die Kennzeichen, Waren, Dienstleistungen, Tätigkeiten oder persönlichen oder geschäftlichen Verhältnisse eines Mitbewerbers herabsetzt oder verunglimpft.

Auch die gezielte Behinderung von Mitbewerbern stellt eine unlautere geschäftliche Handlung dar (§ 4 Nr. 10 UWG).

§ 6 UWG befasst sich mit der Thematik der vergleichenden Werbung. Gemäß § 6 Abs. 1 UWG ist vergleichende Werbung jede Werbung, die unmittelbar oder mittelbar einen Mitbewerber oder die von einem Mitbewerber angebotenen Waren oder Dienstleistungen erkennbar macht. Unlauter ist vergleichende Werbung beispielsweise dann, wenn der Ruf des von einem Mitbewerber verwendeten Kennzeichens in unlauterer Weise ausgenutzt oder beeinträchtigt wird (§ 6 Abs. 2 Nr. 4 UWG).

Hier steht der Schutz der Leistung eines Wettbewerbers im Vordergrund. Diese darf nicht zum eigenen Vorteil ausgenutzt werden.

Mit den genannten gesetzlichen Regelungen wird ein Großteil der von der ISO 26000 aufgestellten Forderungen im Bereich des fairen Wettbewerbs erfüllt. Dennoch gibt es auch hier Erwartungen, die keine gesetzliche Entsprechung finden. So verlangt die ISO 26000, dass ein Unternehmen öffentlich Politiken zur Wettbewerbsförderung unterstützt. Den Unternehmen wird von der ISO 26000 eine Aufgabe zugewiesen, die über die eigentliche Bedeutung von Unternehmen hinausgeht. Diese haben selbstverständlich Handlungen zu unterlassen, die den freien Wettbewerb beeinträchtigen können. Ein öffentliches Eintreten für die Wettbewerbsförderung, um ein Klima zu schaffen, in dem wettbewerbsfeindliches Verhalten auch nicht mehr unter den Unternehmen geduldet wird, ist nicht ein primäres Ziel der bestehenden Gesetzgebung. Hier würden Unternehmen bei der Einhaltung der Erwartungen der ISO 26000 über die gesetzlichen Anforderungen hinausgehen.

Handlungsfeld 4: Gesellschaftliche Verantwortung im Einflussbereich fördern

Es besteht keine gesetzliche Verpflichtung für Unternehmen, darauf einzuwirken, dass sich Lieferanten in gesellschaftlich verantwortlicher Weise verhalten. Die ISO 26000 geht in diesem Punkt entscheidend über die gesetzlichen Anforderungen hinaus.

Im Bereich der Förderung gesellschaftlicher Verantwortung im Einflussbereich eines Unternehmens existieren dagegen kaum Vorschriften.

Die ISO 26000 verlangt, dass Unternehmen andere Unternehmen, die sich in ihrem Einflussbereich befinden, sei es als Lieferant oder in sonstiger Weise, dahin gehend beeinflussen, dass diese dieselben Grundsätze gesellschaftlicher Verantwortung vertreten und in der eigenen Organisation umsetzen. Außerdem sollen gerade kleine und mittlere Unternehmen bei ihren Bemühungen, die Ziele gesellschaftlicher Verantwortung zu verwirklichen, unterstützt werden. Unternehmen sollen die Nachfrage nach Produkten und Dienstleistungen fördern, die unter Beachtung dieser Ziele hergestellt bzw. angeboten werden. Möglich ist diese Einflussnahme laut der ISO 26000 durch bewusste Beschaffungs- und Kaufentscheidungen des Unternehmens. Durch eine gezielte Auswahl von Lieferanten, die sich gesellschaftlich verantwortlich verhalten, könnten andere Unternehmen dazu veranlasst werden, ihre Geschäftspolitik zu überdenken und an die Struktur der ISO 26000 anzupassen.

Die Unternehmensleitung muss dafür sorgen, dass innerhalb des Unternehmens die bestehenden Gesetze eingehalten werden. Verstößt ein anderes Unternehmen, das im Einflussbereich des Unternehmens liegt, gegen Gesetze, so besteht grundsätzlich keine Verpflichtung, etwas dagegen zu unternehmen. Ausnahmen ergeben sich nur dann, wenn gemäß dem bereits erwähnten § 138 StGB (Nichtanzeige geplanter Straftaten) bestimmte Straftaten geplant werden, für die eine Anzeigepflicht bei den Behörden besteht.

Bei Straftaten, die nicht in den Katalog des § 138 StGB fallen, besteht zumindest im Vorfeld der Begehung keine Pflicht zur Anzeige.

Grundsätzlich sieht § 13 StGB eine Strafbarkeit auch bei Unterlassen vor. Wer es unterlässt, einen Erfolg abzuwenden, der zum Tatbestand eines Strafgesetzes gehört, ist nach dem StGB nur dann strafbar, wenn er rechtlich dafür einzustehen hat, dass der Erfolg nicht eintritt, und wenn das Unterlassen der Verwirklichung des gesetzlichen Tatbestands durch ein Tun entspricht (§ 13 Abs. 1 StGB).

Jedoch kann sich ein Unternehmen als juristische Person nicht strafbar machen, sondern nur die handelnden natürlichen Personen.

Grundsätzlich besteht damit keine gesetzliche Verpflichtung von Unternehmen, auf in ihrem Einflussbereich stehende Unternehmen dahin gehend einzuwirken, sich in gesellschaftlich verantwortlicher Weise zu verhalten. Diese Forderung der ISO 26000 geht über den Zweck der existierenden Gesetzgebung im Unternehmensbereich hinaus.

Handlungsfeld 5: Eigentumsrechte achten

Das deutsche Recht gewährleistet den Schutz von materiellem sowie immateriellem Eigentum. Das Prinzip der Sozialbindung des Eigentums beruht jedoch in vielen Bereichen auf Freiwilligkeit.

Die Achtung sowohl materieller als auch immaterieller Eigentumsrechte findet im Rahmen zahlreicher Gesetze ihren Niederschlag.

Das Grundgesetz bestimmt in Art. 14 Abs. 1 Satz 1, dass das Eigentum und das Erbrecht durch die Verfassung gewährleistet werden. Gemäß Art. 14 Abs. 1 Satz 2 GG werden Inhalt und Schranken durch die Gesetze bestimmt.

Das BGB enthält eine Reihe von Normen, die Eigentumsrechte statuieren bzw. schützen.

So bestimmt § 903 BGB die Befugnisse von Eigentümern. Gemäß § 903 Satz 1 BGB kann der Eigentümer einer Sache, soweit nicht das Gesetz oder die Rechte Dritter entgegenstehen, mit der Sache nach Belieben verfahren und andere von jeder Einwirkung ausschließen.

§ 985 BGB gibt dem Eigentümer das Recht, von dem jeweiligen Besitzer die Herausgabe der Sache verlangen zu können. Besitzer ist gemäß § 854 Abs. 1 BGB, wer die tatsächliche Gewalt über die Sache innehat. Auch Unternehmen als juristische Personen können Besitzer sein. [6] Daher richtet sich diese Norm auch an Unternehmen. Besitzt ein Unternehmen eine Sache und ist es nicht deren Eigentümer, besteht grundsätzlich die Verpflichtung, die Sache an den Eigentümer herauszugeben.

Sollte das Eigentumsrecht widerrechtlich sowie vorsätzlich oder fahrlässig verletzt worden sein, räumt § 823 I BGB dem Eigentümer einen Schadenersatzanspruch gegenüber dem Schädiger ein. Eigentumsverletzungen werden damit zivilrechtlich sanktioniert.

Im Bereich der Wahrung des immateriellen bzw. geistigen Eigentums sind hier exemplarisch das Patentgesetz (PatG), das Gesetz über Arbeitnehmererfindungen (ArbnErfG), das Gesetz über Urheberrecht und verwandte Schutzrechte (UrhG) sowie das Gesetz über den Schutz von Marken und sonstigen Kennzeichen (MarkenG) zu nennen.

Gemäß § 6 Satz 1 PatG hat das Recht auf das Patent der Erfinder oder sein Rechtsnachfolger.

Die Wirkung des Patentrechts ist die, dass allein der Patentinhaber befugt ist, die patentierte Erfindung im Rahmen des geltenden Rechts zu benutzen (§ 9 Satz 1 PatG). Jedem Dritten ist es beispielsweise verboten, ein Erzeugnis, das Gegenstand des Patents ist, herzustellen, anzubieten, in Verkehr zu bringen oder zu gebrauchen oder zu den genannten Zwecken entweder einzuführen oder zu besitzen (§ 9 Satz 2 Nr. 1 PatG).

Das Recht auf das Patent, der Anspruch auf Erteilung des Patents und das Recht aus dem Patent können gemäß § 15 Abs. 2 Satz 1 in Verbindung mit Abs. 1 Satz 1 PatG ganz oder teilweise Gegenstand von ausschließlichen oder nicht ausschließlichen Lizenzen für den Geltungsbereich des PatG oder eines Teils desselben sein. Hierfür steht dem Patentinhaber ein Anspruch auf die im Lizenzvertrag vereinbarte Gegenleistung zu. Dies ist in der Regel eine Lizenzgebühr.

§ 142 Abs. 1 Nr. 1 PatG bestimmt für den Fall, dass die in § 9 Satz 2 Nr. 1 PatG untersagte Handlung ohne die erforderliche Zustimmung des Patentinhabers oder des Inhabers eines ergänzenden Schutzzertifikats vorgenommen wird, eine Freiheitsstrafe von bis zu drei Jahren oder eine Geldstrafe.

Gemäß § 139 Abs. 1 Satz 1 PatG besteht ein Anspruch des Verletzten auf Unterlassung, wenn die patentierte Erfindung unter anderem entgegen der Regelung des § 9 PatG benutzt wurde. § 139 Abs. 2 Satz 1 PatG gibt dem Verletzten einen Schadenersatzanspruch, wenn die Handlung vorsätzlich oder fahrlässig vorgenommen wurde.

Demgegenüber findet das ArbnErfG Anwendung auf Erfindungen und technische Verbesserungsvorschläge von Arbeitnehmern im privaten und im öffentlichen Dienst (§ 1 ArbnErfG).

Gemäß § 5 Abs. 1 Satz 1 ArbnErfG ist der Arbeitnehmer, der eine Diensterfindung gemacht hat, verpflichtet, sie unverzüglich dem Arbeitgeber zu melden und hierbei kenntlich zu machen, dass es sich um die Meldung einer Erfindung handelt. Der Arbeitgeber kann dann die Diensterfindung gegenüber dem Arbeitnehmer in Anspruch nehmen (§ 6 Abs. 1 ArbnErfG). Nach § 7 Abs. 1 ArbnErfG gehen mit der Inanspruchnahme alle vermögenswerten Rechte an der Diensterfindung auf den Arbeitgeber über. § 9 Abs. 1 ArbnErfG räumt dem Arbeitnehmer jedoch einen Anspruch auf eine angemessene Vergütung ein, sobald der Arbeitgeber die Erfindung in Anspruch genommen hat.

Damit wird der Forderung der ISO 26000 nach der Zahlung einer angemessenen Entschädigung für das erworbene oder genutzte Eigentum entsprochen.

Gleiches bezweckt auch § 11 Satz 2 UrhG. Danach dient das Urheberrecht, neben dem Schutz des Urhebers in seinen geistigen und persönlichen Beziehungen zum Werk und der Nutzung des Werks (§ 11 Satz 1 UrhG), zugleich einer angemessenen Vergütung für die Nutzung des Werks. Das Recht an der Nutzung kann der Urheber gemäß § 29 Abs. 2 in Verbindung mit §§ 31 ff. UrhG einem Dritten einräumen. Geschützt sind gemäß § 1 UrhG die Urheber von Werken der Literatur, der Wissenschaft und der Kunst.

Das MarkenG schützt in seinem § 1 Marken, geschäftliche Bezeichnungen sowie geografische Herkunftsangaben.

Der Markenschutz entsteht beispielsweise gemäß § 4 Nr. 1 MarkenG durch die Eintragung eines Zeichens als Marke in das vom Patentamt geführte Register oder gemäß § 4 Nr. 2 MarkenG durch die Benutzung eines Zeichens im geschäftlichen Verkehr, soweit das Zeichen innerhalb beteiligter Verkehrskreise als Marke Verkehrsgeltung erworben hat.

Wurde der Markenschutz erworben, gewährt er dem Markeninhaber gemäß § 14 Abs. 1 MarkenG ein ausschließliches Recht. Die Absätze 5 und 6 des § 14

MarkenG bestimmen Unterlassungs- bzw. Schadenersatzansprüche, die der Markeninhaber unter bestimmten Bedingungen geltend machen kann, wenn ein Dritter ohne seine Zustimmung im geschäftlichen Verkehr beispielsweise ein mit der Marke identisches Zeichen für Waren oder Dienstleistungen benutzt, die mit denjenigen identisch sind, für die die Marke Schutz genießt (§ 14 Abs. 2 Nr. 1 MarkenG [Identitätsschutz]). Gleiches gilt in dem Fall, in dem ein Zeichen benutzt wird, das für das Publikum – aufgrund der Identität oder Ähnlichkeit mit der Marke und der Identität oder Ähnlichkeit mit der durch die Marke und das Zeichen erfassten Waren oder Dienstleistungen – die Gefahr von Verwechslungen birgt, einschließlich der Gefahr, dass das Zeichen mit der Marke gedanklich in Verbindung gebracht wird (§ 14 Abs. 2 Nr. 2 MarkenG [Verwechslungsschutz]).

Der Gesetzgeber hat in diesem Bereich Regelungen geschaffen, die die geistige Leistung schützen sollen. Die genannten Gesetze des Immaterialgüterrechts bezwecken die Vermeidung von Fälschungen und Piraterie beispielsweise im Bereich der Erfindungen und der Kultur. Geistige Arbeit soll sich lohnen und es sollen Anreize für Investitionen in die Forschung geschaffen werden.

Insofern stimmen die Erwartungen der ISO 26000 mit den bestehenden Regelungen überein.

Unternehmen werden dagegen nicht gesetzlich dazu verpflichtet, bei der Ausübung und dem Schutz ihrer geistigen und materiellen Eigentumsrechte die Erwartungen der Gesellschaft zu berücksichtigen. Zwar statuiert Art. 14 Abs. 2 GG in den Sätzen 1 und 2, dass Eigentum verpflichtet und sein Gebrauch zugleich dem Wohle der Allgemeinheit dienen soll, aber die bestehenden Gesetze dienen nicht nur dem Einzelnen, dessen Eigentumsrechte geschützt werden, sondern auch der Allgemeinheit. Wenn es also Forschungsanreize gibt, profitiert immer auch die Gesellschaft von dem technischen und kulturellen Fortschritt sowie ganz allgemein von der wirtschaftlichen Entwicklung. Beispielsweise bei der Verwendung von Kapital durch die Unternehmen stellt sich jedoch die Frage, ob dies immer in Übereinstimmung mit einem übergeordneten Interesse steht. So würde sich die Allgemeinheit vermutlich eher wünschen, ein Unternehmen würde in die kulturelle Entwicklung einer Region investieren und dafür weniger Mittel als Dividendenzahlungen an die Anteilseigner ausschütten.

Hierzu besteht jedoch keine gesetzliche Verpflichtung. Dies wird noch näher beim Kernthema der regionalen Einbindung von Organisationen besprochen.

Fazit

Auch beim Kernthema „Anständige Handlungsweisen von Organisationen“ gibt es in der deutschen Gesetzgebung eine Fülle von Regelungen. Jedoch variiert die Regelungsdichte in den einzelnen Handlungsfeldern. So gibt es zahlreiche Normen im Bereich der Antikorruption, dem fairen Wettbewerb sowie dem Schutz des Eigentums. Dagegen existieren im Handlungsfeld der Förderung gesellschaftlicher Verantwortung im Einflussbereich der Unternehmen keine gesetzlichen Regelungen. Unternehmen müssen nicht auf ihre Lieferanten oder andere in ihrem Einflussbereich liegende Unternehmen einwirken, dass diese sich in gesellschaftlich verantwortlicher Weise verhalten. Hier geht die ISO 26000 deutlich über die bestehenden Gesetze hinaus.

4.1.6 Konsumentenfragen

Im Bereich dieses Kernthemas werden lediglich diejenigen Konsumenten behandelt, die zu Privatzwecken konsumieren.

Konsumententhema 1: Angemessenes Vorgehen bei Vermarktung, Information und Vertragsgestaltung

Im Rahmen des Konsumententhemas gibt es eine Fülle gesetzlicher Regelungen, die die Erwartungen der ISO 26000 in weiten Teilen erfüllen. Den Schutz der Konsumenten bezwecken in diesem Bereich unter anderem das Gesetz gegen den unlauteren Wettbewerb sowie das Bürgerliche Gesetzbuch.

Ein angemessenes Vorgehen der Unternehmen gegenüber den Konsumenten bei Vermarktung, Information und Vertragsgestaltung wird in Deutschland durch ein umfassendes Verbraucherschutzrecht gewährleistet.

Die ISO 26000 fordert, dass Unternehmen sich nicht an Handlungen beteiligen, die betrügerisch, unaufrichtig oder irreführend sind. Weiterhin sollen Werbung und Vermarktung eindeutig als solche gekennzeichnet werden.

In diesem Bereich enthält das UWG eine Vielzahl von Regelungen. So wird Unternehmen untersagt, ihre Produkte in einer für den Verbraucher unklaren und verwirrenden Weise diesem gegenüber anzubieten. Beschreibungen über Eigenschaften, die das Produkt nicht oder nicht in der Form besitzt, sind genauso untersagt wie bestimmte verkaufsfördernde Maßnahmen, die mit dem Produkt in keinem Zusammenhang stehen und den Kunden nur anlocken sollen. Der Verbraucher soll selbstbestimmt über den Kauf oder Nichtkauf eines Produkts entscheiden können und zu diesem Zweck eine Entscheidungsgrundlage zur Verfügung haben, die auf wahren Informationen beruht.

So bestimmt § 3 Abs. 1 UWG, dass unlautere geschäftliche Handlungen unzulässig sind, wenn sie geeignet sind, die Interessen unter anderem von Verbrauchern spürbar zu beeinträchtigen. Gemäß § 3 Abs. 2 Satz 1 UWG sind geschäftliche Handlungen gegenüber Verbrauchern jedenfalls dann unzulässig, wenn sie nicht der für den Unternehmer geltenden fachlichen Sorgfalt entsprechen und dazu geeignet sind, die Fähigkeit des Verbrauchers, sich aufgrund von Informationen zu entscheiden, spürbar beeinträchtigen und ihn damit zu einer geschäftlichen Entscheidung veranlassen, die er anderenfalls nicht getroffen hätte. Abzustellen ist bei dieser Beurteilung auf einen durchschnittlichen Verbraucher oder auf ein durchschnittliches Mitglied einer Gruppe, wenn sich die geschäftliche

Handlung an eine bestimmte Gruppe von Verbrauchern wendet (§ 3 Abs. 2 Satz 2 UWG). Wenn eine solche Gruppe aus Menschen besteht, die aufgrund von geistigen oder körperlichen Gebrechen, Alter oder Leichtgläubigkeit besonders schutzbedürftig sind, wird auf ein durchschnittliches Mitglied dieser Gruppe abgestellt (§ 3 Abs. 2 Satz 3 UWG). Hier schützt das Gesetz ausdrücklich auch Verbraucher, die aufgrund bestimmter Eigenschaften besonders gefährdet sind, im geschäftlichen Verkehr Nachteile zu erleiden.

Auch die ISO 26000 betont wiederholt, dass im Rahmen der Unternehmenstätigkeit verstärkt auf die Bedürfnisse besonders schutzbedürftiger Gruppen Rücksicht genommen werden soll.

Im Anhang zu § 3 Abs. 3 UWG werden geschäftliche Handlungen aufgeführt, die gegenüber Verbrauchern stets unzulässig sind. Dies ist beispielsweise der Fall, wenn unwahre Angaben darüber gemacht werden, dass bestimmte Waren oder Dienstleistungen allgemein oder zu bestimmten Bedingungen nur für einen begrenzten Zeitraum verfügbar seien, um den Käufer dazu zu bewegen, sofort eine Kaufentscheidung zu treffen, ohne dass dieser die Zeit und die Gelegenheit hat, sich aufgrund von Informationen über das Produkt zu informieren (Anhang [zu § 3 Abs. 3] Nr. 7). Weiterhin unzulässig ist die unwahre Angabe, eine Ware oder Dienstleistung könne Krankheiten, Funktionsstörungen oder Missbildungen heilen (Anhang [zu § 3 Abs. 3] Nr. 18).

§ 4 UWG führt auch Beispiele für unlautere Geschäftshandlungen an. Zu nennen sind hier vor allem Maßnahmen, die die Entscheidungsfreiheit der Verbraucher beeinträchtigen können (§ 4 Nr. 1 UWG).

In § 5 UWG werden irreführende geschäftliche Handlungen geregelt. Danach handelt unlauter, wer eine irreführende geschäftliche Handlung vornimmt (§ 5 Abs. 1 Satz 1 UWG). Eine geschäftliche Handlung ist irreführend, wenn sie unwahre Angaben oder sonstige zur Täuschung geeignete Angaben über Umstände enthält, die in einem Katalog in § 5 Abs. 1 Satz 2 UWG aufgezählt sind. Dazu gehören beispielsweise die wesentlichen Merkmale einer Ware oder Dienstleistung wie Verfügbarkeit, Risiken, Zubehör und Zwecktauglichkeit (§ 5 Abs. 1 Satz 2 Nr. 1 UWG) sowie gemäß § 5 Abs. 1 Satz 2 Nr. 7 UWG die Rechte des Verbrauchers, vor allem aufgrund von Garantieversprechen oder Gewährleistungsrechten bei Leistungsstörungen.

Weiterhin verbietet § 7 UWG unzumutbare Belästigungen durch geschäftliche Handlungen.

Der Kunde kann jedoch nicht direkt gegen Verstöße gegen diese Normen vorgehen, sondern muss sich gemäß § 8 Abs. 3 Nr. 3 UWG an die Verbraucherverbände wenden, um die Verstöße anzuzeigen und Beseitigung bzw. Unterlassung zu erreichen.

Der Handlungserwartung der ISO 26000, ein Unternehmen dürfe sich bei der Vermarktung seiner Produkte nicht an irreführenden und betrügerischen Maßnahmen beteiligen, wird dadurch Genüge getan. Die Interessen der Verbraucher müssen von den Unternehmen in diesem Bereich berücksichtigt werden.

Bezüglich des Themas Kundeninformation im Bereich der Produkteigenschaften sowie seiner sozialen und ökologischen Auswirkungen sind die Art. 246 ff. des Einführungsgesetzes zum Bürgerlichen Gesetzbuche (EGBGB) zu erwähnen. Diese regeln die Informationen, die ein Unternehmen seinen Kunden beim Kauf eines seiner Produkte bzw. beim Bezug seiner Dienstleistungen zur Verfügung stellen muss. Zum 11. Juni 2010 wurden die bis dahin nur im Rahmen einer Verordnung (Verordnung über Informations- und Nachweispflichten nach bürgerlichem Recht, BGB-Info) geregelten Informationspflichten in das EGBGB integriert. Mit der Erhebung dieser Normen in den Gesetzesrang geht auch eine Steigerung der Wertigkeit der Vorschriften einher.

Erfasst sind beispielsweise Verbraucherdarlehensverträge, die zwischen einem Unternehmer und einem Verbraucher abgeschlossen werden (Art. 247 EGBGB) sowie Verträge über Zahlungsdienstleistungen (Art. 248 EGBGB).

Gemäß Art. 247 § 3 Abs. 1 Nr. 2, 3, 7, 9 und 10 EGBGB muss eine Unterrichtung vor Abschluss eines Verbraucherdarlehensvertrags unter anderem Informationen zur Art des Darlehens, zum effektiven Jahreszins, zu Betrag, Zahl und Fälligkeit der einzelnen Teilzahlungen sowie zu allen sonstigen Kosten enthalten. Der Verbraucher muss sich vor Abschluss eines entsprechenden Vertrags ein genaues Bild über die möglichen, auf ihn zukommenden finanziellen Verpflichtungen machen können.

Im Bereich der Finanzprodukte regelt beispielsweise das Gesetz über die Erstellung, Billigung und Veröffentlichung des Prospekts, der bei einem öffentlichen Angebot von Wertpapieren oder bei der Zulassung von Wertpapieren zum Handel an einem organisierten Markt zu veröffentlichen ist (§ 3 Abs. 1 Satz 1 WpPG), die Information von Anlegern.

Gemäß § 7 WpPG muss der Prospekt Mindestangaben enthalten, die sich nach der Verordnung (EG) Nr. 809/2004 der Kommission vom 29. April 2004 zur Umsetzung der Richtlinie 2003/71/EG des Europäischen Parlaments und des Rats betreffend die in Prospekten enthaltenen Informationen sowie das Format, die Aufnahme von Informationen mittels Verweis und die Veröffentlichung solcher Prospekte und die Verbreitung von Werbung richten.

So sind beispielsweise gemäß Anhang III dieser Verordnung in Ziffer 2 die Risikofaktoren, die für die anzubietenden und/oder zum Handel zuzulassenden Wertpapiere von wesentlicher Bedeutung sind, wenn es darum geht, das Marktrisiko zu bewerten, mit dem diese Wertpapiere behaftet sind, anzuführen. Außerdem müssen gemäß Ziffer 3 Angaben zu Kapitalbildung und Verschuldung gemacht sowie nach Ziffer 4 Typ und Kategorie der Wertpapiere beschrieben werden. [39]

Bei der Vertragsgestaltung zwischen Unternehmen und Verbrauchern gibt es eine Vielzahl gesetzlicher Vorschriften. So behandeln die §§ 305 ff. BGB das Thema der allgemeinen Geschäftsbedingungen, die ein Unternehmen den Verträgen mit Verbrauchern zugrunde legt. Hier besteht grundsätzlich die Gefahr, dass Unternehmen ihre wirtschaftliche Überlegenheit zum Nachteil der Verbraucher ausnutzen.

Vor allem die §§ 308 und 309 BGB stellen einen umfangreichen Katalog an Klauseln auf, die nicht oder nur unter bestimmten Umständen in dieser Art von Verträgen verwandt werden dürfen. Die weiteren Normen zu den allgemeinen Geschäftsbedingungen bestimmen beispielsweise, wie die Klauseln in einen Vertrag eingebaut werden müssen, damit sie für den Verbraucher als solche erkennbar sind.

Diese Normen und auch die dazugehörige Rechtsprechung sind Ausdruck der Erkenntnis, dass bei derartigen Verträgen ein natürliches Ungleichgewicht zwischen Unternehmen und Verbrauchern herrscht. Auch die ISO 26000 enthält als Gesamtaussage dieses Kernthemas diese Erkenntnis. Ziel des Gesetzes und auch der ISO 26000 ist es, hier annähernd ein Gleichgewicht herzustellen.

Eine weitere Erwartung der ISO 26000 ist – wie bereits aufgezeigt –, dass auf die Interessen schutzbedürftiger Gruppen Rücksicht genommen werden soll. Erwähnenswerte gesetzliche Regelungen finden sich hierzu in den §§ 104 ff. BGB, die die Geschäftsfähigkeit von natürlichen Personen normieren. Geschäftsunfähige und beschränkt Geschäftsfähige werden insofern geschützt, als Verträge, die sie abschließen, unwirksam oder nur mit Einwilligung oder Genehmigung der Eltern oder eines Betreuers wirksam sind. Es ist Unternehmen damit gar nicht möglich, sich in diesem Bereich besonders schutzbedürftige Personen als Zielgruppe für Geschäftsabschlüsse auszuwählen.

Problematischer ist der Fall bei Personen, die weder geschäftsunfähig noch beschränkt geschäftsfähig sind, aber aufgrund bestimmter Faktoren wie Alter oder Bildung dennoch nicht als durchschnittlich vernünftig handelnde Marktteilnehmer angesehen werden können. Eine Unterlegenheit kann sich auch aus der Stellung des Einzelnen im Markt ergeben. Die genannten Personen sind frei, einen jeglichen Vertrag abzuschließen. Wegen der genannten Besonderheiten sind sie aber besonders anfällig dafür, von einem wirtschaftlich übermächtigen Vertragspartner ausgebootet zu werden.

Hier existiert mit § 138 BGB eine Vorschrift, die die Ausnutzung insofern Unterlegener verhindern soll. Gemäß § 138 Abs. 1 BGB ist ein Rechtsgeschäft, das gegen die guten Sitten verstößt, nichtig. Gemäß § 138 Abs. 2 BGB ist vor allem ein Rechtsgeschäft nichtig, durch das jemand unter Ausbeutung der Zwangslage, der Unerfahrenheit, des Mangels an Urteilsvermögen oder der erheblichen Willensschwäche eines anderen sich oder einem Dritten für eine Leistung Vermögensvorteile versprechen oder gewähren lässt, die in einem auffälligen Missverhältnis zu der Leistung stehen.

Die Rechtssprechung hat hierzu eine Vielzahl von Fallgruppen entwickelt, die sich mit bestimmten Gruppen Schutzbedürftiger befassen und zu einem verbesserten Schutz dieser Gruppen vor wirtschaftlich überlegenen Unternehmen führen sollen. [35]

Erwähnenswert ist insoweit auch § 4 Nr. 2 UWG. Danach stellt es eine unlautere Handlung dar, wenn jemand geschäftliche Handlungen vornimmt, die geeignet sind, geistige oder körperliche Gebrechen, das Alter, die geschäftliche Unerfahrenheit, die Leichtgläubigkeit, die Angst oder die Zwangslage von Verbrauchern auszunutzen. Auch hier soll es Unternehmen erschwert werden, besonders schutzbedürftige Marktteilnehmer auszunutzen.

Konsumententhema 2: Schutz von Gesundheit und Sicherheit der Konsumenten

Es gibt zahlreiche Vorschriften, die vor allem Gesundheitsgefährdungen durch den Konsum bestimmter Güter verhindern sollen, sowie Regelungen, die die Unternehmen zu einer ausreichenden Information der Konsumenten mit Warn- und Gebrauchsanweisungen verpflichten. Insofern besteht kaum Anpassungsbedarf an die ISO 26000.

Im Rahmen des Schutzes von Gesundheit und Sicherheit der Konsumenten ist zunächst das Gesetz über technische Arbeitsmittel und Verbraucherprodukte (GPSG) zu nennen. Dieses Gesetz gilt für das Inverkehrbringen und das Ausstellen von Produkten, das selbstständig im Rahmen einer wirtschaftlichen Unternehmung erfolgt (§ 1 Abs. 1 Satz 1 GPSG).
Auf der Grundlage des § 3 GPSG wurden Rechtsverordnungen für Produkte erlassen, wie beispielsweise die Zweite Verordnung zum Geräte- und Produktsicherheitsgesetz (Verordnung über die Sicherheit von Spielzeug – 2. GPSGV) oder die Zehnte Verordnung zum Geräte- und Produktsicherheitsgesetz (Verordnung über das Inverkehrbringen von und den Verkehr mit Sportbooten – 10. GPSGV), die unter anderem Regelungen zu Sicherheitsanforderungen, Voraussetzungen für das Inverkehrbringen sowie Gebrauchshinweise und Gebrauchsvorschriften enthalten. Beispielsweise darf gemäß § 5 der 2. GPSGV dort bezeichnetes Spielzeug nur in den Verkehr gebracht werden, wenn es mit bestimmten Gefahrenhinweisen und Gebrauchsvorschriften in deutscher Sprache versehen ist.

Fällt ein Produkt nicht unter eine solche Rechtsverordnung, bestimmt § 4 Abs. 2 Satz 1 GPSG, dass dieses nur in den Verkehr gebracht werden darf, wenn es so beschaffen ist, dass bei bestimmungsgemäßer Verwendung oder vorhersehbarer Fehlanwendung Sicherheit und Gesundheit von Verwendern oder Dritten nicht gefährdet werden.

Hierher gehört auch das Gesetz über die Haftung für fehlerhafte Produkte (ProdHaftG). Dieses bestimmt, wer Hersteller eines Produkts ist und als solcher für Schäden, die im Rahmen des Gebrauchs dieses Produkts entstanden sind, haftet. Das ProdHaftG stellt sicher, dass Unternehmen, die Produkte herstellen, bei der Produktion bestimmte Sicherheitsanforderungen einzuhalten haben. Tun sie dies nicht, entsteht ein Haftungsrisiko, sofern das Produkt Schäden verursacht.

Außerdem finden sich im Lebensmittel-, Bedarfsgegenstände- und Futtermittelgesetzbuch (LFGB) Normen, die die Gesundheit und die Sicherheit der Verbraucher hinsichtlich der von ihnen konsumierten Produkte schützen sollen. Zu diesem Zweck werden unter anderem für den Umgang mit Lebensmitteln, kosmetischen Mitteln und sonstigen Bedarfsgegenständen bestimmte Verbote zum Schutz der Gesundheit aufgestellt. So ist es beispielsweise gemäß § 30 Nr. 1 LFGB verboten, Bedarfsgegenstände für andere derart herzustellen oder zu behandeln, dass sie bei bestimmungsgemäßem oder vorauszusehendem Gebrauch geeignet sind, die Gesundheit durch ihre stoffliche Zusammensetzung, vor allem durch toxikologisch wirksame Stoffe oder durch Verunreinigungen, zu schädigen. Unter den Begriff der Bedarfsgegenstände fallen unter anderem Gegenstände, die zur Körperpflege bestimmt sind oder bestimmte Reinigungs- und Pflegemittel (§ 2 Abs. 6 Nr. 4 und 7 LFGB).

Auch das Gesetz über den Verkehr mit Arzneimitteln (AMG) gibt für diese bestimmte Regelungen vor, die gegenüber den Verbrauchern zu deren Schutz eingehalten werden müssen. Zweck des Gesetzes ist es gemäß § 1 AMG, im Interesse einer ordnungsgemäßen Arzneimittelversorgung von Mensch und Tier für die Sicherheit im Verkehr mit Arzneimitteln, vor allem für die Qualität, Wirksamkeit und Unbedenklichkeit der Arzneimittel nach Maßgabe der Vorschriften des AMG zu sorgen.

So verbietet § 5 Abs. 1 AMG, bedenkliche Arzneimittel in den Verkehr zu bringen oder bei einem anderen Menschen anzuwenden.

§ 11 AMG regelt die Angaben, die eine Packungsbeilage für bestimmte Fertigarzneimittel enthalten muss, wie beispielsweise eine Aufzählung von Informationen, die vor der Einnahme des Arzneimittels bekannt sein müssen, oder die für eine ordnungsgemäße Anwendung erforderlichen Anleitungen (§ 11 Abs. 1 Satz 1 Nr. 3 und 4 AMG). Dies beinhaltet auch Warnhinweise und Gegenanzeigen. Das verpflichtet die Unternehmen dazu, die Risiken, die ein Arzneimittel beinhaltet, zu identifizieren und an die Verbraucher zu kommunizieren.

Ähnliche Regelungen enthält das Gesetz über Medizinprodukte (MPG). Gemäß § 1 MPG ist der Zweck dieses Gesetzes, den Verkehr mit Medizinprodukten zu regeln und dadurch für die Sicherheit, die Eignung und die Leistung der Medizinprodukte sowie die Gesundheit und den erforderlichen Schutz der Patienten, der Anwender und Dritter zu sorgen.

Daher verbietet es beispielsweise § 4 Abs. 1 Nr. 1 MPG, Medizinprodukte in den Verkehr zu bringen, zu errichten, in Betrieb zu nehmen, zu betreiben oder anzuwenden, wenn der begründete Verdacht besteht, dass sie die Sicherheit und die Gesundheit der Patienten, der Anwender oder Dritter bei sachgemäßer

Anwendung, Instandhaltung und ihrer Zweckbestimmung entsprechenden Verwendung über ein nach den Erkenntnissen der medizinischen Wissenschaften vertretbares Maß hinaus unmittelbar oder mittelbar gefährden.

Auch das ChemG enthält Normen zum Schutz der Verbraucher. So bestimmt § 15a Abs. 1 Satz 1 ChemG, dass es verboten ist, für einen gefährlichen Stoff zu werben, ohne die den Stoff betreffenden Gefährlichkeitsmerkmale nach § 3a Abs. 1 ChemG (Eigenschaften wie „hochentzündlich", „sehr giftig" oder „krebserzeugend") anzugeben.

Bezüglich der Erwartung, dass fehlerhafte Produkte zurückgerufen und so aus dem Markt zurückgezogen werden, finden sich wiederum im GPSG Normen. So haben Hersteller beim Inverkehrbringen Vorkehrungen zu treffen, die sie in die Lage versetzen, solche Produkte zurückzunehmen, angemessen und wirksam vor den Produkten zu warnen sowie diese zurückzurufen (§ 5 Abs. 1 Nr. 1c GPSG).

Die beschriebenen Gesetze verpflichten Unternehmen dazu, bestimmte Sicherheitsanforderungen an die von ihnen in den Verkehr gebrachten Produkte zu stellen und diese so zu produzieren, dass sie keine Gefahren für die Gesundheit oder die Sicherheit der Verbraucher verursachen. Außerdem müssen sie den Konsumenten für den Gebrauch der Produkte Anleitungen und Gebrauchshinweise zur Verfügung stellen. Die Erwartungen der ISO 26000 werden damit in diesem Bereich erfüllt. Der Verbraucherschutz genießt in Deutschland einen sehr hohen Stellenwert, weshalb für die Unternehmen zahlreiche Verpflichtungen in diesem Bereich bestehen.

Konsumententhema 3: Nachhaltiger Konsum

Gesetzliche Regelungen zur Förderung eines nachhaltigen Konsums finden sich in der deutschen Umweltgesetzgebung. Jedoch besteht keine Pflicht zur Aufklärung bezüglich der Beeinträchtigung von Tieren durch Unternehmenstätigkeiten und keine Pflicht zur Führung von Umweltkennzeichen.

Im Rahmen des Konsumententhemas „Nachhaltiger Konsum" wird die Forderung der ISO 26000, jede gesundheitlich und ökologisch negative Auswirkung der Produkte und Dienstleistungen wo immer möglich zu beseitigen und zu minimieren, durch die bestehende Umweltgesetzgebung gewährleistet. Erfasst sind unter anderem Lärmbelästigungen und Schäden durch Abfall. Hier sind die bereits behandelten Gesetze, das BImSchG sowie das KrW-/AbfG, zu nennen. Demnach sind Unternehmen im Anwendungsbereich dieser Gesetze dazu verpflichtet, die dortigen Regelungen zur Immissionsvermeidung und zur Entsorgung und Vermeidung von Abfällen einzuhalten.

Außerdem müssen Unternehmen – wie bereits aufgezeigt – den Konsumenten Informationen über die von ihnen in Verkehr gebrachten Waren zur Verfügung stellen.

Jedoch müssen nicht alle Angaben, die die ISO 26000 fordert, nach dem Gesetz gemacht werden. So wird nirgends normiert, dass dem Verbraucher Fragen im Zusammenhang mit dem Wohlergehen von Tieren erläutert werden müssen. Welche Auswirkungen die Entwicklung, die Herstellung etc. eines Produkts auf Tiere haben, muss ein Unternehmen nicht angeben. Sicherlich muss es sich bei seinen Tätigkeiten an die Vorgaben des Tierschutzgesetzes halten. Jedoch werden auch durch dieses Gesetz nicht alle negativen Auswirkungen auf die Tierwelt vermieden. Eine Aufklärungspflicht gegenüber den Verbrauchern besteht hier nicht. Dieser hat damit keine Möglichkeit, seine Kaufentscheidung an diesem Punkt auszurichten. Er ist dabei auf freiwillige Angaben oder Angaben Dritter angewiesen.

Es besteht auch keine gesetzliche Verpflichtung zur Nutzung von Umweltschutzkennzeichen, um über positive Umweltaspekte zu berichten. Allerdings gibt es eine Reihe solcher Kennzeichen, die Unternehmen freiwillig führen können. Dies wird näher unter Punkt 4.3.2 ausgeführt.

Konsumententhema 4: Kundendienst, Beschwerde- und Konfliktlösung

Bei diesem Konsumententhemas gibt es einerseits sehr viele Normen, die ihren Anwendungsbereich ausführlich regeln, andererseits stehen für einige Forderungen der ISO 26000 in diesem Bereich keine entsprechenden Normen zur Verfügung.

Es existiert eine ausführliche Gesetzgebung im Bereich der Mängelgewährleistung sowie die Möglichkeit zum Widerruf bei bestimmten Rechtsgeschäften. Dennoch erwartet die ISO 26000 quasi eine partnerschaftliche Zusammenarbeit der Unternehmen mit ihren Kunden. Hier sind einige Erwartungen der ISO 26000 nicht gesetzlich geregelt, sondern basieren auf Kulanz.

Hinsichtlich der Erwartung der ISO 26000, Unternehmen müssten den Kunden ausreichende Gewährleistungsansprüche einräumen, kann auf die §§ 434 ff. BGB verwiesen werden. Diese regeln die Ansprüche, die ein Käufer gegenüber dem Verkäufer im Falle der Mangelhaftigkeit der Kaufsache hat. So besteht gemäß § 439 BGB ein Nachbesserungsrecht, bei dem der Käufer in der Regel selbst entscheiden darf, ob er eine Reparatur der Kaufsache oder die Lieferung einer neuen Sache möchte. § 437 Nr. 2 in Verbindung mit §§ 323 ff. BGB ermöglichen es dem Käufer, unter bestimmten Voraussetzungen vom Kaufvertrag zurückzutreten und damit sein Geld zurückzuerhalten. Gemäß § 437 Nr. 3 in Verbindung mit §§ 280 ff. BGB bestehen möglicherweise auch Schadenersatzansprüche des Käufers gegenüber dem Verkäufer.

In den §§ 475 ff. BGB sind für den Bereich des Gewährleistungsrechts zusätzlich besondere Regeln für den Verbrauchsgüterkauf normiert. Da ein Verbraucher im Verhältnis zu einem gewerbetreibenden Käufer schutzwürdiger ist, wurden weitere für den Verbraucher günstige Regelungen geschaffen wie beispielsweise in § 476 BGB die Beweislastverteilung bei Vorliegen eines Mangels.

Weiterhin soll den Kunden laut ISO 26000 seitens der Unternehmen die Möglichkeit eingeräumt werden, das gekaufte Produkt im Fall von Beschwerden zurückgeben zu können. Dies betrifft einerseits den gerade behandelten Bereich des Gewährleistungsrechts – hier können mangelhafte Produkte zurückgegeben werden. Andererseits sind aber nach der ISO 26000 auch alle anderen Fälle erfasst, in denen ein Kunde Beschwerden bezüglich des Produkts anbringt. Insofern regeln die §§ 312 ff. in Verbindung mit §§ 355 ff. BGB die sogenannten „Widerrufsrechte" von Verbrauchern gegenüber Unternehmen. Dies bezieht sich beispielsweise auf Fälle, in denen Verbrauchern bei Haustürgeschäften Produkte verkauft wurden oder ein Kaufvertrag über das Internet oder andere elektronische Medien zustande gekommen ist. Bei Haustürgeschäften besteht das Widerrufsrecht, da eine besondere Überraschungssituation für den Verbraucher vorgelegen hat. Dadurch wird der Schwierigkeit Rechnung getragen, gegenüber einem Vertreter, der sich in der eigenen Wohnung befindet, einen Kaufvertragsschluss abzulehnen. Im Fall der Nutzung elektronischer Medien wird berücksichtigt, dass die Hemmschwelle, die bei jedem Kauf aufgrund der Verpflichtung, den Kaufpreis zahlen zu müssen, besteht, beim Kauf per Mausklick entfällt.

Den Verbrauchern steht in diesen Fällen ein zweiwöchiges Widerrufsrecht zu, über das sie der Unternehmer auch informieren muss (§§ 312 Abs. 2, 355 Abs. 2 und 3, 360 BGB).

Für alle anderen Fälle, in denen ein Verbraucher mit einem Produkt nicht zufrieden ist, stellt das Gesetz keine Rechte zur Verfügung. Zwar ist es marktüblich, dass der Verbraucher die Ware innerhalb von zwei Wochen nach dem Kauf umtauschen kann. Jedoch besteht hierzu keine gesetzliche Verpflichtung der Unternehmen. Dies geschieht nur aus Kulanz. Es gilt der Grundsatz „pacta sunt servanda", Verträge sind einzuhalten. Danach ist es das Risiko des Käufers, wenn er ein Produkt erwirbt, das seinen Ansprüchen nicht genügt. Solange dieses nicht mangelhaft ist oder auf den Vertrag kein Widerrufsrecht Anwendung findet, besteht keine Möglichkeit, das Produkt zurückzugeben. In den Fällen, in denen das Produkt ganz einfach nicht den Qualitätsansprüchen des Kunden genügt, können keine Rechte geltend gemacht werden.

Es besteht auch keine gesetzliche Verpflichtung für die Unternehmen, Käufer auf die gesetzlichen Rechte bei Mangelhaftigkeit des Kaufgegenstands hinzuweisen. Eine Informationspflicht existiert nur bezüglich der Widerrufsrechte. Der Käufer muss sich grundsätzlich selbst um die Wahrung seiner Ansprüche kümmern und über diese auch selbst informieren.

Zwar bieten viele Unternehmen für ihre Produkte Garantien an, die in Laufzeit und Ausgestaltung über die gesetzlichen Verpflichtungen hinausgehen. Jedoch besteht auch diesbezüglich keine gesetzliche Verpflichtung. Unternehmen tun dies nur aus Gründen der Kundenbindung.

Auch die Forderung nach Instandhaltung und Instandsetzung der Kaufgegenstände zu einem vernünftigen Preis an zugänglichen Orten durch die Unternehmen wird nur teilweise durch das Gesetz sichergestellt. Die kostenlose Instandsetzung ist im Fall der Mangelhaftigkeit der Kaufsache verpflichtend (§ 439 Abs. 2 BGB). In allen anderen Fällen bleibt es dem Unternehmen überlassen, ob es diesen Service überhaupt anbietet, welche Preise es hierfür verlangt und wie dieser Vorgang generell ausgestaltet ist.

Die Erwartungen der ISO 26000 hinsichtlich der ausreichenden Beratung von Kunden sowie der Zurverfügungstellung effizienter Beschwerdesysteme finden ebenfalls keine Entsprechung im Gesetz. Selbstverständlich darf ein Unternehmen keine unwahren Tatsachen über ein Produkt behaupten. Sollte dies doch der Fall sein, besteht zivilrechtlich die Möglichkeit der Anfechtung des Kaufvertrags wegen arglistiger Täuschung gemäß § 123 BGB. Strafrechtlich käme eine Strafbarkeit wegen Betrugs gemäß § 263 StGB infrage. Außerhalb dieser Konstellationen bestehen jedoch keine Vorgaben für die Beratung von Konsumenten.

Die ISO 26000 ist insofern sehr kunden- und verbraucherorientiert und skizziert ein Idealbild des Zusammenwirkens von Unternehmen und Verbrauchern. Mehrere Forderungen in diesem Bereich bilden die von vielen Unternehmen gegenüber ihren Kunden praktizierten Servicemaßnahmen ab, die jedoch nicht gesetzlich verankert sind. Plant ein Unternehmen, sein Handeln an den Grundsätzen der ISO 26000 auszurichten, besteht hier großer Anpassungsbedarf an deren Normen.

Konsumententhema 5: Schutz und Vertraulichkeit von Kundendaten

Gesetzliche Regelungen zum Schutz von Kundendaten finden sich im Bundesdatenschutzgesetz. Die Erwartungen der ISO 26000 sind hier größtenteils erfüllt.

Die Forderung der ISO 26000 nach Schutz und Vertraulichkeit von Kundendaten entspricht dem allgemeinen Persönlichkeitsrecht des Art. 2 Abs. 1 GG. Demnach hat eine Person grundsätzlich das alleinige Bestimmungsrecht hinsichtlich der Daten, die seine Intim- und Privatsphäre betreffen. Dies wird auch als informationelles Selbstbestimmungsrecht bezeichnet. Zweck ist es, einen willkürlichen Umgang mit höchstpersönlichen Daten zu verhindern. Einer Person soll es ermöglicht werden, selbst zu entscheiden, welche Dritten etwas über sie erfahren dürfen oder nicht.

Eine gesetzliche Regelung des allgemeinen Persönlichkeitsrechts des Grundgesetzes erfährt dieses Konsumententhema im BDSG.

Einige der auch für Konsumenten relevanten Bestimmungen des BDSG wurden bereits im Bereich der Arbeitsbedingungen im Handlungsfeld 1 (Beschäftigung und Arbeitsverhältnisse) sowie beim Kernthema der Menschenrechte im Handlungsfeld 4 (Umgang mit Menschenrechtsbeschwerden) behandelt. Grundsätzlich ist die Erhebung, Verarbeitung und Nutzung personenbezogener Daten nur zulässig, soweit das BDSG oder eine andere Rechtsvorschrift dies erlaubt oder anordnet oder der Betroffene eingewilligt hat (§ 4 Abs. 1 BDSG).

§ 28 BDSG regelt die Datenerhebung und -speicherung für eigene Geschäftszwecke. Danach ist gemäß § 28 Abs. 1 Satz 1 Nr. 1 BDSG das Erheben, Speichern, Verändern oder Übermitteln personenbezogener Daten oder ihre Nutzung als Mittel für die Erfüllung eigener Geschäftszwecke beispielsweise zulässig, wenn es für die Begründung, Durchführung oder Beendigung eines rechtsgeschäftlichen oder rechtsgeschäftsähnlichen Schuldverhältnisses mit dem Betroffenen erforderlich ist. Weiterhin sind gemäß § 28 Abs. 1 Satz 2 BDSG bei der Erhebung personenbezogener Daten die Zwecke, für die die Daten verarbeitet oder genutzt werden sollen, konkret festzulegen.

Diese beiden gesetzlichen Regelungen stimmen mit den Handlungserwartungen der ISO 26000 in diesem Bereich überein. Die im Zusammenhang mit persönlichen Daten gesammelten Informationen sind auf bestimmte Zwecke zu begrenzen.

Die Übermittlung oder Nutzung für einen anderen Zweck ist nur unter bestimmten, vom BDSG geregelten Voraussetzungen zulässig (§ 28 Abs. 2 BDSG). Auch die Fälle, in denen die Verarbeitung oder Nutzung personenbezogener Daten für Zwecke des Adresshandels oder der Werbung erlaubt ist, werden gesetzlich festgelegt (§ 28 Abs. 3 BDSG).

Die Rechte des Konsumenten bestehen beispielsweise in der Benachrichtigung des Betroffenen über die erstmalige Speicherung seiner personenbezogenen Daten ohne seine Kenntnis (§ 33 BDSG), in der Erteilung einer Auskunft bezüglich seiner gespeicherten Daten durch die verantwortliche Stelle (§ 34 BDSG) sowie in der Berichtigung, Löschung und Sperrung von Daten unter anderem bei Unrichtigkeit der personenbezogenen Daten (§ 35 BDSG).

Im Fall einer Rechtsverletzung steht dem Betroffenen die bereits beschriebene Datenschutzbeschwerde zur Verfügung.

Weiterhin sind öffentliche und nicht öffentliche Stellen, die personenbezogene Daten automatisiert verarbeiten, gemäß § 4f Abs. 1 Satz 1 BDSG verpflichtet, einen Beauftragten für den Datenschutz schriftlich zu bestellen.

Der Schutz personenbezogener Daten wird durch § 9 Satz 1 BDSG in Verbindung mit der Anlage zu § 9 Satz 1 BDSG sichergestellt. Danach sind öffentliche und nicht öffentliche Stellen, die selbst oder im Auftrag personenbezogene Daten erheben, verarbeiten oder nutzen, verpflichtet, die technischen und organisatorischen Maßnahmen zu treffen, die erforderlich sind, um die Ausführung der Vorschriften des BDSG, vor allem die in der Anlage genannten Anforderungen zu gewährleisten. Dies sind beispielsweise eine Zutrittskontrolle, mit der Unbefugten der Zutritt zu Datenverarbeitungsanlagen, mit denen personenbezogene Daten verarbeitet oder genutzt werden, verwehrt wird, sowie eine Zugriffskontrolle, durch die erreicht wird, dass die zur Benutzung eines Datenverarbeitungssystems Berechtigten nur auf die ihrer Zugriffsberechtigung unterliegenden Daten zugreifen können (Anlage zu § 9 Satz 1 BDSG Satz 2 Nr. 1 und 3).

Die Erwartungen der ISO 26000 werden auch in diesem Bereich größtenteils erfüllt. Das deutsche Datenschutzrecht stellt zum einen verschiedene Voraussetzungen auf, die für die Tätigkeit mit personenbezogenen Daten erfüllt sein müssen. Zum anderen enthält es zahlreiche Instrumente, mit denen sich Betroffene gegen Rechtsverletzungen in diesem Bereich wehren können.

Konsumententhema 6: Sicherung der Grundversorgung

Die Grundversorgung wird teilweise durch den Staat, teilweise durch privatwirtschaftliche Unternehmen sichergestellt.

Auf das Thema „Sicherung der Grundversorgung" wurde bereits bei den Menschenrechten im Rahmen der wirtschaftlichen, sozialen und kulturellen Rechte eingegangen, hier auf den Bereich der Grundversorgung mit Strom und Gas.

Bezüglich der anderen für den Einzelnen notwendigen Dienstleistungen, wie die Bereitstellung von Wasser, Gas, Abwasserentsorgung und Telefon, stellt sich die Zuständigkeitsverteilung unterschiedlich dar. In den Bereichen Wasser und Abwasserentsorgung befindet sich die Verantwortung bei staatlichen Unternehmen, an denen jedoch oftmals privatwirtschaftliche Unternehmen beteiligt sind. Eine Liberalisierung des Wassermarkts hat bisher nicht stattgefunden.

Bei der Grundversorgung mit Strom und Gas ist der Versorger berechtigt, wenn der Kunde nicht zahlt trotz Mahnung die Grundversorgung vier Wochen nach Androhung unterbrechen zu lassen (§ 19 Abs. 2 Satz 1 der Verordnung über Allgemeine Bedingungen für die Grundversorgung von Haushaltskunden und die Ersatzversorgung mit Elektrizität aus dem Niederspannungsnetz [StromGVV]). Dies gilt gemäß § 19 Abs. 2 Satz 2 StromGVV nicht, wenn die Folgen der Unterbrechung in keinem Verhältnis zur Schwere der Zuwiderhandlung gegen die Verordnung stehen oder der Kunde darlegt, dass hinreichende Aussicht besteht, dass er seinen Verpflichtungen nachkommt. Eine Unterbrechung der Versorgung wegen Zahlungsverzugs ist nach § 19 Abs. 2 Satz 4 StromGVV auch nur zulässig, wenn der Kunde sich mit mindestens 100 Euro im Zahlungsrückstand befindet. Außerdem ist der Beginn der Unterbrechung dem Kunden drei Tage vorher anzukündigen.

Dies entspricht der Forderung der ISO 26000. Unternehmen, die die Grundversorgung gewährleisten, sollten bei Nichtzahlung eines Konsumenten diesem die Möglichkeit einräumen, die Zahlung innerhalb eines angemessenen Zeitraums nachzuholen, ohne bereits vorher die Versorgung einzustellen.

Auch sind die Betreiber von Netzen zur Energieübertragung verpflichtet, ihre Anlagen und Systeme zu warten und auszubauen bzw. für deren Leistungsfähigkeit zu sorgen (§§ 11 Abs. 1 Satz 1, 12 Abs. 3, 14 Abs. 1 Satz 1 sowie 15 Abs. 3 EnWG). Dies bezweckt die dauerhafte Sicherstellung der Energieversorgung, die auch die ISO 26000 postuliert.

Gemäß § 36 Abs. 1 Satz 1 EnWG besteht eine Pflicht der Energiegrundversorger, die allgemeinen Bedingungen und Preise für die Versorgung in Niederspannung oder Niederdruck öffentlich bekannt zu geben und im Internet zu veröffentlichen. Die Konsumenten können sich damit einen Überblick über deren

Preisgestaltung sowie Vertragsbedingungen verschaffen. Das Transparenzgebot, das ein grundsätzliches Prinzip der ISO 26000 darstellt, wird im Rahmen dieses Konsumententhemas noch einmal explizit als Handlungsanweisung angeführt.

Eine weitere Handlungserwartung der ISO 26000 in diesem Bereich bezieht sich auf die diskriminierungsfreie Belieferung aller Konsumentengruppen. § 17 Abs. 1 EnWG bestimmt, dass Betreiber von Energieversorgungsnetzen unter anderem Letztverbraucher zu technischen und wirtschaftlichen Bedingungen an ihr Netz anzuschließen haben, die diskriminierungsfrei sind. Hier besteht also eine Ausnahme von dem Grundsatz der Vertragsfreiheit. Betroffene Unternehmen dürfen den Netzanschluss gemäß § 17 Abs. 2 Satz 1 EnWG zu diskriminierungsfreien Bedingungen nur verweigern, wenn sie nachweisen, dass ihnen die Gewährung des Netzanschlusses aus betriebsbedingten oder sonstigen wirtschaftlichen oder technischen Gründen nicht möglich oder nicht zumutbar ist.

Dagegen gibt es keine gesetzliche Norm, die eine Gewährleistung der Grundversorgung mit einem Anschluss an das Telekommunikationsnetz vorschreibt. Hier liegt die Versorgung komplett in privater Hand und bei einer Vielzahl von Telekommunikationsanbietern. Es besteht das bereits mehrfach angeführte Prinzip der Vertragsfreiheit, das keinen Dienstleister dazu verpflichtet, dem Einzelnen einen Telefonanschluss zur Verfügung zu stellen.

Konsumententhema 7: Aufklärung und Bewusstseinsbildung

Es besteht eine umfassende Gesetzgebung im Bereich der Aufklärung von Konsumenten und deren Bewusstseinsbildung.

Bei der Aufklärung und Bewusstseinsbildung von Konsumenten sind die von der ISO 26000 aufgestellten Handlungserwartungen größtenteils durch bereits dargestellte Gesetze erfüllt. So sind Unternehmen, wie das Konsumententhema „Gesundheit und Sicherheit der Konsumenten" gezeigt hat, unter anderem nach dem GPSG, dem AMG und dem ChemG dazu verpflichtet, Verbraucher über Gefahren im Zusammenhang mit den Produkten aufzuklären sowie Produkte entsprechend zu kennzeichnen.

Bezüglich Kreditbedingungen und Informationen zu Finanz- und Investmentprodukten statuieren Art. 247 EGBGB sowie unter anderem das WpPG Informationspflichten.

Auch bestehen bei der VerpackV Pflichten der Vertreiber und Hersteller, die Verbraucher darüber aufzuklären, dass diese die Verpackung eines Produkts dem Hersteller zur Entsorgung überlassen können (§ 5 Abs. 2 VerpackV). Dies gilt auch für Umverpackungen sowie gemäß § 8 Abs. 1 Satz 2 VerpackV für Verkaufsverpackungen schadstoffhaltiger Füllgüter.

Der Forderung der ISO 26000 nach einer Aufklärung der Verbraucher über den Umweltschutz im Zusammenhang mit Produkten wird beispielsweise durch die Regelung in § 18 Abs. 2 des Gesetzes über das Inverkehrbringen, die Rücknahme und die umweltverträgliche Entsorgung von Batterien und Akkumulatoren (BattG) entsprochen. Danach sind die Hersteller verpflichtet, die Endnutzer unter anderem über die möglichen Auswirkungen der in Batterien enthaltenen Stoffe auf die Umwelt und die menschliche Gesundheit sowie über die Bedeutung der getrennten Sammlung und der Verwertung von Altbatterien für Umwelt und Gesundheit zu informieren.

Fazit

Die bestehende Gesetzgebung im Bereich der Konsumentenfragen bewahrt vor allem das von der ISO 26000 statuierte Prinzip die Interessen der Anspruchsgruppen zu achten. Eine bedeutende Anspruchsgruppe eines Unternehmens sind seine Kunden. Wie in der ISO 26000 gefordert, werden die Verbraucherinteressen in den deutschen Gesetzen in umfassendem Maße geschützt.

Dennoch hat sich gezeigt, dass die ISO 26000 in einigen Teilen über den Regelungsgehalt der existierenden Gesetze hinausgeht. Dies betrifft nicht die Fälle, in denen die Rechte von Konsumenten verletzt werden, indem ein Kaufgegenstand mangelhaft ist. Angesprochen werden damit die Interessen der Konsumenten an umfassender Beratung und möglichst einfachen und kurzen Beschwerdewegen.

Außerdem werden die Pflichten der Hersteller statuiert, Verbraucher über Gefahren im Zusammenhang mit Produkten sowie auf mögliche Umweltschutzmaßnahmen hinzuweisen. In diesem Bereich besteht eine hohe Regelungsdichte, durch die die Erwartungen der ISO 26000 größtenteils erfüllt werden.

4.1.7 Regionale Einbindung und Entwicklung des Umfelds

Im Bereich der regionalen Einbindung und Entwicklung des Umfelds bestehen kaum gesetzliche Verpflichtungen für Unternehmen.

Handlungsfeld 1: Regionale Einbindung

Die regionale Einbindung zielt darauf ab, Unternehmen nicht als außerhalb der Gemeinschaft stehende Gebilde erscheinen zu lassen, sondern diese in das gemeinschaftliche Leben einzubeziehen. Es sollen gemeinsam Probleme der Gemeinschaft gelöst und deren Entstehung vorgebeugt werden. Unterrepräsentierte Gruppen sollen bei der Entwicklung der Lösungen eingebunden werden, damit auch deren Belange berücksichtigt werden können.

Es existieren keine gesetzlichen Verpflichtungen, die hier eine aktive Förderungspflicht von Unternehmen statuieren.

Das Handlungsfeld der regionalen Einbindung findet in der deutschen Gesetzgebung kaum eine Entsprechung. Die ISO 26000 führt hier auch die Beachtung der Rechtsstaatlichkeit bei Tätigkeiten innerhalb dieses Handlungsfelds an. Diese wird von den bestehenden Gesetzen angeordnet. Was das Engagement eines Unternehmens in der Gemeinschaft, in der es seinen Standort hat, betrifft, macht das Gesetz jedoch keine Vorgaben. Solange sich ein Unternehmen bei seinen Handlungen im Rahmen der Gesetze bewegt, besteht kein Verstoß gegen diese. Die ISO 26000 geht hier weit über die existierenden Normen hinaus. Es wird eine aktive Förderungspflicht von Unternehmen verlangt. Dazu besteht jedoch keine gesetzliche Verpflichtung.

Handlungsfeld 2: Bildung und Kultur

Dasselbe gilt für das Handlungsfeld Bildung und Kultur. Unternehmen sind nicht verpflichtet, kulturelle Tätigkeiten oder Entwicklungen zu fördern. Diese Aufgabe fällt im Rahmen der deutschen Gesetzgebung in den Wirkungsbereich des Staats. Das Gesetz misst den Unternehmen neben ihrer wirtschaftlichen Tätigkeit keinen übergeordneten Zweck der Förderung des Allgemeinwohls im Bereich Bildung und Kultur bei.

Diese bezieht sich, wie im Rahmen der Arbeitsbedingungen bezüglich des BBiG gezeigt, aber nur auf die eigenen Arbeitnehmer, also Personen, die dem Unternehmen einen Mehrwert verschaffen. Hier liegt die Weiterbildung unmittelbar auch im Interesse des Unternehmens. Die Bildung von Mitgliedern der Gemeinschaft, die nicht in dem Unternehmen beschäftigt sind, ordnet das Gesetz nicht den Unternehmen zu. Auch dies ist primär Aufgabe staatlicher Organisationen. Derartige über der eigentlichen Funktion von Unternehmen liegenden Erwartungen stellt das Gesetz nicht.

Vor allem die Erwartung der Schulung über Menschenrechte und die Bewusstseinsbildung dafür findet keine Entsprechung im Gesetz.

Handlungsfeld 3: Schaffung von Arbeitsplätzen und Entwicklung von Fertigkeiten

Generelle Regelungen, die Unternehmen dazu verpflichten, Arbeitsplätze zu schaffen, gibt es nicht. Grundsätzlich ist jedes Unternehmen frei in seiner Entscheidung, wie viele Mitarbeiter es einstellen möchte. Im Fall der Kündigung von Arbeitnehmern greifen die bereits erläuterten umfassenden Arbeitsgesetze ein. Das AGG dagegen schreibt nur vor, dass die Mitarbeiter bei der Auswahl ohne Diskriminierungen beurteilt werden müssen.

In diesem Bereich bestehen kaum gesetzliche Regelungen. Die unternehmerische Freiheit würde dadurch beeinträchtigt. Maßnahmen von Unternehmen auf diesem Gebiet beruhen größtenteils auf Freiwilligkeit.

Normen, die Unternehmen zumindest indirekt dazu zwingen, Arbeitsplätze zu schaffen, finden sich in den §§ 71 ff. SGB IX. Gemäß § 71 Abs. 1 Satz 1 SGB IX haben private und öffentliche Arbeitgeber mit jahresdurchschnittlich monatlich mindestens 20 Arbeitsplätzen im Sinne des § 73 SGB IX an wenigstens 5 Prozent der Arbeitsplätze schwerbehinderte Menschen zu beschäftigen. Arbeitgeber mit im Jahresdurchschnitt weniger als 40 Arbeitsplätzen monatlich haben abweichend von Satz 1 einen schwerbehinderten Menschen, Arbeitgeber mit im Jahresdurchschnitt weniger als 60 Arbeitsplätzen monatlich zwei schwerbehinderte Menschen jahresdurchschnittlich je Monat zu beschäftigen (§ 71 Abs. 1 Satz 3 SGB IX). § 77 Abs. 1 Satz 1 SGB IX legt fest, dass Arbeitgeber für jeden unbesetzten Pflichtarbeitsplatz für schwerbehinderte Menschen eine Ausgleichsabgabe entrichten müssen, solange sie die vorgeschriebene Zahl schwerbehinderter Menschen nicht beschäftigen.

Dies bedeutet keine direkte Pflicht von Unternehmen, Arbeitsplätze zu schaffen. Vielmehr müssen die im Jahresdurchschnitt vorhandenen Stellen mit einer gewissen Quote an schwerbehinderten Menschen besetzt werden.

Bezüglich der Forderung der ISO 26000 nach einer Entwicklung der Fertigkeiten von Menschen ist wiederum auf das BBiG hinzuweisen, das die Fortbildungsmaßnahmen für die eigenen Mitarbeiter regelt. Programme zur Förderung anderer außerhalb des Unternehmens stehender Personen müssen nach dem Gesetz nicht angeboten werden.

Erwartungen der ISO 26000 dahin gehend, dass Unternehmen bei der Auswahl der eingesetzten Technologien berücksichtigen, wie diese sich auf die Schaffung von Arbeitsplätzen auswirken, und solche Technologien wählen, die, soweit dies wirtschaftlich umsetzbar ist, eine maximale Beschäftigung ermöglichen, sind jedoch nicht gesetzlich verankert. Ein Unternehmen ist nicht verpflichtet, den Einsatz bestimmter Technologien von deren Auswirkungen auf die Beschäftigungssituation abhängig zu machen. Hierbei handelt es sich um eine freie unternehmerische Entscheidung, in die nicht gesetzlich eingegriffen werden kann. Das Grundrecht des Eigentums gemäß Art. 14 GG, das nach Art. 19 Abs. 3 GG auch auf juristische Personen anwendbar ist, würde durch ein entsprechendes Gesetz berührt.

Auch muss ein Unternehmen die Entscheidung, Produktionsstandorte beispielsweise ins Ausland zu verlagern, nicht zunächst dahin gehend überprüfen, wie sich ein Weggang auf die Beschäftigung in der Region auswirkt. Auch dies wird vom Gesetzgeber als freie unternehmerische Entscheidung angesehen und daher nicht gesetzlich geregelt.

Handlungsfeld 4: Technologien entwickeln und Zugang zu diesen ermöglichen

Im Rahmen dieses Handlungsfelds erwartet die ISO 26000 von Unternehmen, dass diese Technologien entwickeln, die einen Beitrag zur Bekämpfung von Hunger und Armut sowie allgemein zur Entwicklung der örtlichen Gemeinschaft, in der das Unternehmen tätig ist, leisten. Es sollen Schulungen für Gemeinschaftsmitglieder angeboten werden, damit diese den Umgang mit neuen Technologien erlernen.

Diesbezüglich existieren keine Regelungen in deutschen Gesetzen. Unternehmen sind nicht dazu verpflichtet, neue Technologien zu entwickeln. Das Gesetz schafft lediglich Anreize für Investitionen in Forschung und Entwicklung. Hier lässt sich das bereits beschriebene Patentgesetz anführen.

Nach der Entwicklung einer Technologie besteht auch grundsätzlich keine Pflicht, diese der Öffentlichkeit zur Verfügung zu stellen. Die Technologie muss nicht auf den Markt gebracht werden. Geschieht dies aber doch, so kann ein Unternehmen die Bedingungen für die Vermarktung selbst festlegen. Es ist nicht verpflichtet, der örtlichen Gemeinschaft besonders günstige Bedingungen beim Erwerb der Technologie einzuräumen.

Handlungsfeld 5: Wohlstand und Einkommen schaffen

Im Rahmen der deutschen Gesetzgebung gibt es eine Vielzahl steuerrechtlicher Gesetze, die sicherstellen sollen, dass Unternehmen ihren steuerlichen Verpflichtungen nachkommen. Jedoch gibt es keine Verpflichtungen, die örtliche Gemeinschaft durch Unternehmerprogramme oder durch die bevorzugte Auswahl heimischer Lieferanten zu fördern.

Gesetzliche Regelungen für Unternehmen im Bereich der Schaffung von Wohlstand und Einkommen finden sich in der deutschen Steuergesetzgebung. Eine Forderung der ISO 26000 besteht darin, dass Unternehmen ihren Steuerverpflichtungen nachkommen und den staatlichen Organen wahrheitsgemäße Angaben machen, die für die Festsetzung der richtigen Steuer notwendig sind.
Für Unternehmen relevant sind vor allem das Körperschaftsteuergesetz (KStG), das Gewerbesteuergesetz (GewStG) sowie das Umsatzsteuergesetz (UStG).
Gemäß § 1 Abs. 1 Nr. 1 KStG sind beispielsweise Kapitalgesellschaften wie Aktiengesellschaften und GmbHs, die ihre Geschäftsleitung oder ihren Sitz im Inland haben, unbeschränkt körperschaftsteuerpflichtig. Die unbeschränkte Körperschaftsteuerpflicht erstreckt sich auf sämtliche Einkünfte (§ 1 Abs. 2 KStG). Gemäß § 23 Abs. 1 KStG beträgt der Steuersatz grundsätzlich 15 Prozent des zu versteuernden Einkommens.

Die Gewerbesteuer wird von den Gemeinden als Gemeindesteuer erhoben (§ 1 GewStG). Gemäß § 2 Abs. 1 Satz 1 GewStG unterliegt der Gewerbesteuer jeder stehende Gewerbebetrieb, soweit er im Inland betrieben wird. § 2 Abs. 2 Satz 1 GewStG bestimmt, dass die Tätigkeit unter anderem der Kapitalgesellschaften (Aktiengesellschaften, GmbHs etc.) stets und in vollem Umfang als Gewerbebetrieb gilt.

Der Umsatzsteuer unterliegen beispielhaft gemäß § 1 Abs. 1 Nr. 1 Satz 1 UStG Umsätze aus Lieferungen oder sonstigen Leistungen, die ein Unternehmer im Inland gegen Entgelt im Rahmen seines Unternehmens ausführt. Unternehmer ist dabei, wer eine gewerbliche oder berufliche Tätigkeit selbstständig ausübt (§ 2 Abs. 1 Satz 1 UStG).

Die so eingenommenen Steuern stehen auch teilweise den Gemeinden zu. Für die Gewerbesteuer wird dies schon im Grundgesetz in Art. 106 Abs. 6 Satz 1 festgelegt. Danach steht das Aufkommen an der Gewerbesteuer den Gemeinden zu.

Gemäß Art. 106 Abs. 5a Satz 1 GG erhalten die Gemeinden seit dem 1. Januar 1998 einen Anteil an dem Aufkommen der Umsatzsteuer. Der dazugehörige Verteilungsschlüssel wird von § 5c des Gesetzes zur Neuordnung der Gemeindefinanzen (GemFinRefG) bereitgestellt.

Unternehmen müssen damit Steuern an örtliche Gemeinschaften leisten. Steuern sind jedoch grundsätzlich nicht zweckgebunden und können von den Gemeinden für die Finanzierung vielfältiger Aufgaben eingesetzt werden. Somit leisten die Unternehmen einen Beitrag zur Entwicklung der örtlichen Gemeinschaften.

Bei Nichtbegleichung der Steuerschulden sieht das Gesetz zahlreiche Sanktionsmöglichkeiten vor. §§ 26a und 26b UStG stellen einen Katalog von Ordnungswidrigkeiten im Zusammenhang mit der Zahlung der Umsatzsteuer auf, die in ein Bußgeld münden können (§ 26a Abs. 2 UStG). Bei einer gewerbsmäßigen oder bandenmäßigen Schädigung des Umsatzsteueraufkommens kann es nach § 26c auch zu einer Freiheitsstrafe von bis zu fünf Jahren kommen.

In § 370 der Abgabenordnung (AO) werden die Folgen von Steuerhinterziehung – Freiheitsstrafe oder Geldstrafe – festgelegt.

Mithilfe dieser Gesetzgebung soll sichergestellt werden, dass Unternehmen die für sie festgesetzte Steuerschuld begleichen und dass bei einem Verstoß gegen die Steuergesetze ein wirksames Instrumentarium zur Aufdeckung und Sanktionierung von Steuerhinterziehung zur Verfügung steht.

Bezüglich der weiteren Handlungserwartungen der ISO 26000 in diesem Bereich bietet das Gesetz jedoch keine Regelungen. Die ISO 26000 verlangt beispielsweise, dass Unternehmen bei der Auswahl von Lieferanten überlegen sollen, örtlichen Lieferanten vor ortsfremden den Vorzug zu geben. Außerdem sollen Unternehmen zu Programmen beitragen, die Gemeinschaftsmitglieder darin ausbilden, selbst Unternehmungen gründen zu können.

Unternehmen sollen damit über ihre eigentliche Aufgabe, der Erwirtschaftung von Gewinn, der Sicherstellung des Funktionierens des Markts und einer damit verbundenen Wohlstandsmehrung, hinaus indirekt auch für die Allgemeinheit weitere Maßnahmen durchführen, die in direkter Weise zu einem Anwachsen des

Wohlstands einer örtlichen Gemeinschaft führen. Gesetzlich ist dies nicht geregelt. Auch hier besteht grundsätzlich eher eine Einstandspflicht des Staats.

Handlungsfeld 6: Gesundheit

Bereits bei den Kernthemen „Arbeitsbedingungen" und „Konsumentenfragen" wurde auf die Verpflichtungen der Unternehmen, die Gesundheit ihrer Arbeitnehmer sowie die der Konsumenten im Rahmen von Arbeits- oder Kundenverhältnissen zu gewährleisten, Bezug genommen. Eine Verpflichtung, an der Schaffung eines erleichterten Zugangs zu Arzneimitteln oder Schutzimpfungen für Arme oder Kranke mitzuwirken – beispielsweise von Pharmaunternehmen –, besteht nicht. Diese müssen ihre Produkte nicht kostenlos oder zu verbilligten Konditionen an Benachteiligte abgeben.

Pharmazeutische Unternehmen können die Preise für die von ihnen hergestellten Arzneimittel grundsätzlich zunächst frei bestimmen. Dennoch gibt es gesetzliche Regelungen, die dazu beitragen sollen, die Preise für Medikamente zu senken. So bestimmt § 35 SGB V sogenannte „Festbeträge" für bestimmte Arznei- und Verbandmittel. Dies bedeutet, dass die gesetzlichen Krankenversicherungen die Kosten für diese Produkte nur bis zu einem bestimmten Festbetrag ersetzen. Die zusätzlichen Kosten müssen die Versicherten selbst tragen und Zuzahlungen leisten. In der Konsequenz werden verstärkt Medikamente bezogen, die keine Zuzahlung erfordern, aber denselben Therapieeffekt haben.

Gemäß § 130a SGB V sind pharmazeutische Unternehmen verpflichtet, Rabatte auf die von ihnen hergestellten Arzneimittel zu gewähren.

Sinn dieser Regelungen ist es, die Finanzierung einer flächendeckenden Versorgung mit Medikamenten sicherzustellen.

Die ISO 26000 verlangt darüber hinaus, dass Unternehmen Kampagnen unterstützen sollen, die über bestimmte Krankheiten aufklären. Dazu besteht jedoch keine gesetzliche Verpflichtung. Die Förderung von Aufklärungsmaßnahmen kann auf freiwilliger Basis geschehen. Generell ist die Information über Gesundheitsgefahren aber dem Staat als Aufgabe zugewiesen.

Handlungsfeld 7: Investition zugunsten des Gemeinwohls

Auch was Investitionen zugunsten des Gemeinwohls betrifft, die die Unternehmen nach der Erwartung der ISO 26000 vornehmen sollen, existieren keinerlei gesetzliche Verpflichtungen. Die ISO 26000 spricht in diesem Bereich von Investitionen in die Infrastruktur der örtlichen Gemeinschaft sowie in Bildung und Kultur. Auch hier werden vornehmlich Wirkungskreise angesprochen, die Aufgabe des Staats sind.

In der Gemeindeordnung für den Freistaat Bayern (GO) beispielsweise wird es in Art. 57 den Gemeinden vorgegeben, die öffentlichen Einrichtungen zu schaffen und zu erhalten, die nach den örtlichen Verhältnissen für das wirtschaftliche,

Beispiel:

SAP AG, Walldorf

Die SAP AG mit Sitz in Walldorf ist der größte europäische Softwarekonzern. [130] Das Unternehmen fördert regionales Engagement, vor allem in der Heimatregion Rhein-Neckar, in der über 12.000 Mitarbeiter des Unternehmens leben und arbeiten. Ziel des regionalen Engagements von SAP ist es, die Vielfalt und Attraktivität der Region zu erhalten und zu fördern. [109]

Seit 2001 unterstützt SAP durch das Förderprogramm „Regionales Engagement" Projekte in der Metropolregion Rhein-Neckar. Gemeinnützige Initiativen und Vereine können sich zweimal jährlich um eine Gesamtfördersumme von 250.000 Euro bewerben. Gefördert werden gemeinnützige und innovative Projekte aus den gesellschaftlichen Schwerpunkten Bildung, Technologie, Wissenschaft und Umwelt. Die Förderung soll vorwiegend Kindern und Jugendlichen zwischen 3 und 19 Jahren zugute kommen. Insgesamt wurden so von SAP bereits über 160 Projekte mit über zwei Millionen Euro unterstützt. [109]

„SAP unterstützt diese gemeinnützigen Initiativen mit dem Ziel, die außerordentliche Innovationskraft der Region für die Zukunft noch weiter zu stärken. Wir setzen schon bei der jüngsten Generation an, wenn es darum geht, den Rhein-Neckar-Raum als ausgesprochene Wissensregion auszubauen", erklärt SAP-Finanzvorstand Werner Brandt, der auch Vorstandsmitglied des Vereins „Zukunft Metropolregion Rhein-Neckar" (ZMRN) ist. [133]

In diesem Zusammenhang unterstützt SAP beispielsweise das Projekt „Klimaschutz konkret – Zehn Familien machen ernst" der Bürgerstiftung Wiesloch. Dabei verpflichteten sich zehn Familien für ein Jahr zur Reduktion des durch sie verursachten CO2-Ausstoßes. Die Teilnehmer setzten sich ein konkretes Einsparziel und planten gemeinsam mit Experten die Maßnahmen und die Durchführung in den Bereichen Verkehr, Gebäude und Konsum. Ziel der Initiative ist es, durch diese Aktion Mitmenschen zu animieren, dem Beispiel zu folgen und so aktiv zum Klimaschutz beizutragen. [109]

SAP engagiert sich außerdem beim „Freiwilligentag in der Metropolregion Rhein-Neckar". Dabei werden die Bürger der Region dazu aufgerufen, sich einen Tag lang ehrenamtlich in einem gemeinnützigen Projekt zu engagieren. Zur Auswahl stehen Projekte unterschiedlicher Ausrichtung wie beispielsweise Bildung, Kinder und Jugendliche, Umweltschutz oder Kultur. [96]

Eine weitere Initiative, die von dem Softwarekonzern gefördert wird, ist die Vergabe von Stipendien an Schülerinnen und Schüler aus der Rhein-Neckar-Region, die als „Junge Botschafter der Metropolregion" ein Jahr im Ausland verbringen möchten. Ziel des Programms ist es, Schülern der Region internationale Erfahrungen zu ermöglichen, die als Rüstzeug für das persönliche und spätere berufliche Leben dienen können.

Auch finden am SAP-Standort Walldorf bereits seit Anfang der 90er-Jahre Kunstausstellungen statt. Neben international bekannten Künstlern wird dabei auch jungen, vielversprechenden Talenten eine Plattform geboten. Das Anliegen dieses kulturellen Engagements von SAP ist es, Mitarbeitern, interessierten Kunden und Partnern sowie einer breiten Öffentlichkeit die Kunst zugänglich zu machen und so einen kulturellen Beitrag für die Region zu leisten. [109]

Auch in anderen Ländern und Regionen, in denen SAP weltweit tätig ist, gibt es ähnliche lokale Initiativen zur regionalen Förderung. So engagieren sich viele SAP-Mitarbeiter auf dem amerikanischen Kontinent bei Freiwilligenprogrammen. In Asien arbeitet SAP mit der HOPE Foundation zusammen. Diese Initiative setzt sich für die Verbesserung der Ausbildung und das Allgemeinwohl junger Menschen ein. [108]

soziale und kulturelle Wohl und die Förderung des Gemeinschaftslebens ihrer Einwohner erforderlich sind, vor allem Einrichtungen der Gesundheit, des öffentlichen Unterrichts und der Erwachsenenbildung sowie der Kulturpflege.

Gesetzliche Verpflichtungen von Unternehmen, sich hier zu engagieren, bestehen nicht. Im Rahmen der Gesetze zur Wirtschaftsförderung werden lediglich Anreize geschaffen, in eine bestimmte Region zu investieren und damit die einheimische Wirtschaft zu unterstützen. Beispielhaft zu nennen ist das Gesetz über die Gemeinschaftsaufgabe „Verbesserung der regionalen Wirtschaftsstruktur“ (GRWG), in dem unter anderem die investive Förderung der gewerblichen Wirtschaft bei der Errichtung, dem Ausbau, der Umstellung oder der grundlegenden Rationalisierung von Gewerbebetrieben geregelt wird (§ 1 Abs. 1 Nr. 1 GRWG).

Fazit

Im Rahmen des Kernthemas „Regionale Einbindung und Entwicklung des Umfelds“ existieren im Vergleich zu den übrigen Kernthemen nur sehr wenige gesetzliche Regelungen. Die ISO 26000 spricht hier Aufgaben und Handlungen an, die in Deutschland klassischerweise dem Staat zugewiesen sind und nichts mit der eigentlichen Kerntätigkeit von Unternehmen zu tun haben. Für die Allgemeinheit wesentliche Belange wie die medizinische Versorgung, die Bildung etc. werden vom Staat garantiert. Hier besteht enormer Anpassungsbedarf für Unternehmen, die sich ISO-konform verhalten möchten.

4.2 Fremde nationale Regelungen mit Ausstrahlung auf deutsche Aktivität

4.2.1 Local-Content-Regelungen

Nach Local-Content-Regelungen muss ein bestimmter Anteil der Wertschöpfung – bezogen auf ein Produkt, das in einem Land verkauft werden soll – mit Ressourcen dieses Landes hergestellt worden sein. [56] Beispielsweise können die Regelungen vorsehen, dass Zuliefererteile von Inländern oder/und mit im Inland hergestellten Materialien produziert werden müssen. Dies dient dazu, die heimische Wirtschaft vor ausländischer Konkurrenz zu schützen. Wird der Local-Content-Anteil an der Produktion nicht erreicht, können den betroffenen Unternehmen Strafzölle drohen. [101] Dies schränkt die Wettbewerbsfähigkeit der Unternehmen ein, da sie ihre Waren zu einem höheren Preis verkaufen müssen, um die Strafzahlungen wieder ausgleichen zu können.

Local-Content-Regelungen beeinflussen den von der ISO 26000 postulierten fairen Wettbewerb. Andererseits verfolgt die ISO aber auch das Prinzip, dass die Arbeitnehmer des Gastlandes durch die ausländischen Unternehmen gefördert werden sollen. Dies wird durch Local-Content-Vorschriften erreicht.

Als prominente Beispiele für Staaten mit Local-Content-Regelungen gelten China (Local-Content-Bestimmungen unter anderem in der Chemie- und Pharmaindustrie) und Russland (Local Content beispielsweise in der Automobilindustrie).

Local-Content-Regelungen berühren im Bereich der ISO 26000 zunächst das Kernthema „Anständige Handlungsweisen von Organisationen“ und dabei das Handlungsfeld des fairen Wettbewerbs. Durch die Erhebung von Strafzöllen bei Unterschreitung des gesetzlich festgelegten Mindestanteils der lokalen Fertigung werden ausländische Lieferanten diskriminiert. Der Wettbewerb wird zugunsten der nationalen Wirtschaft beschränkt.

Unternehmen selbst können gegen diese Diskriminierung jedoch nicht vorgehen. Die ISO 26000 fordert, dass Unternehmen ihre Handlungen in Übereinstimmung mit dem Wettbewerbsrecht durchführen und damit zu einem fairen Wettbewerb beitragen. Dabei wird aber wohl davon ausgegangen, dass das Wettbewerbsrecht selbst sich an einem freien Wettbewerb ohne Marktbeschränkungen orientiert. Die Unternehmen müssen sich in den betreffenden Ländern an die Local-Content-Normen halten. Anderenfalls drohen ihnen erhebliche Wettbewerbsnachteile.

Hier besteht ein Zwiespalt zwischen der Erwartung der ISO 26000 nach fairem Wettbewerb und dem Prinzip der Rechtsstaatlichkeit, dessen Einhaltung die ISO 26000 postuliert. Verhält sich ein Unternehmen in einem Land mit Local-Content-Regelungen gesetzeskonform, wird der Wettbewerb beschränkt, da ein bestimmter Anteil der Wertschöpfung des zu verkaufenden Produkts aus inländischen Ressourcen hergestellt sein muss. Allerdings liegt auch dann eine Wettbewerbsbeschränkung vor, sollte sich ein Unternehmen den Vorschriften widersetzen. Denn die Strafzahlungen müssen kompensiert werden; das trifft in der Regel den Verbraucher oder Endkunden in Form eines höheren Kaufpreises. Die Produkte sind damit unter Umständen nicht mehr wettbewerbsfähig. Dies kann Unternehmen aus wirtschaftlichen Gründen dazu zwingen, sich doch gemäß den Local-Content-Regelungen zu verhalten.

Im Bereich des Kernthemas „Arbeitsbedingungen" im Handlungsfeld Beschäftigung und Arbeitsverhältnisse ist eine Forderung der ISO 26000, dass Unternehmen bei Tätigkeiten im Ausland die Beschäftigung, die berufliche Entwicklung, den Aufstieg und die Weiterentwicklung der Staatsangehörigen des Gastlandes verbessern sollen. Durch eine Bevorzugung inländischer Arbeitnehmer, wie sie die Local-Content-Vorschriften fordern, werden die einheimischen Beschäftigten gefördert. Angesprochen wird auch eine Beschaffungs- und Vertriebspolitik, die auf einheimische Unternehmen setzt. Dies entspricht in einem gewissen Maße den Local-Content-Vorschriften, die bestimmen, dass ein festgelegter Anteil eines Endprodukts aus inländischer Produktion stammen muss.

Auch die Menschenrechte sind von den Local-Content-Regelungen betroffen. Ausländische Arbeitnehmer, die entweder in dem Land leben oder sich aus dem Ausland heraus auf entsprechende Stellen bewerben, werden aufgrund ihrer Nationalität diskriminiert. Unternehmen werden durch die Gesetze quasi gezwungen, einheimische Arbeitnehmer zu bevorzugen. Jedoch verhindern die Local-Content-Regeln auch, dass Inländer benachteiligt werden, wenn es keine Vorgaben gibt. Es besteht damit ein Konflikt zwischen der Förderung der Einheimischen auf der einen Seite, die die ISO 26000 explizit für den Bereich der Arbeitsbedingungen fordert, und der Benachteiligung ausländischer Arbeitnehmer und Lieferanten auf der anderen Seite. Dies ist nicht im Sinne der ISO 26000 unter dem Aspekt des fairen Wettbewerbs und der Menschenrechte.

Außerdem wird das Kernthema „Regionale Einbindung und Entwicklung des Umfelds" berührt. In Entwicklungsländern haben Einheimische zumeist nur geringe Chancen, in höheren Posten bzw. im Management eingesetzt zu werden. Dies liegt zum einen an der oftmals geringeren Bildung der inländischen Bevölkerung, zum anderen aber auch an dem Interesse des ausländischen Unternehmens, die Schlüsselpositionen mit Arbeitnehmern aus dem eigenen Land zu besetzen. Insofern stellen Local-Content-Regelungen zumindest in Regionen, in denen Einheimische ansonsten keinen Zugang zu besseren Unternehmenspositionen haben, auch eine Möglichkeit dar, die Region wirtschaftlich weiterzuentwickeln und damit bessere Lebensbedingungen für die Bevölkerung zu schaffen.

4.2.2 Weitere Normenwerke

USA: Foreign Corrupt Practices Act of 1977 (FCPA), 15 U.S.C. §§ 78dd-1 ff.

Der Foreign Corrupt Practices Act von 1977 stellt das im Zusammenhang mit der Vermeidung und Sanktionierung von Korruptionsdelikten wohl bekannteste Bundesgesetz der USA dar. Es besteht aus zwei Teilen: zum einen dem § 78m (Accounting Provisions) und zum anderen den §§ 78dd-1 bis 78dd-3 (Antibribery Provisions).

Der Foreign Corrupt Practices Act ist ein US-Bundesgesetz, das Korruption vermeiden soll. Dies soll einerseits durch Regelungen zur Buchführungspflicht, andererseits durch Normen, die die Bestechung bestimmter Personen sanktionieren, erreicht werden. Auch die ISO 26000 erwartet, dass Maßnahmen zur Korruptionsvermeidung unternommen werden.

Im ersten Teil, den Accounting Provisions, werden Regeln bezüglich der Buchführungspflichten aufgestellt.

So bestimmt § 78m (b) (2) (A), dass Unternehmen, deren Wertpapiere an den US-Börsen zum Handel zugelassen sind (§ 78m in Verbindung mit § 78l) sowie Broker oder Händler, die regelmäßig zur Berichterstattung gegenüber der Securities Exchange Commission (S.E.C., US-Börsenaufsicht) verpflichtet sind (§ 78m in Verbindung mit § 78o (d)), Bücher, Unterlagen und Konten führen müssen, die in einer angemessenen Detailtiefe ordentlich und genau die Transaktionen und Verfügungen hinsichtlich der Vermögensgegenstände der Gesellschaft widerspiegeln.

Außerdem besteht gemäß § 78m (b) (2) (B) die Vorgabe, ein internes Kontrollsystem zu erarbeiten und zu erhalten, das die Einhaltung dieser Buchführungspflichten überwacht.

Sinn dieser Regelungen, denen man auf den ersten Blick keinen Zusammenhang mit Antikorruptionsmaßnahmen einräumen wird, ist es, korrupte Handlungen von Unternehmen aufzudecken. Häufig geschieht es, dass Bestechungsgelder als Beratungshonorare deklariert werden und damit die Bilanzen verfälschen. [49] Deutsche Unternehmen fallen in den Anwendungsbereich des FCPA, wenn sie selbst an einer US-Börse gelistet sind. Der FCPA findet aber zumindest mittelbar Anwendung auf deutsche Tochtergesellschaften börsennotierter US-Unternehmen. Sobald die deutschen Gesellschaften im Rahmen ihrer Buchführung beispielsweise Bestechungszahlungen nicht oder falsch ausweisen, wirkt sich dies auch auf die Rechnungslegungsunterlagen des deutschen oder US-Mutterunternehmens aus. Somit müssen faktisch auch die deutschen Tochtergesellschaften die Accounting Provisions beachten.

Im zweiten Teil des FCPA, den Antibribery Provisions, finden sich die eigentlichen Antikorruptionsregeln. Danach ist es verboten, ausländische Beamte, sogenannte „foreign officials“, ausländische Parteien und deren Offizielle oder Kandidaten für politische Ämter im Ausland zu bestechen. Außerdem sind auch andere Personen erfasst, wenn bekannt ist, dass diese die erhaltenen Bestechungsgelder an die genannten Personen oder Parteien weiterleiten.

Der Begriff des „foreign official" ist gegenüber dem Begriff des Amtsträgers im deutschen Strafrecht gemäß § 11 Abs. 1 Nr. 2 StGB weiter gefasst. Demnach sind sowohl leitende als auch einfache Mitarbeiter ausländischer Regierungen, deren Ministerien, Behörden oder Vermittlungen sowie von öffentlichen internationalen Organisationen erfasst. Der Begriff erstreckt sich auch auf Personen, die in amtlicher Funktion für eine solche Regierung, ein solches Ministerium, eine solche Agentur oder Vermittlung oder für eine öffentliche internationale Organisation oder in deren Namen tätig sind (§ 78dd-1 (f) (1)).

Wichtig zu wissen ist in diesem Zusammenhang, dass bei der Auslegung des Begriffs der „foreign officials" auch Mitarbeiter staatlicher oder staatlich kontrollierter Unternehmen gemeint sind. [51] Von diesen Antikorruptionsregeln erfasst sind die bereits erwähnten Unternehmen gemäß § 78l und die Broker und Händler im Sinne des § 78o (d), inländische Unternehmen, aber auch alle Personen, die vom Staatsgebiet der Vereinigten Staaten aus Handlungen zur Korruptionsförderung vornehmen (§ 78dd-3 (a)). Letzteres bedarf besonderer Beachtung, da es hierfür bereits ausreichen soll, ein Telefonat aus den USA mit der beschriebenen Zweckrichtung zu führen, auch wenn die Tat ansonsten keinen Bezug zu den USA hat. [50] Im Unterschied zum deutschen Recht können sich nach dem FCPA auch juristische Personen strafbar machen. Dabei sind Geld-, aber auch Freiheitsstrafen denkbar.

Im Rahmen des Bestechungsverbots können die Geldstrafen für Unternehmen bis zu 2.000.000 US-Dollar, diejenigen für natürliche Personen bis zu 100.000 US-Dollar betragen (§ 78dd-2 (g) (1) (A), § 78dd-3 (g) (1) (A), § 78ff (c) (1) (A), (c) (2) (A)). Es ist eine Freiheitsstrafe von bis zu fünf Jahren möglich (§ 78dd-2 (g) (2) (A), § 78dd-3 (g) (2) (A), § 78ff (c) (2) (A)).

Durch den FCPA berührt sind vor allem die Kernthemen „Organisationsführung" und „Anständige Handlungsweisen" der ISO 26000.

Bei der Organisationsführung sind in diesem Zusammenhang vor allem die Prinzipien der Rechenschaftspflicht, der Transparenz, der Achtung der Interessen der Anspruchsgruppen sowie der Gesetzestreue hervorzuheben.

Die Pflicht, ein ordnungsgemäßes Buchführungssystem aufzubauen (books and records), gewährleistet Transparenz hinsichtlich der Geschäftsvorfälle im Unternehmen. Zahlungen zum Zweck der Bestechung sollen aufgedeckt und damit quasi verhindert werden, da die Bestechung, wie aufgezeigt, nach dem FCPA strafbar ist. Die Pflicht des Unternehmens, auch Bestechungszahlungen korrekt zu verbuchen, soll dazu führen, dass diese nachvollzogen und nicht mehr verschleiert werden können.

Gleichzeitig wird hiermit dem Prinzip der Rechenschaftspflicht Genüge getan. Durch die ordnungsgemäße Abbildung von Transaktionen und Verfügungen des Unternehmens über seine Vermögensgegenstände wird Rechenschaft über die Vorfälle im Unternehmen abgelegt. Sollten sich aus den Rechnungslegungsunterlagen Verstöße gegen die Antikorruptionsregeln erkennen lassen, so können diese sanktioniert werden.

Mit der Pflicht, ein internes Kontrollsystem zur Überwachung der Einhaltung einer ordnungsgemäßen Buchführung zu entwickeln und aufrechtzuerhalten, wird dem Prinzip der Gesetzestreue Rechnung getragen. Die Unternehmen sind einerseits verpflichtet, die gesetzlichen Regelungen des FCPA einzuhalten, andererseits müssen sie, um deren Einhaltung zu gewährleisten, auch ein internes Überwachungssystem installieren. Der Gesetzgeber will damit sicherstellen, dass die gesetzlichen Vorgaben auch wirklich eingehalten werden.

Dadurch wird letztendlich auch den Interessen der Anspruchsgruppen der Unternehmen entsprochen. § 78m (a) spricht von einer „proper protection of investors", also einem ordnungsgemäßen Schutz von Investoren, die ihr Geld dem Unternehmen anvertrauen. Deren Interessen wird mit einer ordnungsgemäßen Buchführung insofern Genüge getan, als dass sie sich ein Bild über die wirtschaftliche und finanzielle Lage des Unternehmens machen und dementsprechend ihre Investitionsentscheidungen ausrichten können.

Im Bereich der anständigen Handlungsweisen und Umgangsformen von Organisationen in der ISO 26000 ist das Handlungsfeld der Antikorruption durch den FCPA angesprochen.

Mit der Verpflichtung, ein internes System zur Einhaltung der Buchführungsvorschriften einzuführen, besteht indirekt die Möglichkeit, Bestechung entgegenzuwirken. Unternehmen müssen Bestechungsgelder korrekt ausweisen, was letztlich zu einer Sanktionierung nach dem FCPA führen wird. Dies bedeutet eine wesentlich höhere Gefahr der Aufdeckung entsprechender Zahlungen und somit einen geringeren Anreiz für Unternehmen, zu bestechen. Der Forderung der ISO 26000 nach internen Kontrollen zur Vermeidung von Korruption wird damit zumindest mittelbar entsprochen.

Dadurch, dass der FCPA bereits zur Anwendung kommt, wenn korrupte Handlungen, die sonst keinen Bezug zu den USA haben, jedoch vom Staatsgebiet der Vereinigten Staaten aus vorgenommen wurden, sowie durch den großen Kreis von Personen, die nicht bestochen werden dürfen, erfasst der FCPA zahlreiche Handlungen und stellt diese unter Strafe.

RSA: Codes of Black Economic Empowerment (BEE) – neueste Version „Broad-Based Black Economic Empowerment (B-BBEE)“

Die Regelungen im Rahmen des Black Economic Empowerment bezwecken die wirtschaftliche und soziale Emanzipation der durch die Apartheid benachteiligten Gruppen. Erwartungen der ISO 26000 werden vor allem im Bereich der Arbeitsbedingungen, der Menschenrechte und der regionalen Einbindung erfüllt. Es besteht jedoch die Gefahr der Diskriminierung anderer Bevölkerungsgruppen. Dies widerspricht der Zielsetzung der ISO.

Die Bestrebungen der Republik Südafrika im Rahmen des sogenannten „Black Economic Empowerment (BEE)“ zielen darauf ab, die Bevölkerungsgruppen, die während der Apartheid benachteiligt wurden, stärker in das Wirtschaftsleben einzubeziehen. Dies betrifft vor allem die Personengruppe der Afrikaner, Farbigen und Inder [27] und innerhalb dieser Gruppe besonders die Frauen, Alten, Behinderten sowie Menschen aus ländlichen Gegenden. Diese waren zu Zeiten der Rassendiskriminierung weitestgehend von der wirtschaftlichen Entwicklung ausgeschlossen. Die erwirtschafteten Vermögenswerte wurden auf eine kleine Gruppe von Personen verteilt. Der Großteil der südafrikanischen Bevölkerung hatte keinen Zugang zu Bildung. Außerdem war es den Farbigen nicht erlaubt, selbstständig Unternehmen zu gründen. [28]
Mit dem BEE soll die – aufgrund der anhaltenden negativen wirtschaftlichen Folgen für Farbige – bestehende Ungleichheit zu der Bevölkerungsgruppe der Weißen aufgehoben werden. Farbige sollen die Möglichkeit erhalten, gleichwertige Wirtschaftsteilnehmer zu werden [29] und so zum Wohlstand und zur Entwicklung des Landes beizutragen.

Das wichtigste im Zusammenhang mit dem BEE stehende Gesetz ist der Broad-Based Black Economic Empowerment Act von 2003 (BBBEEA). Dieser definiert Broad-Based Black Economic Empowerment als die wirtschaftliche Ermächtigung aller Afrikaner, Farbigen und Inder, der sogenannten „black people“, einschließlich der Frauen, Arbeiter, Jugendlichen, Behinderten und Menschen aus ländlichen Gebieten, durch verschiedene, integrierte sozialökonomische Strategien (Section 1 BBBEEA). Dies soll beispielhaft erreicht werden durch die Steigerung der Anzahl der „black people“, die Eigentümer von Unternehmen und Produktivvermögen sind und diese verwalten und kontrollieren, durch die Investition in solche Unternehmen sowie die Entwicklung von Personal und Fähigkeiten (Section 1 BBBEEA).

Zur Erreichung der Ziele des BBBEEA erstellte der Minister für Handel und Industrie Verhaltenskodizes (Codes of Good Practice) im Sinne der Section 9 BBBEEA.

So enthält Code 000 eine Wertungsliste, anhand derer geprüft wird, ob und wie Unternehmen zur Förderung der „black people“ in der Wirtschaft beitragen. Diese sogenannte „scorecard“ bewertet bestimmte Kriterien wie beispielsweise die Eigentums- und Leitungsstruktur von Unternehmen, den Anteil von Afrikanern, Farbigen und Indern an der Beschäftigtenzahl (wobei hier nicht nur auf die Anzahl, sondern auch auf die Position dieser Personengruppe im Unternehmen geachtet wird) sowie Fortbildungsprogramme für diese Personen, die vom Unternehmen angeboten werden. [25] Je größer der Anteil der „black people" in einem Unternehmen bzw. je mehr zu deren Fortbildung beigetragen wird, desto höhere Punktzahlen können erreicht werden.

Für Unternehmen, die in Südafrika tätig sind, hat eine möglichst hohe Punktzahl den Vorteil, dass sie nur so staatliche Aufträge erlangen können. Die staatlichen Organe müssen bei der Vergabe von Lizenzen, Konzessionen und Aufträgen die Punktzahl eines Unternehmens zwingend beachten. Außerdem wählen andere Unternehmen ihre Zulieferer und Lieferanten nach deren Punktzahl aus, da sie dadurch auch selbst Punkte erzielen können.

Der BBBEEA sowie die dazugehörigen Verhaltensanweisungen für Unternehmen berühren im Rahmen der ISO 26000 die Kernthemen „Organisationsführung", „Menschenrechte", „Arbeitsbedingungen" sowie „Regionale Einbindung und Entwicklung des Umfelds".

Durch die Gleichstellung sollen eine intensivere Vertretung der „black people" sowie eine stärkere Verteilung der Verantwortung auf diese im Unternehmen erreicht werden. Die ISO 26000 spricht insofern von einer gerechten Gelegenheit für unterrepräsentierte Gruppen, höhere Positionen in Organisationen zu erlangen. Durch das BEE wird es der Gruppe der „black people" ermöglicht, nicht mehr lediglich als Hilfsarbeiter in einem Unternehmen beschäftigt zu werden, sondern auch Positionen mit Verantwortung übertragen zu bekommen. Die Bestrebungen im Rahmen des BEE bergen jedoch auch die Gefahr in sich, die ehemals Benachteiligten einseitig zu bevorzugen. Dies ist zumindest insofern gegeben, als sich im Fall des Erreichens eines einheitlichen Bildungsstandards der „Weißen" und der „black people" sowie einer gerechteren Vertretung Letzterer in der Wirtschaft nichts an den Regelungen zur bevorzugten Behandlung der „black people" ändert. Das BEE geht in diesem Punkt nicht konform mit der ISO 26000.

Bezüglich der von der ISO 26000 auf Organisationen übertragenen Erwartung, die Prinzipien der gesellschaftlichen Verantwortung zu verwirklichen, lässt sich anführen, dass die Förderung benachteiligter Gruppen durch Unternehmen nicht nur auf die geförderten Personen selbst, sondern auch auf die gesamte Gesellschaft positive Auswirkungen hat. Durch die verstärkte Beteiligung Benachteiligter am Wirtschaftsleben lassen sich Wohlstand und immaterielle Werte wie Selbstschätzung und Zufriedenheit von Menschen steigern.

Auch bei den Menschenrechten sowie den Arbeitsbedingungen werden durch das BEE grundsätzlich Erwartungen der ISO 26000 erfüllt. So dürfen Benachteiligte nicht mehr diskriminiert werden, weder bei den Einstellungsvoraussetzungen und den Arbeitsbedingungen noch bei den Bildungs- oder Aufstiegsmöglichkeiten.

Was die regionale Einbindung von Unternehmen anbelangt, so vergibt der Code 700 auch Punkte für die sozialökonomische Entwicklung durch die Initiierung öffentlicher Programme, die gerade diese Entwicklung zur Zielsetzung haben. [26] Durch die Einführung und Unterstützung von Entwicklungsprogrammen wird ein Beitrag zur Entwicklung der betroffenen Region geleistet und es werden nicht nur im Unternehmen selbst die eigenen Mitarbeiter gefördert.

Auch besteht durch das BEE ein verstärkter Anreiz für Unternehmen, Arbeitsplätze gerade für „black people" zu schaffen bzw. die bereits geplanten Stellen mit Arbeitnehmern aus dieser Gruppe zu besetzen. Dies bedeutet für die Region, in der das Unternehmen tätig ist, eine Zunahme des Wohlstands sowie die Abnahme von Kriminalität und sozialen Missständen. Die Region entwickelt sich wirtschaftlich und sozial. Dies beschränkt sich nicht auf die Beschäftigten, sondern überträgt sich mit ihnen auf ihre Familien und damit auf die ganze Gesellschaft.

4.3 Supranationale Normen und Regelwerke

4.3.1 Völkerrechtliche Verträge und Internationale Übereinkommen

Universal Declaration of Human Rights der Vereinten Nationen (UN-Menschenrechtscharta)

Die Declaration of Human Rights ist eine völkerrechtliche Erklärung, in der sich die Vereinten Nationen zu den Menschenrechten bekennen. Sie umfasst 30 Artikel, in denen die Menschenrechte einzeln behandelt werden.

Art. 1 Satz 1 der Erklärung stellt fest, dass alle Menschen frei und gleich an Würde und Rechten geboren sind. Weiterhin führt Art. 2 aus, dass alle Menschen Anspruch auf die in der Erklärung enthaltenen Rechte haben, unabhängig von Rasse, Geschlecht, Religion, Vermögen etc.

In den nachfolgenden Artikeln werden die einzelnen Menschenrechte behandelt. Beispielhaft zu nennen sind das Menschenrecht auf Leben, Freiheit und Sicherheit der Person (Art. 3), auf rechtliches Gehör (Art. 8), auf Gedanken-, Gewissens- und Religionsfreiheit (Art. 18), auf Meinungsfreiheit (Art. 19) sowie auf die Teilnahme am kulturellen Leben der Gemeinschaft und die Teilhabe an den Errungenschaften des wissenschaftlichen Fortschritts (Art. 27).

Verboten sind unter anderem Folter (Art. 5) und Diskriminierungen jeglicher Art (Art. 7).

Die Universal Declaration of Human Rights bildet mit dem Internationalen Pakt über bürgerliche und politische Rechte sowie dem Internationalen Pakt über wirtschaftliche, soziale und kulturelle Rechte das zentrale Menschenrechtsabkommen. Weitere sieben Kerninstrumente der Vereinten Nationen komplettieren die internationalen Verhaltensstandards der Menschenrechten. Die ISO 26000 nimmt ausdrücklich Bezug auf die Charta.

Als Erklärung ist die UN-Menschenrechtscharta für die Mitgliedstaaten der Vereinten Nationen völkerrechtlich nicht verbindlich. Zusammen mit dem Internationalen Pakt über bürgerliche und politische Rechte sowie dem Internationalen Pakt über wirtschaftliche, soziale und kulturelle Rechte bildet die Declaration of Human Rights das zentrale Menschenrechtsabkommen. [72]

Es existieren sieben weitere internationale Kerninstrumente der Vereinten Nationen, die mit den genannten Regelungswerken die Grundlage für internationale Verhaltensstandards bezüglich der allgemeinen Menschenrechte bilden. Diese behandeln die Themen Beseitigung jeder Form der Rassendiskriminierung [143], Beseitigung jeder Form der Diskriminierung der Frau [146], Vorbeugung und Beseitigung von Folter und anderen grausamen, unmenschlichen oder erniedrigenden Behandlungen oder Strafen [147], Rechte des Kindes, Beteiligung von Kindern an bewaffneten Konflikten, Verkauf von Kindern, Kinderprostitution und Kinderpornografie [144], Schutz der Rechte aller Wanderarbeiter und ihrer Familienangehörigen [148], Schutz aller Personen vor erzwungenem Verschwinden [142] und Rechte von Menschen mit Behinderungen. [145]

Die ISO 26000 fasst die Verhaltensstandards quasi zusammen und behandelt alle in diesen geregelten Sachverhalte.

Die durch die Declaration of Human Rights besonders berührten Kernthemen der ISO 26000 sind „Menschenrechte“, “Arbeitsbedingungen“ sowie „Regionale Einbindung und Entwicklung des Umfelds“.

Die ISO 26000 bezieht sich in den Kernthemen „Menschenrechte“ und „Arbeitsbedingungen“ explizit auf die Allgemeine Erklärung der Menschenrechte.

Art. 27 Ziff. 1 der Allgemeinen Erklärung der Menschenrechte statuiert das Recht eines jeden, am wissenschaftlichen Fortschritt und dessen Errungenschaften teilzuhaben. Die ISO 26000 verlangt im Bereich der „Regionalen Einbindung und Entwicklung des Umfelds“, dass Organisationen Maßnahmen durchführen, die einen Transfer und eine Verbreitung von Technologien im Rahmen der örtlichen Gemeinschaft, in der die Organisation tätig ist, ermöglichen. Dies kann durch die Vergabe von Lizenzen zu angemessenen Bedingungen stattfinden. Damit sollen gerade Einheimische gefördert werden. Art. 27 Abs. 1 spezifiziert den Zugang zum wissenschaftlichen Fortschritt nicht genau. Jedoch kann die Forderung der ISO 26000 in diesem Bereich als in Art. 27 Abs. 1 erfasst angesehen werden.

Im Vergleich zur ISO 26000 bleibt die Allgemeine Erklärung der Menschenrechte weniger detailliert und gibt nur einen Rahmen vor, an dem sich die einzelnen Nationen bei ihrer Gesetzgebung orientieren können. Jedoch ergibt sich im Zusammenspiel der UN-Menschenrechtscharta mit den genannten zusätzlichen Regelungswerken eine ausführliche Beschreibung der von Organisationen zu beachtenden internationalen Verhaltensstandards.

Regelungen der ILO (International Labour Organization)

Die Regelungen der ILO im Bereich der Arbeitsbedingungen sind Grundlage der ISO 26000 auf diesem Gebiet. Die Erwartungen, die die ISO 26000 aufstellt, entsprechen damit den Prinzipien der ILO.

Die International Labour Organization (ILO) ist eine Sonderorganisation der Vereinten Nationen (UN) mit Hauptsitz in Genf. Die Mitgliedstaaten der UN haben Vertreter sowohl aus den jeweiligen Regierungen als auch aus den Reihen von Arbeitgebern und Arbeitnehmern in die ILO entsandt. Aufgabe der ILO ist es, Arbeits- und Sozialnormen aufzustellen, um international einen einheitlichen Standard menschenwürdiger Arbeits- und Sozialbedingungen zu etablieren. [69]

Die Verfassung der ILO betrachtet es als Verpflichtung, in den einzelnen Nationen der Welt solche Programme zu unterstützen, die Ziele wie den Ausbau von Maßnahmen der sozialen Sicherheit, angemessenen Schutz für das Leben und die Gesundheit der Arbeitnehmer, Schutz für Mutter und Kind sowie die Gewährleistung gleicher Gelegenheiten in Erziehung und Beruf verfolgen (Verfassung der Internationalen Arbeitsorganisation, Anlage: Erklärung über die Ziele und Zwecke der Internationalen Arbeitsorganisation, III f), g), h) und j)).

Die ILO hat im Jahr 1998 eine Erklärung über die grundlegenden Prinzipien und Rechte bei der Arbeit und ihre Folgemaßnahmen abgegeben. Demnach sind die Kernarbeitsnormen die Vereinigungsfreiheit und die effektive Anerkennung des Rechts zu Kollektivverhandlungen, die Beseitigung aller Formen von Zwangs- oder Pflichtarbeit, die effektive Abschaffung der Kinderarbeit und die Beseitigung der Diskriminierung in Beschäftigung und Beruf.

Neben den von der ILO abgegebenen Erklärungen unterscheidet man bei den von ihr verabschiedeten Regelungen zwischen Übereinkommen und Empfehlungen. Übereinkommen sind in der Bundesrepublik Deutschland nur dann rechtlich bindend, wenn sie durch ein Bundesgesetz ratifiziert werden (Art. 59 Abs. 2 Satz 1 GG). Grundsätzlich besteht keine Verpflichtung zur Ratifizierung. [68] Empfehlungen stellen lediglich einen Leitfaden für die Politik dar und müssen nicht ratifiziert werden. Sie sind auch nicht verbindlich.

Von der Bundesrepublik Deutschland ratifiziert wurde beispielsweise das Übereinkommen (Nr. 182) über das Verbot und unverzügliche Maßnahmen zur Beseitigung der schlimmsten Formen der Kinderarbeit von 1999.

Gemäß Art. 1 dieses Übereinkommens hat jeder Mitgliedstaat, der das Übereinkommen ratifiziert hat, unverzügliche und wirksame Maßnahmen zu treffen, um sicherzustellen, dass die schlimmsten Formen der Kinderarbeit vordringlich verboten und beseitigt werden. Als schlimmste Formen der Kinderarbeit definiert Art. 3 unter anderem alle Formen der Sklaverei sowie Arbeit, die ihrer Natur nach oder aufgrund der Umstände, unter denen sie verrichtet wird, voraussichtlich für die Gesundheit, die Sicherheit oder die Sittlichkeit von Kindern schädlich ist.

Weitere Übereinkommen der ILO sind beispielsweise das Übereinkommen (Nr. 98) über das Vereinigungsrecht und das Recht zu Kollektivverhandlungen, das Übereinkommen (Nr. 111) über die Diskriminierung in Beschäftigung und Beruf sowie das Übereinkommen (Nr. 30) über die 40-Stunden-Woche.

Empfehlungen der ILO beziehen sich unter anderem auf den Arbeitsschutz und die Arbeitsumwelt (Nr. 164), den Lohnschutz (Nr. 85) sowie das Arbeitsverhältnis (Nr. 198).

Durch die Regelungen der ILO werden im Fall der Ratifizierung der Übereinkommen bzw. der Befolgung der Empfehlungen von der ISO 26000 aufgestellte Erwartungen erfüllt. Dies betrifft die Kernthemen „Menschenrechte" sowie „Arbeitsbedingungen". Die berührten Prinzipien sind vor allem die Wahrung der Interessen der Anspruchsgruppen und das ethische Verhalten.

Die ISO 26000 nimmt im Bereich der Menschenrechte und der Arbeitsbedingungen konkret Bezug auf die in den Regelungswerken der ILO aufgestellten Prinzipien und orientiert sich an diesen. Es wird ausdrücklich erklärt, dass eine gerechte und diskriminierungsfreie Behandlung von Arbeitnehmern durch eine Gesetzgebung, die im Einklang mit den Arbeitsnormen der ILO steht, erreicht wird.

Die Regelungen der ILO entsprechen damit den Erwartungen der ISO 26000. Ausbeuterische Arbeitsbedingungen, Kinderarbeit, Diskriminierungen von Arbeitnehmern aufgrund bestimmter persönlicher Eigenschaften etc. sollen verhindert werden. Demgegenüber sollen faire Arbeitsbedingungen auf der ganzen Welt und soziale und gesundheitliche Schutzmaßnahmen für Arbeitnehmer geschaffen sowie Rechte der Arbeitnehmer wie die Vereinigungsfreiheit durchgesetzt werden.

Problematisch ist aber wie bereits beschrieben, dass keine Verpflichtung der Mitgliedstaaten zur Umsetzung der Übereinkommen und Empfehlungen besteht. Selbst bei der Ratifizierung eines Übereinkommens in Deutschland, bindet dieses zunächst nur die Bundesrepublik. Unternehmen sowie andere natürliche und juristische Personen, soweit es solche des Privatrechts sind, müssen diese Vorschriften erst beachten, wenn sie in innerstaatliches Recht umgewandelt wurden. Man spricht insofern von einem sogenannten „Transformationsgesetz". Vorher entfalten völkerrechtliche Verträge oder Übereinkommen für Unternehmen keine Wirkung.

Die Bundesrepublik hat zahlreiche Übereinkommen der ILO ratifiziert und in nationales Recht umgesetzt.

4.3.2 Selbstverpflichtungen

UN Global Compact

Der United Nations Global Compact ist ein Pakt der Vereinten Nationen, dem Unternehmen freiwillig beitreten können. Im Zusammenspiel mit von der UN ergänzenden Publikationen zu den einzelnen in ihm geregelten Grundsätzen bildet der Pakt den größten Teil der von der ISO 26000 aufgestellten Erwartungen ab.

Der United Nations Global Compact (UNGC) ist ein Regelwerk der Vereinten Nationen, bestehend aus zehn Prinzipien zu den Themen „Menschenrechte", „Arbeitsnormen", „Umweltschutz" sowie „Korruptionsbekämpfung". Dieser Kodex ist jedoch nicht verpflichtend, sondern zielt darauf ab, Unternehmen sowie Organisationen aus Politik, Wirtschaft und anderen Teilen der Gesellschaft zu einer freiwilligen Teilnahme zu bewegen.
Mit dem Pakt soll an das freiwillige Engagement von Organisationen appelliert werden, auch in Bereichen, in denen Raum für Eigeninitiative besteht, die eventuell über die gesetzlichen Verpflichtungen hinausgeht, tätig zu werden und sich für die Einhaltung der Prinzipien des UNGC stark zu machen.
Von Unternehmen, die am UNGC teilnehmen, wird erwartet, dass sie in ihrem jährlichen Geschäftsbericht darlegen, mithilfe welcher Maßnahmen sie die Prinzipien des UNGC im eigenen Unternehmen umsetzen. [149] Verstößt ein teilnehmendes Unternehmen gegen die Grundsätze des Pakts, wird dies veröffentlicht und die Unternehmen werden aus dem UNGC ausgeschlossen. [16]

Die Prinzipien des UNGC basieren auf verschiedenen anderen Regelwerken. So stützen sich die Grundsätze im Bereich der Menschenrechte auf die Universal Declaration of Human Rights. [151]

Im Bereich der Prinzipien, die der UNGC für das Thema „Arbeit" aufstellt, wurde die von der ILO erarbeitete Erklärung über grundlegende Prinzipien und Rechte bei der Arbeit und ihre Folgemaßnahmen als Grundlage verwandt. [152]

Die Erklärung von Rio zu Umwelt und Entwicklung ist die Grundlage für die Umweltprinzipien des UNGC [150] und im Bereich der Antikorruption leiten sich die Prinzipien aus der UN-Konvention gegen Korruption ab. [153]

Alle Forderungen, die der UN Global Compact enthält, sind auch Bestandteil der ISO 26000. Beide basieren unter anderem auf den genannten Regelwerken der UN sowie der ILO.

Zwar enthält der UNGC selbst im Vergleich zur ISO 26000 nur einzelne Prinzipien, die nicht näher ausgeführt werden.

Neben den eigentlichen Prinzipien existieren jedoch zahlreiche Publikationen, die von der UN-Global-Compact-Initiative in Zusammenarbeit mit anderen Organisationen entwickelt worden sind und die Prinzipien nochmals eingehender erläutern. Zu nennen sind hier beispielsweise die Werke „Human Rights Translated: A Business Reference Guide" der UNGC-Initiative unter anderem in Zusammenarbeit mit dem International Business Leaders Forum (IBLF), „The

Labour Principles of the UN Global Compact – A Guide for Business“ der ILO und der UNCG-Initiative, „Caring for Climate: A Call to Business Leaders“ der UNCG-Initiative, dem United Nations Environment Programme (UNEP) und dem World Business Council for Sustainable Development (WBCSD) sowie „Reporting Guidance on the 10th Principle against Corruption“ der UNCG-Initiative und Transparency International. Diese Publikationen bieten Unternehmen Hilfestellungen und praktische Handlungsempfehlungen im Zusammenhang mit den vom UN Global Compact aufgestellten Prinzipien.

Insofern ist festzuhalten, dass der UNGC in den von ihm geregelten Bereichen mit den Forderungen der ISO 26000 nahezu übereinstimmt.

Kennzeichen

Die vorgestellten Kennzeichen bieten Konsumenten die Möglichkeit, sich über die Umweltfreundlichkeit von Produkten bzw. das Umweltengagement von Unternehmen zu informieren. Der Erwartung der ISO 26000 nach Förderung des Umweltschutzes sowie der Konsumenteninformation in diesem Bereich wird entsprochen.

Umweltkennzeichen

Der Blaue Engel

Der Blaue Engel ist ein Umweltkennzeichen, das bereits seit dem Jahr 1978 besteht und die Möglichkeit einräumt, umweltfreundliche Produkte zu kennzeichnen. [30]

Inhaber des Kennzeichens ist das Bundesministerium für Umwelt, Naturschutz und Reaktorsicherheit. [31]

Ziel der Initiative ist es, mit der Zeit mehr und mehr Unternehmen für eine nachhaltige Entwicklung im Bereich des Umweltschutzes zu gewinnen. Nach eigenen Angaben tragen heute rund 11.500 Produkte und Dienstleistungen in ca. 90 Produktkategorien das Umweltkennzeichen. [30] Die Kriterien für die Vergabe des blauen Engels finden sich in den Bereichen Gesundheits-, Klima-, Wasser- und Ressourcenschutz. [31]

Unternehmen, die Produkte oder Dienstleistungen anbieten, die mit dem Blauen Engel gekennzeichnet sind, haben hierdurch einen Wettbewerbsvorteil, da bei den Verbrauchern heutzutage ein erhöhtes Umweltbewusstsein existiert.

Textiles Vertrauen

Ein weiteres bekanntes Umweltsiegel ist das Label „Textiles Vertrauen“ für Textilprodukte.

Dieses Kennzeichen wird nach Bestehen einer Schadstoffprüfung auf Grundlage des weltweit einheitlichen Prüf- und Zertifizierungssystems Oeko-Tex® Standard 100 vergeben. [83]

Die Internationale Gemeinschaft für Forschung und Prüfung auf dem Gebiet der Textilökologie hat in dem Standard Prüfkriterien aufgestellt, anhand derer Textilien auf ihre Schadstoffhaltigkeit hin überprüft werden.

Bezweckt wird, Unternehmen dazu anzuhalten, verstärkt schadstofffreie Textilien zu produzieren. Die Verbraucher sollen außerdem die Möglichkeit erhalten, sich über die zur Auswahl stehenden Waren hinsichtlich deren Schadstoffbelastung zu informieren. Aufgrund der zur Verfügung gestellten Informationen haben Unternehmen einen Wettbewerbsvorteil, die für ihre Produkte das Kennzeichen „Textiles Vertrauen" verliehen bekommen. Damit soll eine Anreizwirkung für eine nachhaltige Produktion geschaffen werden.

Andere Kennzeichen

EMAS-Logo

Das Gemeinschaftssystem für Umweltmanagement und Umweltbetriebsprüfung der europäischen Union (Eco-Management and Audit Scheme – EMAS) ist ein freiwilliges Instrument für Unternehmen, die ihre Umweltleistung über die gesetzlichen Anforderungen hinaus verbessern wollen. [140]

Rechtsgrundlage ist unter anderem die neue, am 11. Januar 2010 in Kraft getretene EMAS-III-Verordnung (Verordnung [EG] Nr. 1221/2009 des Europäischen Parlaments und des Rats vom 25. November 2009 über die freiwillige Teilnahme von Organisationen an einem Gemeinschaftssystem für Umweltmanagement und Umweltbetriebsprüfung und zur Aufhebung der Verordnung [EG] Nr. 761/2001 sowie der Beschlüsse der Kommission 2001/681/EG und 2006/193/EG).

Das Ziel von EMAS besteht gemäß Art. 1 der Verordnung darin, kontinuierliche Verbesserungen der Umweltleistung von Organisationen zu fördern, indem diese Umweltmanagementsysteme errichten und anwenden, die Leistung dieser Systeme einer systematischen, objektiven und regelmäßigen Bewertung unterzogen wird, Informationen über die Umweltleistung vorgelegt werden, ein offener Dialog mit der Öffentlichkeit und anderen interessierten Kreisen geführt wird und die Arbeitnehmer der Organisationen aktiv beteiligt werden und eine angemessene Schulung erhalten.

Für die Teilnahme ist es erforderlich, dass die Organisationen sich in das EMAS-Register eintragen lassen. Hierzu müssen sie bestimmte Voraussetzungen erfüllen wie beispielsweise die Vornahme einer Umweltprüfung aller die Organisation betreffenden Umweltaspekte, die Einführung eines darauf beruhenden Umweltmanagementsystems, die Durchführung einer Umweltbetriebsprüfung sowie die Erstellung einer Umwelterklärung (Art. 4 Abs. 1 a) bis d) der Verordnung). Gemäß Art. 4 Abs. 5 der Verordnung werden die erste Umweltprüfung, das Umweltmanagementsystem, das Verfahren für die Umweltbetriebsprüfung und seine Umsetzung von einem akkreditierten oder zugelassenen Umweltgutachter begutachtet und die Umwelterklärung von diesem validiert.

Im Anschluss kann die Organisation gemäß Art. 5 Abs. 1 der Verordnung eine Registrierung beantragen, wenn die Voraussetzungen des Art. 4 der Verordnung erfüllt sind.

Eine Verpflichtung, die sich aus einer Registrierung im Rahmen des EMAS-Verfahrens ergibt, besteht unter anderem darin, dass die Organisationen mindestens alle drei Jahre ihr gesamtes Umweltmanagementsystem begutachten lassen müssen (Art. 6 Abs. 1 a) der Verordnung).

In den dazwischen liegenden Jahren ist eine registrierte Organisation beispielsweise verpflichtet, gemäß dem Programm für die Betriebsprüfung eine Betriebsprüfung ihrer Umweltleistung und der Einhaltung der geltenden Umweltvorschriften laut Anhang III der Verordnung vornehmen zu lassen (Art. 6 Abs. 2 a) der Verordnung). Dies hat mindestens einmal im Jahr zu erfolgen (Anhang III A. 4. Satz 4 der Verordnung).

Außerdem muss regelmäßig eine Umwelterklärung gemäß den Anforderungen in Anhang IV der Verordnung erstellt werden, die ein Umweltgutachter validieren muss (Art. 6 Abs. 1 b) und Abs. 2 b) der Verordnung).

Die Registrierung berechtigt zur Verwendung des EMAS-Logos während der Gültigkeitsdauer der Registrierung (Art. 10 Abs. 1 der Verordnung). Das Logo darf jedoch nicht auf Produkten und deren Verpackung angebracht und nicht verwendet werden in Verbindung mit Vergleichen mit anderen Tätigkeiten und Dienstleistungen oder in einer Weise, die zu Verwechslungen mit Umwelt-Produktkennzeichnungen führen kann (Art. 10 Abs. 4 a) und b) der Verordnung).

Die Verwendung des Logos sowie der Dialog mit der Öffentlichkeit bergen für Unternehmen positive Marketingeffekte. Die Verbraucher werden über das überdurchschnittliche Engagement der Organisation im Bereich Umweltschutz informiert und können damit eine bewusste Kaufentscheidung treffen.

Fazit

Die vorgestellten Kennzeichen entsprechen den Handlungserwartungen der ISO 26000 in den Kernthemen „Umwelt“ und „Konsumentenfragen“. Einerseits werden Anreize für Unternehmen geschaffen, besonders umweltfreundliche Waren herzustellen und damit einen Beitrag zum Umweltschutz und zur nachhaltigen Entwicklung zu leisten. Andererseits erhalten die Verbraucher ein Instrument zur Verfügung gestellt, anhand dessen sie die Umweltverträglichkeit von Produkten und Dienstleistungen beurteilen können. Die Kaufentscheidung kann damit am Kriterium des Umweltschutzes und eines nachhaltigen Konsums ausgerichtet werden.

4.4 Zusätzliche Anforderungen aus der ISO 26000

Die Forderungen der ISO 26000 werden durch die bestehenden nationalen Gesetze sowie die internationalen Regelwerke und die Möglichkeiten zur Selbstverpflichtung von Unternehmen größtenteils abgedeckt. Die ISO 26000 beinhaltet insofern nichts Neues, sondern stellt eine Zusammenfassung der einzelnen Standards dar.

Die Handlungserwartungen, die die ISO 26000 aufstellt, basieren nicht auf völlig neuen Erkenntnissen, sondern haben bereits zuvor in zahlreichen Gesetzen und anderen Regelwerken ihren Ausdruck gefunden.

Dennoch gibt es, wie aufgezeigt, Bereiche, in denen die ISO 26000 über die bestehenden nationalen Gesetze hinausgeht.

In einigen Bereichen des Themas Menschenrechte sowie vor allem auf dem Gebiet der regionalen Einbindung bietet die ISO 26000 noch zahlreiche Anpassungsmöglichkeiten.

Insbesondere die Erwartungen der ISO 26000, dass Unternehmen auf ihre Lieferanten und andere Organisationen in ihrem Einflussbereich einwirken, um diese dazu zu ermutigen, sich gesellschaftlich verantwortlich zu verhalten, finden keinen Niederschlag in deutschen Gesetzen. Hier sind Unternehmen nicht verpflichtet, auf andere Unternehmen einzuwirken, um den in der ISO 26000 aufgestellten Grundsätzen zur Durchsetzung in der Gesellschaft zu verhelfen.

Im Zusammenhang hiermit steht auch die Erwartung der ISO 26000, nur solche Lieferanten zu wählen, die selbst gesellschaftlich verantwortlich handeln. Im Bereich der Vertragsfreiheit gehen die Prinzipien der ISO 26000 an vielen Stellen über die gesetzlichen Regelungen hinaus.

Aufgezeigt werden konnte, dass die gesetzliche Regelungsdichte von Kernthema zu Kernthema variiert. In einigen Bereichen wie in großen Teilen der Daseinsvorsorge besteht eine Verantwortung des Staats. Gesetzliche Verpflichtungen von Unternehmen gibt es daher kaum. In anderen Bereichen ist die Gesellschaft aber notwendigerweise auf ein verantwortungsbewusstes Handeln von Unternehmen angewiesen, so beispielsweise im Bereich des Umweltschutzes und der Arbeitsbedingungen.

Auch bezüglich des Schutzes sowie der Information von Konsumenten existiert eine Fülle von Regelungen. Dennoch bestehen auch zahlreiche Erwartungen der ISO 26000 im Hinblick auf ein Zugehen der Unternehmen auf die Konsumenten in den Bereichen, in denen sie keine gesetzlichen Ansprüche haben und das Tätigwerden der Unternehmen der reinen Kundenbindung dient.

Die ISO 26000 zeigt Handlungsfelder auf, in denen sich Unternehmen noch zu wenig engagieren. Zwar gibt es zahlreiche Beispiele für freiwilliges, gesellschaftlich verantwortliches Handeln. Dennoch kann in diesem Bereich – wie die ISO zeigt – noch mehr getan werden.

Allerdings existieren bereits zahlreiche nicht gesetzlich festgeschriebene Regelwerke, die das Ziel verfolgen, die gesellschaftliche Verantwortung von Unternehmen stärker einzufordern.

Die ISO 26000 verfolgt damit keine völlig neuen Ideen und Prinzipien.

Abschließend kann man festhalten, dass mit der Einhaltung aller existierenden Gesetze nicht die gesamten Anforderungen der ISO 26000 erfüllt werden können. Es bestehen ausreichend Handlungsfelder, in denen sich Unternehmen über die Verpflichtungen der Rechtsvorschriften hinaus engagieren können.

5 Umsetzung

5.1 Einleitung

Obwohl alle Unternehmen spezifische Besonderheiten aufweisen, so folgt ein Projekt zur Verankerung gesellschaftlicher Verantwortung immer derselben Logik: Nach der Projektplanung schließen sich die selbstkritische Analyse des Status quo, die Implementierungsplanung, also die Übersetzung des identifizierten Handlungsbedarfs in ein abgestimmtes Maßnahmenbündel, sowie die eigentliche Implementierung an.

Man kann in der Erarbeitung eines international einheitlichen Leitfadens zu gesellschaftlicher Verantwortung einen Schritt in die richtige Richtung sehen. Doch es ist unmittelbar einsichtig, dass die Verabschiedung der ISO 26000 allein noch kein „Mehr" an gesellschaftlicher Verantwortung bringt. Um dieses Ziel zu erreichen, müssen sich Organisationen vielmehr ihrer eigenen Verantwortung umfänglich bewusst werden und diese fortan in all ihren tagtäglichen Entscheidungen angemessen reflektieren.
Gesellschaftliche Verantwortung ist in diesem Sinne ein gelebtes Werteverständnis. Die Analyse des Status quo, die Ableitung von Handlungsbedarfen und deren Umsetzung, kurz der erstmalige gezielte Ausbau gesellschaftlicher Verantwortung, im Bestreben einer möglichst umfänglichen Verankerung im Unternehmen, ist aber eine klassische Projektaufgabe, die rein operative Strukturen überfordern würde. Denn ein Projekt bezeichnet ein „Vorhaben, das im Wesentlichen durch die Einmaligkeit der Bedingungen in ihrer Gesamtheit gekennzeichnet ist, wie z.B.: Zielvorgabe, zeitliche, finanzielle, personelle oder andere Begrenzungen, Abgrenzung gegenüber anderen Vorhaben und projektspezifische Organisation." [70]

Zur Strukturierung dieser Aufgabe bietet sich die in Abbildung 1 dargestellte Phaseneinteilung an.
Die Rahmenbedingungen für ein solches Projekt können sehr unterschiedlich sein. Aspekte wie Branchenzugehörigkeit, regionale Schwerpunkte, Größenverhältnisse oder bisherige Bilanz in Bezug auf gesellschaftliche Verantwortung werden völlig unterschiedliche Schwerpunktsetzungen notwendig machen. Darum können allgemeingültige Ausführungen zur Umsetzung gesellschaftlicher Verantwortung nur sehr abstrakter Natur sein, während spezifische Handlungsempfehlungen zwangsläufig nur für bestimmte Konstellationen zielführend sein werden.

Vor diesem Hintergrund sollen die kurzen allgemeinen Darstellungen in diesem Kapitel durch die Übertragung auf konkrete Fälle veranschaulicht werden. Dazu werden zwei fiktive Beispiele eingeführt:

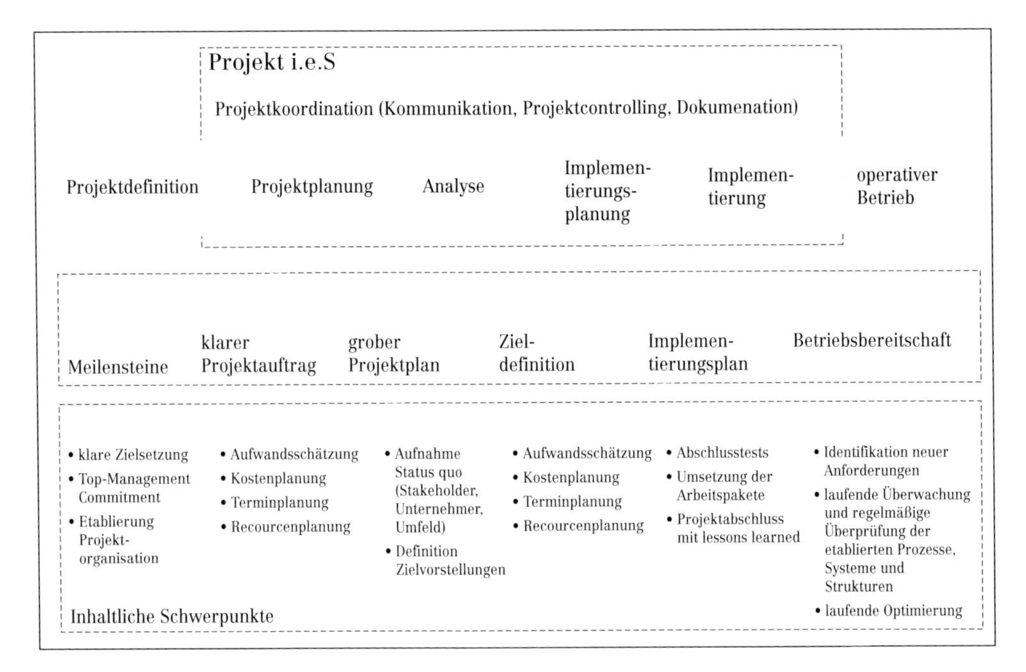

Abb. 3 Projektphasen

Fallstudie 1 – Qubus Automobilzubehör AG

Betrachten wir zunächst einen EU-weit agierenden Produzenten von Ersatzteilen und Zubehör für Kraftfahrzeuge, die Qubus Automobilzubehör AG. Wenngleich die Wurzeln des Mutterunternehmens bis in das Jahr 1929 zurückreichen, entstand die heutige Unternehmensgruppe durch Fusionen mit zwei Wettbewerbern in den Jahren 1959 bzw. 1963 sowie eine Reihe von Übernahmen. Noch heute befinden sich die Geschäftsanteile in den Händen der fünf Gründerfamilien, die sich jedoch aus der operativen Geschäftsführung zurückgezogen haben. Im letzten Jahr konnte mit den 13.000 Mitarbeitern erstmals ein Umsatz von mehr als 1,5 Milliarden Euro erzielt werden.

Kurz darauf stand das Unternehmen jedoch vor einer großen Herausforderung: Eine überregional erscheinende Zeitung hatte umfassend über katastrophale Arbeitsbedingungen und massive Umweltschädigungen bei einem wichtigen Zulieferer von Qubus, der chinesischen Quxygio Battery Co., Ltd., berichtet. Zunächst hatte man bei Qubus versucht, die Berichterstattung mit juristischen Mittel zu stoppen, zumal der Vorstand die Vorwürfe in weiten Teilen für unbegründet hielt. Außer einer Verzögerung der ersten Pressemeldung um einige Tage konnte dadurch jedoch nicht viel erreicht werden und kurze Zeit darauf berichtete die Vertriebsabteilung bereits über einen empfindlichen Rückgang der Vorbestellungen und über eine deutliche Verunsicherung bei den Handelspartnern.

Beim Pressesprecher der Muttergesellschaft häuften sich weitere Anfragen – auch aus anderen europäischen Staaten – und die Diskussionsplattform des Unternehmens im Internet musste wegen einer Häufung undifferenzierter Verurteilungen und persönlicher Diffamierungen vorübergehend geschlossen werden.

Die Zusammenarbeit mit Quxygio begann vor fünf Jahren als Teil eines breit angelegten Kostensenkungsprogramms, das dazu beitragen sollte, unprofitable Bereiche zurück in die Gewinnzone zu führen. Als eine zentrale Maßnahme wurde die früher von einer deutschen Tochtergesellschaft durchgeführte Produktion von Autobatterien komplett an den deutlich kostengünstigeren Lieferanten Quxygio ausgelagert. Damals wurde auch entschieden, die Batterien aus Marketingüberlegungen weiter unter der Marke Qubus zu vertreiben.

Aufgrund dieser Entwicklung sah sich der Vorstand gezwungen, die Vorwürfe schnellstmöglich zu untersuchen und eventuelle Missstände abzustellen. Um zukünftig ähnliche Entwicklungen auszuschließen, wurde weiter entschieden, vorsorglich auch alle anderen bedeutenden Lieferanten zu überprüfen und darüber hinaus Möglichkeiten zu suchen, die Entstehung vergleichbarer Missstände fortan aktiv zu verhindern.

Fallstudie 2 – Möbel Schinkel GmbH & Co. KG

Das zweite Beispiel ist ein Unternehmen, das sich auf die Herstellung hochwertiger Möbel spezialisiert hat, die Möbel Schinkel GmbH & Co. KG. Die Gesellschaft wurde 1946 von Hans Schinkel als kleine Tischlerei gegründet. Heute sind an drei Standorten insgesamt etwa 4.000 Mitarbeiter beschäftigt. Rolf Schinkel, der das Unternehmen in zweiter Generation leitet, führt die erfreuliche Entwicklung von einer kleinen Tischlerei zu einem großen Möbelproduzenten mit fast 800 Millionen Euro Jahresumsatz auf den kompromisslosen Qualitätsanspruch und die hohe Innovationskraft des Unternehmens zurück.

Am Stammwerk im Emsland nahe Meppen ist der Name Schinkel eine feste Größe. Man genießt hohes Ansehen, vor allem weil man seit Jahren ein verlässlicher Arbeitgeber ist und sich auch in Phasen wirtschaftlicher Schwierigkeiten klar zum Standort bekannt hat. Die Familie ist größter Geldgeber des lokalen Fußballvereins und spendet regelmäßig großzügig für soziale Zwecke. Überhaupt legt man großen Wert auf die Tradition und versucht das Ansehen des Unternehmensgründers in Ehren zu halten. Man ist sehr stolz darauf, dass auch Tochter Cordelia nach dem Studienabschluss vor nunmehr zehn Jahren in die Fußstapfen ihres Vaters bzw. Großvaters getreten war. Nach dem erfolgreichen Durchlaufen verschiedener Positionen im Unternehmen, zuletzt der Leitung des Vertriebs, sollte sie zeitnah den Vorsitz der Geschäftsführung übernehmen. Hans Schinkel wollte parallel dazu seinen Rückzug aus dem operativen Geschäft bekanntgeben und seine Erfahrung fortan als Chef des speziell für ihn geschaffenen Beirats einbringen.

Während ihrer letzten Geschäftsreise fiel Cordelia Schinkel ein Artikel zum Thema „Gesellschaftliche Verantwortung von Unternehmen gemäß ISO 26000" in die Hände. Zunächst war sie geneigt, die Beschäftigung mit dem Thema als für sich irrelevant abzutun. Schließlich betonte ihr Vater häufig, wie stark sich die Möbel Schinkel GmbH & Co. KG von den vielen fremd geführten und eher am kurzfristigen Erfolg orientierten Gesellschaften unterschied. Sie gab ihm recht und glaubte, dass sich die meisten anderen Unternehmen durchaus ein Beispiel an ihnen nehmen könnten. Doch beim Lesen des Artikels kamen ihr Zweifel, ob das bisherige Verständnis von gesellschaftlicher Verantwortung und deren Verankerung im Unternehmen wirklich ganzheitlich waren. Sie überlegte, wie ein proaktives Projekt mit dem Ziel, eventuelle Verbesserungsmöglichkeiten zu identifizieren und später gegebenenfalls umzusetzen, am besten anzulegen sei.

5.2 Projektdefinition

Bereits vor dem offiziellen Projektbeginn sind gewisse Aufgaben zu erfüllen, um den späteren Projekterfolg nicht zu gefährden. So ist vor allem das Projektziel klar zu definieren und ein ausreichendes Topmanagement Commitment sicherzustellen.

Dem eigentlichen Projekt vorgelagert findet zunächst die Projektdefinition statt. Den Abschluss davon bildet die Formulierung und Verabschiedung eines klaren Projektauftrags.

Der erste Schritt hierzu ist die ehrliche Reflexion der eigenen Motivation. Während für die vorgestellte Qubus Automobil AG die Beschäftigung mit dem Thema eher reaktiver Natur ist und diese aufgrund der Rahmenbedingungen zumindest kurzfristig sehr gezielt Schwerpunkte setzen muss, kann die Aufgabe im Fall der Möbel Schinkel GmbH & Co. KG von Anfang an ganzheitlicher angegangen werden.

So könnte der Qubus-Vorstand das Projektziel wie folgt definieren: „Ziel des Projekts ist es, mögliche weitere Schädigungen der Qubus-Gruppe auszuschließen, indem die Missstände beim Lieferanten Quxygio schnellstmöglich beseitigt werden. Bis zum 15. Februar sollen darüber hinaus alle wesentlichen anderen Lieferanten auf vergleichbare Sachverhalte hin überprüft und Möglichkeiten zur proaktiven Vermeidung ähnlicher Entwicklungen eingeführt werden."

Bei der Möbel Schinkel könnte der Projektauftrag lauten: „Ziel des Projekts ist es, auf der Grundlage des Anforderungskatalogs der ISO 26000 mögliche Verbesserungspotenziale im Hinblick auf gesellschaftliche Verantwortung zu identifizieren und bis zum 30. Juni einen detaillierten Implementierungsplan zu erarbeiten."

Es empfiehlt sich, den Projektauftrag schriftlich festzuhalten und im Unternehmen zu kommunizieren. Dadurch werden zwei Dinge erreicht: Zum einen sinkt die Gefahr von Missverständnissen über das Projektziel und zum anderen können interne Hindernisse mit entsprechendem Topmanagement Commitment leichter überwunden werden.

Jeder, der schon einmal ein Projekt verantwortet hat, weiß, wie wichtig neben einem klaren Auftrag auch ein aufrichtiges Bekenntnis der Verantwortlichen für den Projekterfolg ist. Bei einem Projekt zur Verankerung gesellschaftlicher Verantwortung in einem Unternehmen ist das eine Aufgabe der Unternehmensleitung (Vorstand, Geschäftsführung). Dies ist durch die Tragweite eines solchen Vorhabens begründet: Es umfasst sämtliche Bereiche eines Unternehmens, ist sehr langfristiger, ja strategischer Natur und erfordert regelmäßig bedeutsame, auch interne Widerstände zu überwinden.

Das bedeutet nicht, dass die Unternehmensleitung das Projekt selbst durchführen muss, es erfordert aber zumindest eine klare Selbstverpflichtung der Unternehmensführung zu gesellschaftlicher Verantwortung. Es verlangt darüber hinaus, dass die Unternehmensleitung über den ganzen Projektverlauf hinweg informiert wird und bei allen wichtigen Meilensteinen ihr Bekenntnis zum Projektfortschritt bekräftigt bzw. bei Fehlentwicklungen korrigierend eingreifen kann.

Aufrichtiges Commitment ist eine Folge der Erkenntnis, dass gesellschaftliche Verantwortung und langfristiger Erfolg zwei Seiten derselben Medaille sind. Die Krux mit echter Überzeugung ist jedoch, dass sie intrinsisch entstehen muss und nicht von außen aufoktroyiert werden kann. Lediglich der Anstoß zur Einsicht kann von Dritten ausgehen.

Im Fall der Qubus-Gruppe scheint die Unternehmensführung gut beraten, unmissverständlich zu erklären, diesen „Anstoß" durch die Presse bzw. in der Folge auch durch seine Kunden verstanden zu haben. Es ist notwendig, keine Zweifel aufkommen zu lassen, dass der Konzern die Situation so schnell wie möglich untersuchen, Fehler unverzüglich abstellen und dafür Sorge tragen wird, Wiederholungen in Zukunft wirksam zu verhindern. Es bietet sich an, eben dieses Commitment schriftlich festzuhalten und an alle Stakeholder zu kommunizieren. Zu diesen gehören neben den Arbeitnehmern und dem Management, die beide durch die Situation verunsichert sein dürften, sowohl die Kunden und Lieferanten als auch die durch die Presse vertretene Öffentlichkeit. Nur durch eine transparente Vorgehensweise besteht die Chance, Vertrauen zurückzugewinnen.

Bei Möbel Schinkel besteht durch den Generationswechsel in der Geschäftsführung eine zusätzliche Herausforderung darin, Geschlossenheit zu demonstrieren. Cordelia Schinkel wird das Projekt nur dann erfolgreich durchführen können, wenn sie auch ihren Vater von dessen Bedeutung überzeugen kann. Sobald dies gelungen ist, gilt es auch hier, das gemeinsame Commitment im Unternehmen zu kommunizieren.

Nachdem der Projektauftrag erteilt wurde, ist die Projektorganisation zu etablieren. Damit werden der Projektleiter und eventuell notwendige zusätzliche Gremien bezeichnet.

Bei der Auswahl eines Projektleiters muss eine ganze Reihe von Anforderungen berücksichtigt werden. So sollte er oder sie bereits über Erfahrung mit Projekten dieser Größenordnung verfügen und natürlich das Unternehmen sowie die verschiedenen Stakeholder kennen. Da mit nicht unerheblichen, vor allem internen Widerständen gegenüber dem Projekt gerechnet werden muss, ist es sehr wichtig, dass der Projektleiter ein hohes Ansehen im Unternehmen genießt. Der Projektverantwortliche sollte darüber hinaus über ein ausgeprägtes „politisches Fingerspitzengefühl" verfügen, um die vielen durch das Projekt tangierten Anspruchsgruppen konstruktiv einbinden zu können. Dieses Feingefühl ist auch deshalb notwendig, da der Projektleitung im Regelfall die Kommunikation gegenüber der Geschäftsführung obliegt. Bei der Auswahl ist auch dem Umstand Rechnung zu tragen, dass die Übernahme einer derartigen, eventuell zusätzlichen Verantwortung mit einem immensen Zeitaufwand einhergeht.

Je nach Komplexität des Projekts können auch weitere Gremien zur Planung, Beratung, Steuerung, Kommunikation oder Entscheidungsfindung hinzukommen. [18]

Vom Vorstand der Qubus Automobilzubehör AG wurde die Rechtsanwaltskanzlei Dr. Sauber mit der Projektleitung beauftragt, da diese bereits über einschlägige Erfahrungen im Umgang mit entsprechenden Situationen verfügt. Die Rechtsanwaltskanzlei berichtet direkt an den gesamten Vorstand. Um den Eindruck der Befangenheit zu vermeiden, sprach man sich explizit dagegen aus, die Projektleitung an den für den Einkauf zuständigen Vorstand zu übertragen. Darüber hinaus war die Hinzuziehung eines externen Beraters auch deswegen empfehlenswert, da es diesem möglich war, innerhalb kürzester Zeit Personal zu stellen, ohne an anderer Stelle Ressourcen abzuziehen.

Bei Möbel Schinkel erkannte Cordelia Schinkel schnell, dass sie das Projekt aufgrund ihrer vielfältigen anderen Aufgaben nicht selber leiten konnte. Daher beschloss sie in Abstimmung mit ihrem Vater, diese Aufgabe dem Prokuristen Herrn Pfeil zu übertragen. Herr Pfeil hatte bereits seine Ausbildung bei Möbel Schinkel absolviert und war nicht zuletzt aufgrund seiner langjährigen Tätigkeit in verschiedenen Abteilungen überaus gut im Unternehmen vernetzt. Zuletzt hatte er die Post-Merger-Integration eines Wettbewerbers geleitet und damit bewiesen, auch größere Projekte führen zu können. Da Herr Pfeil jedoch wenig Erfahrung mit diesem spezifischen Themenfeld hatte, wurde entschieden, ihm Unternehmensberater Herrn Dr. Weiß zur Seite zu stellen, der seinerseits zwar das Unternehmen nicht kannte, aber über einige Erfahrungen mit Compliance-Projekten bzw. der ISO 26000 verfügte.

5.3 Projektkoordination

Um die Gefahr unternehmensinterner Widerstände gegen das Projekt zu bannen, ist eine offene Kommunikation während der gesamten Projektdauer unverzichtbar. Darüber hinaus hat auch eine angemessene Dokumentation als Grundlage für eine spätere Überprüfungen durch Dritte eine hohe Bedeutung.

Während der gesamten Projektdauer sind bestimmte koordinierende bzw. organisatorische Aufgaben wahrzunehmen.
Neben den Aufgaben, die faktisch bei jedem Projekt bestehen, wie zum Beispiel einem geeigneten Projektcontrolling, ergeben sich bei der Verankerung gesellschaftlicher Verantwortung besondere Herausforderungen.
Eine Aufgabe von elementarer Bedeutung stellt vor allem die bewusste Aufklärung über die Ziele des Projekts und die geplanten Maßnahmen dar. Umfang und Nutzen gesellschaftlicher Verantwortung werden in Unternehmen zwiespältig diskutiert und eventuelle Missverständnisse können leicht in gezielten Widerstand umschlagen. Es gilt daher, bestehende Vorbehalte durch offene Kommunikation soweit wie möglich auszuräumen.

Bei Qubus wurde aufgrund des akuten Aufklärungsbedarfes vereinbart, dass der Projektleiter den Vorstand auch außerhalb der Meilensteine – am Anfang der Analyse sogar täglich – über den Projektfortschritt unterrichten sollte. Der Vorstandssprecher gab relevante Informationen dann seinerseits an die Presse und über die Abteilungsleiter auch an die Belegschaft weiter.

Während bei Qubus nach einer anfänglichen Orientierungsphase kaum noch interne Widerstände gegen das Projekt auftraten, da es vor dem Hintergrund der Presseberichte als schlichte Notwendigkeit akzeptiert wurde, war dies bei Möbel Schinkel zunächst nicht der Fall. Hier bestand vielmehr die Vermutung, dass von einigen Abteilungsleitern bewusst Stimmung gegen das Projekt gemacht wurde. Der Versuch, die zugrunde liegenden Ursachen zu identifizieren, gelang erst nach der Einschaltung eines neutralen externen Mediators. Zwar wurden die Ziele des Projekts grundsätzlich von allen mitgetragen, doch bestanden Befürchtungen, dass das Projekt während des erwarteten Generationswechsels in der Geschäftsführung zu viel Managementkapazität binden würde. Darüber hinaus befürchteten einige Führungskräfte, dass das Projekt Folgekosten in einer Höhe verursachen würde, die ein Erreichen der ambitionierten Gewinnziele unmöglich machen und damit ihre hohen variablen Vergütungsanteile gefährden würde. Die Situation konnte erst entschärft werden, nachdem der erwartete Mehraufwand offen mit allen Abteilungsleitern diskutiert worden war und sich vor allem der Marketingchef durch das Herausstellen der zu erwarteten Vorteile deutlich hinter das Projekt gestellt hatte.

Eine zweite wichtige, aber nichtsdestotrotz häufig vernachlässigte Aufgabe betrifft die systematische Dokumentation des Projekts. Diese umfasst vor allem die Festlegung sinnvoller Konventionen hinsichtlich des Umfangs und inhaltlicher und formaler Mindeststandards. Auch die Systematisierung der Ablage, die Definition und Durchsetzung geeigneter Zugriffsbeschränkungen sowie die Datensicherung dürfen nicht vernachlässigt werden.

So hat Qubus beispielsweise ein starkes Interesse daran, später auch Dritten gegenüber belegen zu können, welche Schritte es unternommen hat, um eine spätere Wiederholung der Geschehnisse bei Quxygio zu verhindern, und zu zeigen, wie es mit den existierenden Missständen umgegangen ist. Ein wöchentlicher schriftlicher Statusbericht fasste deshalb die durchgeführten Arbeiten sowie das Erreichte zusammen und wurde vom Projektleiter unterzeichnet. Darüber hinaus wurden von allen Besprechungen, unabhängig ob intern oder extern, Protokolle angelegt und alle potenziell relevanten Beweismittel wie Messungen, Fotografien, Videos, Befragungen etc. auf einem gesonderten Serverpfad gesichert. Auf diesen konnte grundsätzlich nur das Projektteam zugreifen, der Projektleiter bei Bedarf aber zusätzlichen Personen Schreib- und/oder Lesezugriff gewähren.

Auch bei Möbel Schinkel war man sich bewusst, durch eine geeignete Dokumentation die Voraussetzung für eine spätere externe Bescheinigung der Anstrengungen und Erfolge schaffen zu können, auf die vor allem der Marketingchef drängte. Daher wurden auch hier vergleichbare Regelungen getroffen.

5.4 Projektplanung

Eine realistische Projektplanung ist die Grundlage für einen friktionsfreien Projektverlauf und eine notwendige Voraussetzung für die spätere Fortschrittskontrolle. Sie umfasst die Abstimmung und Planung des Aufwands, der Termine sowie des Ressourceneinsatzes.

Während der Projektplanung erfolgt die Strukturierung des Projekts. Die Einzelaufgaben müssen im Detail definiert und zeitlich bzw. ressourcenseitig aufeinander abgestimmt werden. Den Ausgangspunkt dazu bildet eine vorläufige Aufwandsschätzung, auf deren Grundlage dann die erwarteten Kosten, die benötigte Zeit und der erforderliche Ressourceneinsatz, inklusive der Festlegung spezifischer Projektmitglieder, geplant werden können. Dazu gehört auch die Definition von - häufig Meilensteine genannten - Etappenzielen. Diese sind wichtig, um eine Orientierungshilfe zu bieten und um den Projektfortschritt zu überprüfen bzw. bei Fehlentwicklungen geeignet reagieren zu können.

Bei Qubus entschied sich der Projektleiter, das Gesamtprojekt für die weitere Planung zunächst in zwei Subprojekte aufzuteilen. Subprojekt 1 sollte sich auf die Situation bei Quxygio beschränken und wurde mit einem schlagkräftigen Team von drei Personen besetzt: Dr. Sauber, der Projektleiter, eine seiner Mitarbeiterinnen, die sich auf die Untersuchung der Vorwürfe über die Arbeitsbedingungen fokussieren würde und Dr. Green, der verantwortliche Ingenieur bei Qubus für alle Umweltschutzfragen, der folglich auch die Untersuchung der Umweltschutzvorwürfe übernehmen würde. Für die Analysephase vor Ort wurde eine Dauer von drei bis vier Arbeitstagen veranschlagt, während die Planung und Implementierung der folgenden Reaktion vorläufig – je nach dem Ergebnis der Analysephase und der Kooperationsbereitschaft des Lieferanten – bei vergleichbarem Mitarbeitereinsatz auf zwei bis acht Wochen geschätzt wurde. Subprojekt 2 war breiter angelegt und sollte alle relevanten Lieferantenbeziehungen einbeziehen. Es wurde mit 15 Mitarbeitern von Dr. Sauber besetzt. Für die detaillierte Analyse sollten die Lieferanten zunächst identifiziert, gruppiert und priorisiert werden. Dafür wurde ein Zeitfenster von vier Tagen vorgesehen. Daran schloss sich die eigentliche Analyse an. Hier ging es um die Kontaktaufnahme zu den Lieferanten, die tatsächliche Aufnahme des Status quo und die Ermittlung von Handlungsbedarfen. Für die kritischsten Lieferanten wurde dafür ein Zeitraum von drei bis vier Wochen eingeplant. Daran anschließend sollte die Analyse auf alle, als relevant geltenden Lieferanten ausgeweitet werden. Für die Ausarbeitung von Maßnahmen für die kritischsten Lieferanten wurden drei Wochen veranschlagt. Diese sollte aufgrund des enormen Zeitdrucks während der ersten eineinhalb Wochen parallel zur noch laufenden Analyse erfolgen. Für diese Aufgabe war ein Team von drei externen Beratern und drei Mitarbeitern von Qubus angedacht. Im Ergebnis sollte das Projekt für die kritischsten Lieferanten nach zwei Monaten und für alle anderen relevanten Lieferanten nach sechs Monaten abgeschlossen sein.

Bei Möbel Schinkel herrschte weniger Zeitdruck, daher sollten während der Analysephase lediglich der Projektleiter Herr Pfeil und der Berater Herr Dr. Weiß auf Vollzeitbasis für das Projekt tätig sein. Die Analysephase wurde auf sechs Wochen festgelegt. Alle zwei Wochen sollte jedoch eine Besprechung mit Cordelia Schinkel stattfinden, da Frau Schinkel die Freigabe weiterer Ressourcen für die Erarbeitung und Implementierung von den Ergebnissen der Analyse abhängig machen wollte.

5.5 Analyse

5.5.1 Das eigene Unternehmen reflektieren

Nur die gewissenhafte und aufrichtige Analyse des Status quo erlaubt es, später die richtigen Maßnahmen zur Erreichung der Ziele abzuleiten. Dabei gilt es vor allem, das eigene Unternehmen sowie seine Prozesse zu reflektieren, den eigenen Einflussbereich zu verstehen und die Ansprüche der Stakeholder angemessen zu berücksichtigen.

Wenngleich alle sieben Kernthemen der ISO 26000 prinzipiell für jede Organisation Relevanz besitzen, kann die Bedeutung einzelner Themen doch sehr unterschiedlich sein. Um eine falsche Priorisierung bei der Analyse und der Implementierung zu vermeiden, muss man sich eingehend mit den Spezifika des Unternehmens auseinandersetzen. Dies betrifft sowohl die unternehmensinternen Besonderheiten als auch das Unternehmensumfeld.

In welcher Brache ist das Unternehmen tätig? Wo liegen die Wertschöpfungsschwerpunkte? Wie groß ist das Unternehmen? Welche besonderen Risiken bestehen? In welchem geografischen Raum ist man aktiv? Wovon ist die Unternehmenskultur geprägt? Gab es in der Vergangenheit Rechtsstreitigkeiten, Kundenbeschwerden oder Pressemeldungen, die Hinweise auf bestehende Handlungsbedarfe geben können? etc.

Auch das Unternehmensumfeld darf nicht vernachlässigt werden: In welchem wirtschaftlichen, sozialen, ökologischen und rechtlichen Umfeld agiert das Unternehmen? Wie ist die gesamtwirtschaftliche Entwicklung? Welchen Rechtssystemen bzw. welchen konkreten gesetzlichen Bestimmungen unterliegt das Unternehmen? Ist man in Regionen mit politischer oder wirtschaftlicher Instabilität tätig? etc.

Die Beantwortung derartiger Fragen hilft dabei, die im konkreten Einzelfall besonders wichtigen Themen herauszufiltern und in geeigneter Weise zu priorisieren.

Die ISO 26000 führt mit Benchmarking und Best-Practice-Analysen zwei weitere probate Ansätze auf, um das Verständnis der eigenen Stärken/Schwächen zu schärfen und dadurch Verbesserungspotenziale zu identifizieren. Mit Ausnahme von engen Geschäftspartnern und Unternehmen des gleichen Konzerns werden diese Vorhaben jedoch häufig auf die intensive Auseinandersetzung mit öffentlich zugänglichen CSR-Berichten oder Nachhaltigkeitsberichten beschränkt bleiben. Weiterführende Maßnahmen wie Befragungen, Inaugenscheinnahme von Abläufen vor Ort oder auch die Einsichtnahme in nichtöffentliche Dokumentation setzen regelmäßig ein besonderes Vertrauensverhältnis voraus.

Bei Möbel Schinkel ergab die Analyse folgendes Bild: Die KG war selbst nur im deutschsprachigen Raum tätig und unterlag damit sowohl in Deutschland als auch in Österreich und der Schweiz bereits restriktiven gesetzlichen Anforderungen, sodass es sich als gesetzestreues Unternehmen in vielen Themen bereits recht gut aufgestellt sah. Die selbstkritische Spiegelung des Status quo an den einzelnen Kernthemen und Prinzipien gesellschaftlicher Verantwortung ergab dennoch einige Unterschiede im Detail. Beispielsweise fühlte man sich hinsichtlich der Arbeitsbedingungen sehr gut und war sogar einigermaßen zuversichtlich, als Best Practice für die Branche gelten zu können.

Im Hinblick auf das Prinzip Transparenz kam man jedoch zu einer anderen Einschätzung. Das bisherige Führungsverständnis von Herrn Schinkel und eventuell auch die geringe Abhängigkeit von Fremdkapitelgebern bzw. einzelnen Kunden führten dazu, dass hier noch einiger Nachholbedarf bestand.

Ähnliches galt für die regionale Einbindung des Unternehmens. Bisher hatte man sich hier eher auf die Förderung der privaten Interessen des Gesellschafters, wie zum Beispiel des lokalen Fußballvereins, und auf kurzfristig beschlossene Spenden für soziale Zwecke beschränkt. Darum kam der Vorschlag, nach Möglichkeiten zu suchen, hier zukünftig gezielter positiven Einfluss zu nehmen.

Last, not least ergab sich ein weiteres Schwerpunktthema aus dem eigenen Leistungsspektrum. Als Möbelproduzent verarbeitete Möbel Schinkel massenhaft die natürliche Ressource Holz und hatte daher auch eine besondere Verantwortung, nachhaltig und umweltschonend zu wirtschaften. Natürlich erfüllte das Unternehmen alle bestehenden gesetzlichen Vorschriften, wollte sich aber aufgrund des großen eigenen Hebels dennoch gezielter mit diesem Thema auseinandersetzen.

Bei Qubus wurde die Reflexion des eigenen Unternehmens gewissermaßen von der Presse vorweggenommen und es war daher gezwungen, sich zunächst gezielt mit den Herausforderungen bei Quxygio auseinanderzusetzen. Die Unternehmensführung erkannte aber aus eben dieser Retrospektive auch, dass Quxygio zwar das aktuelle Hauptproblem war, die eigentliche Ursache dafür aber tiefer ging. Bisher hatte sich Qubus in seinen Bestrebungen, verantwortlich zu agieren, offenbar zu sehr auf den eigenen Konzern beschränkt und im Umkehrschluss den sonstigen Einflussbereich mit Ausnahme von Qualitätssicherungsmaßnahmen weitgehend ausgeblendet.

5.5.2 Den eigenen Einflussbereich verstehen

Es ist ein Kennzeichen der Globalisierung, dass Wertschöpfungsketten zunehmend komplexer werden und der Grad der internationalen Verflechtungen zunimmt. Auch Unternehmen die rechtlich selbstständig sind, können wirtschaftlich gleichwohl sehr intensiv miteinander verbunden sein.

Diese enge Vernetzung impliziert auch gegenseitige Verantwortung. Selbst wenn die ISO 26000 dazu keine explizite Erwartungshaltung formuliert, so weist sie dennoch darauf hin, dass Unternehmen ihren Einfluss nutzen können, andere Organisationen zu mehr gesellschaftlicher Verantwortung zu bewegen. Doch dies setzt die vorherige Auseinandersetzung mit dem eigenen Einflussbereich voraus. So muss zum Beispiel geklärt werden, auf welche Geschäftspartner man überhaupt Einflussmöglichkeiten hat und wie man diese sinnvoll und legitim nutzen kann.

Einfluss kann sich aus formalen Gründen ableiten oder lediglich de facto bestehen. Ersterer umfasst zum Beispiel Einflussmöglichkeiten aus Eigentumspositionen heraus, durch die Teilhabe an Führungsgremien (z.B. Aufsichtsratsposten) oder aufgrund vertraglicher Ansprüche. Letzterer ist meist das Ergebnis ungleichmäßig verteilter wirtschaftlicher Verhandlungsmacht, wie es beispielsweise häufig im Verhältnis von Lieferant zu Kunde zu beobachten ist.

Sowohl bei Qubus als auch bei Möbel Schinkel wählte man ähnliche Ansätze, um den eigenen Einflussbereich besser zu verstehen. So analysierte man die bestehenden Beteiligungsverhältnisse, die personellen Verflechtungen und natürlich auch die Beziehungen zu Geschäftspartnern wie Lieferanten und Kunden.

Hinsichtlich der Beteiligungsverhältnisse waren die Gegebenheiten in beiden Fällen recht unkompliziert. Die Muttergesellschaft verfügte über einige 100-Prozent-Beteiligungen an diversen Tochterunternehmen, die zudem über bestehende Beherrschungsverträge sehr eng an die Muttergesellschaft gebunden waren. Aufgrund der bereits gelebten einheitlichen Führung hielt man weiterführende Maßnahmen hinsichtlich der Beteiligungen für unnötig.

Eventuelle personelle Verflechtungen mit Gesellschaften außerhalb des eigenen Konzerns konnten ausgeschlossen werden. Weder die Führungskräfte noch die Gesellschafter saßen in Aufsichtsgremien bzw. Interessenvereinigungen außerhalb des eigenen Konzerns.

Den umfangreichsten Teil des eigenen Einflussbereichs machten die vielfältigen Beziehungen zu den Kunden und Lieferanten aus.

Da eine direkte Einflussnahme auf die Kunden wegen der Verteilung der Verhandlungsmacht nicht möglich erschien, beschloss man stattdessen, zumindest offensiver über die eigenen Anstrengungen in Bezug auf gesellschaftliche Verantwortung zu berichten, um so das Bewusstsein bei den Kunden für bestimmte Themen zu steigern. Dies betraf mit leicht unterschiedlicher Ausprägung sowohl die gewerblichen als auch die privaten Kunden.

Die Lieferanten hingegen wiesen bei beiden Unternehmen ein überaus heterogeneres Bild auf: Zu einigen bestanden intensive, zu anderen nur sehr sporadische Beziehungen und auch die Verteilung der Verhandlungsmacht war sehr unterschiedlich. Ausgangspunkt der Analyse war eine Abfrage bei der Buchhaltung, mit welchen Lieferanten man im letzten Jahr in welchem Umfang Geschäfte gemacht hatte. Die Lieferanten wurden mithilfe der ABC-Analyse anhand ihrer Jahresverkehrssalden in drei Gruppen eingeteilt. Beginnend mit der Kategorie „A" und später für die Kategorie „B" wurde eine weitere Einteilung in Risikogruppen vorgenommen: Diese sollten das Risiko von Verstößen gegen gesellschaftliche Verantwortung zumindest vorläufig abbilden. Zentrale Parameter waren dabei das Herkunftsland und die Art der bezogenen Leistungen. Auf Basis der beiden Dimensionen Bedeutung und vorläufige Risikoeinschätzung wurde die Priorisierung für die spätere Detailanalyse festgelegt. Dabei stellte sich bei Möbel Schinkel heraus, dass einzelne Lieferanten nicht im gleichen Umfang wieder aufforsteten, wie sie Bäume fällten. Im Fall Qubus ergaben sich über Quxygio hinaus bei zwei weiteren Lieferanten Erkenntnisse: Bei einem konnten grobe Umweltverstöße identifiziert werden, bei einem anderen gab es Hinweise auf systematische Diskriminierung. Es musste aber auch festgehalten werden, dass ein nicht unerheblicher Anteil der Lieferanten die Kooperation verweigerte.

5.5.3 Die Ansprüche der Stakeholder berücksichtigen

Ein wichtiger Aspekt gesellschaftlicher Verantwortung ist die Berücksichtigung berechtigter Ansprüche der jeweiligen Stakeholder. Der Begriff Stakeholder ist dabei sehr weit gefasst. Dazu gehören alle Gruppen, die durch die Tätigkeit des Unternehmens in beliebiger Weise tangiert sind. Dabei ist es unerheblich, ob diesen der Einfluss überhaupt bekannt ist.

Sobald man die Stakeholder kennt, gilt es deren inhaltliche Forderungen zu ermitteln und diese auf ihre Legitimität hin zu prüfen bzw. bei widerstreitenden Forderungen auf allseitig akzeptable Kompromisse hinzuwirken.

Neben der Berücksichtigung von Ansprüchen der Stakeholder nennt die ISO 26000 die Einhaltung von Gesetzen sowie von internationalen Verhaltensstandards und die Achtung der Menschenrechte als weitere Prinzipien. Daraus lässt sich ableiten, dass diese – obwohl es sich gleichsam um Ansprüche von Stakeholdern handelt – eine besondere Bedeutung haben müssen. Vor allem die Einhaltung der Gesetze ist eines der wichtigsten Prinzipien menschlichen Zusammenlebens; hier besteht kein Raum für Kompromisse.

Für das ethisch nicht unproblematische Verhältnis zwischen der Einhaltung von Gesetzen und der Achtung internationaler Verhaltensnormen enthält die ISO 26000 explizite Handlungsanweisungen. So sollten Organisationen in Ländern, in denen zwischen Gesetzen und internationalen Verhaltensnormen Konflikte bestehen, versuchen, unter Beachtung der gültigen Gesetze den internationalen Verhaltensstandards zumindest so weit als möglich zu entsprechen. In Situationen, in denen die nicht vollumfängliche Achtung internationaler Normen zu signifikanten negativen Konsequenzen führt, sollten Organisationen die Art ihrer Beziehungen und Aktivitäten in dem jeweiligen Rechtsraum so weit als möglich und angemessen überprüfen. Auch wenn die ISO 26000 die Konkretisierung signifikanter Konsequenzen schuldig bleibt und wohl auch bleiben muss, bleibt festzuhalten, dass es Fälle gibt, in denen bei einer Kollision von gültigen Gesetzen und internationalen Verhaltensnormen eine jede gesellschaftlich verantwortliche

Organisation, alle notwendigen Reaktionen, bis hin zum Rückzug aus dem entsprechenden Land, prüfen muss.

Wie bei fast jedem anderen Unternehmen auch hat die Tätigkeit von Möbel Schinkel Auswirkungen auf die direkten Kunden, die Endkunden, die direkten Lieferanten, die Vorlieferanten, die Wettbewerber, die Gesellschafter, die Fremdkapitalgeber, die Arbeitnehmer, den Staat, die Anwohner und die Ansprüche der aktuellen und der zukünftigen Generationen in Bezug auf Umweltschutz bzw. Nachhaltigkeit. Daher muss sich die KG mit den Ansprüchen all dieser Gruppen auseinandersetzen.

Hinsichtlich der Kundenforderungen sah man sich im Unternehmen sehr gut aufgestellt. Es gab regelmäßige Umfragen zur Kundenzufriedenheit sowohl bei den gewerblichen Großabnehmern als auch bei den Endkunden. Außerdem wurde bereits vor Jahren eine eigene Beschwerdestelle eingerichtet und vor allem die hauseigene Marktforschung war stets bemüht, Trends frühzeitig zu erkennen. Sie stand daher in engem Kontakt zu aktuellen und poteziellen Kunden. Insofern sah man in diesem Bereich wenig Handlungsbedarf.

Ähnliches galt für die Arbeitnehmer. Das Verhältnis zum Betriebsrat wurde als recht gut bezeichnet und regelmäßige anonyme Mitarbeiterbefragungen bestätigten diesen Eindruck.

Im Bezug auf Wettbewerber sah man der eigenen Verpflichtung durch die Einhaltung der Gesetze Genüge getan, zumal man sich in keiner wettbewerbsbeherrschenden Stellung befand.

Die berechtigten Ansprüche des Staats umfassen vor allem die Zahlung der Steuern und der Sozialabgaben. Auch hier wurde im konkreten Fall kein Handlungsbedarf erkannt.

Bei der Identifikation der legitimen Ansprüche der relevanten Lieferanten bedurfte es eines einzelfallorientierten Dialogs. Als Ansprechpartner kamen je nach Frage entweder die bekannten Personen, in der Regel die Key-Account-Manager, oder bei komplexeren Verhandlungen gegebenenfalls auch direkt die jeweilige Geschäftsführung in Betracht. Das Ziel dieser Gespräche durfte nicht dahingehend missverstanden werden, schlicht allen Lieferanten vermehrt entgegenzukommen, sondern lediglich sicherzustellen, dass die eigene Verhandlungsmacht nicht missbräuchlich eingesetzt wurde.

Im Unternehmen bestanden geringe Fremdkapitalpositionen und man kam bei der Betrachtung des Themas zu dem Schluss, den Ansprüchen der Gläubiger über die Verzinsung hinaus mit der jährlichen Offenlegung des Jahresabschlusses und der Besicherung der Kredite bereits hinreichend gerecht geworden zu sein. Eine Intensivierung der Kontakte wurde daher nicht als notwendig erachtet.

Die Forderungen der Gesellschafter waren im vorliegenden Fall recht leicht zu befriedigen, da alle Anteile in den Händen der Familie lagen und man sich in grundlegenden Fragen der Unternehmensstrategie ohnehin regelmäßig abstimmte.

Als Ansprechpartner für ein bewussteres regionales Engagement beschloss das Unternehmen Kontakt mit den Bürgermeistern der Hauptstandorte aufzunehmen und mit diesen die Möglichkeiten auszuloten, wie es gezielter einen positiven Einfluss nehmen konnte.

Die Diskussion über Umweltfragen wurde vergleichsweise energisch geführt. Man war sich zwar über das Ziel, eine bessere Nachhaltigkeit, einig, hatte jedoch große Schwierigkeiten, einen geeigneten Ansprechpartner für die entsprechende Stakeholdergruppe zu finden. Man benötigte einen Sparringspartner, der half, fordernde, aber gleichsam realistische Ziele zu definieren. Aus dieser Erwägung heraus wurde auch der im Rahmen des Brainstormings aufgekommene Vorschlag, diese Aufgabe in Kooperation mit einer bekannten Umweltschutzvereinigung anzugehen, wieder fallen gelassen. Man wollte bewusst nicht einfach den „lautesten“ Vertreter, sondern vielmehr einen kompetenten, unabhängigen und neutralen Partner finden. Im Ergebnis entschied man sich für eine Kooperation mit dem Lehrstuhl für Nachhaltigkeitsmanagement an einer nahe gelegenen Universität.

5.5.4 Die Unternehmensprozesse erfassen und analysieren

Michael E. Porter stellt in seinem zur betriebswirtschaftlichen Standardlektüre gehörenden Buch „Competitive Advantage“ fest: „Every firm is a collection of activities that are performed to design, produce, market, deliver, and support its product.“ [104]

Damit stellt er die Bedeutung der in jedem Unternehmen ablaufenden Prozesse für den Erfolg eines Unternehmens heraus. Man könnte darüber hinaus so

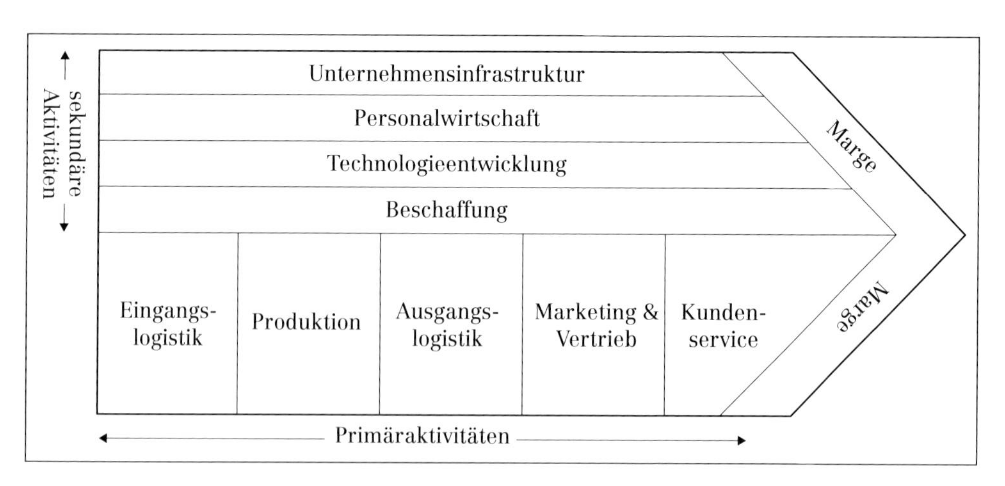

Abb. 4 Wertschöpfungskette nach Porter [104]

weit gehen und sie als die zentralen Bestimmungselemente eines Unternehmens verstehen. Sie bilden Ausgangspunkt und Ursache für Strukturen, Systeme und anderen Eigenschaften eines Unternehmens. Werden sie angepasst, so verändert sich auf absehbare Zeit das ganze Unternehmen.

Ausgehend von der überblicksartigen Darstellung von Porter lassen sich die eigenen Prozesse schrittweise verfeinern, bis am Ende ein Granulierungsgrad erreicht ist, der die Identifikation von Risikopunkten erlaubt.

Eine derartige Aufstellung der im Unternehmen ablaufenden Prozesse ist zunächst aufwendig, birgt jedoch – über die Möglichkeit der Analyse im Hinblick auf die Verankerung gesellschaftlicher Verantwortung hinaus – weitere Vorteile. So können die Abläufe im Unternehmen auf mögliche Ineffizienzen überprüft werden. Eine detaillierte Beschreibung hilft außerdem, „Betriebsblindheit" zu vermeiden. Bei vielen großen Unternehmen hält sich der Dokumentationsaufwand ohnehin in Grenzen, da ein Großteil der Arbeit bereits aufgrund anderer Anforderungen, sei es durch ISO-Zertifizierungen, Kundenanforderungen oder Gesetze wie zum Beispiel den US-amerikanischen Sarbanes Oxley Act, erledigt werden musste.

Nachdem die Prozesse aufgenommen wurden, sind diese eingehend auf eventuelle Risiken zu untersuchen, damit in der Implementierungsplanung geeignete Gegenmaßnahmen ausgearbeitet werden können. Identifizierte Risiken sind festzuhalten und hinsichtlich ihrer Bedeutung einzuordnen.

Bei der Prozessaufnahme konnte man bei Möbel Schinkel bereits auf die vor zwei Jahren angefertigte Beschreibung der wesentlichen Prozesse zurückgreifen. Diese musste damals für eine Qualitätszertifizierung erstellt werden, die eine große Möbelhauskette als Voraussetzung für eine mögliche Zusammenarbeit verlangt hatte.

Die sehr umfangreiche Dokumentation konnte das eigentliche Projektteam unmöglich innerhalb der Projektdauer durcharbeiten. Daher wurde beschlossen, alle Abteilungsleiter einen halben Tag lang zu schulen und in die Prinzipien und Kernthemen gesellschaftlicher Verantwortung einzuführen. Die Abteilungsleiter wurden damit beauftragt, innerhalb der nächsten drei Monate für die in ihren Verantwortungsbereich fallenden Prozesse alle Risikopunkte und bereits implementierten Kontrollen einzutragen. Außerdem sollten die Restrisiken je nach ihrer Bedeutung in drei Kategorien eingeteilt werden, um eine nachfolgende Priorisierung zu ermöglichen. Dieses Vorgehen wurde im Rahmen der Schulung an zwei Beispielprozessen durchgesprochen.

Auf Wunsch von Cordelia Schinkel wurde der Einkaufsbereich in der Analyse zeitlich vorgezogen, da sie in der Zeitung von Bestechungsvorwürfen bei einem Konkurrenten gelesen hatte und dies auch für ihre Unternehmen nicht kategorisch ausschließen konnte. Die Prozessaufnahme ergab folgenden Ablauf: Ausgangspunkt einer Bestellung konnte zum einen der durch einen Mitarbeiter festgestellte Bedarf an einem beliebigen Produkt bzw. einer Leistung und seine anschließende Erfassung im dazugehörigen IT-Tool sein. Abhängig vom geschätzten Kaufpreis konnte noch eine Genehmigung durch einen Vorgesetzten nötig werden. Zum anderen gab es auch automatische Bedarfsmeldungen durch das ERP-System, falls dieses bei der Erfassung eines Kundenauftrags berechnete, dass das vorhandene Lager durch die Bestellung unter eine bestimme Mindestmenge fallen würde. Die Bedarfsmeldung mit den benötigten bzw. gewünschten Spezifikationen ging dann an die Einkaufsabteilung, die wiederum unter den von der Unternehmensleitung zugelassenen Lieferanten konkrete Angebote einholte. Im Anschluss würde der jeweilige Sachbearbeiter eine Lieferantenauswahl treffen und die externe Bestellung aufgeben. An dieser Stelle würden weitere Aktivitäten, wie die Unterrichtung der Eingangslogistik und der Buchführung über die erfolgte Bestellung, folgen, auf deren Darstellung hier verzichtet werden soll. Bis dato beschränkten sich Kontrollen auf die stichprobenhafte nachträgliche Überprüfung der Lieferantenauswahl durch die interne Revision.

Bei Qubus kam man im Rahmen der Prozessaufnahme zu dem wenig erfreulichen Ergebnis, dass in den bisherigen Prozessen gar keine dedizierten Kontrollmaßnahmen zur Sicherstellung von gesellschaftlicher Verantwortung außerhalb des eigenen Konzernkreises implementiert waren. Dies betraf sowohl die ursprüngliche Auswahl der Lieferanten als auch deren Bindung an bestimmte Mindestnormen sowie die Vereinbarung und Durchführung späterer Kontrollen.

5.6 Implementierungsplanung

Während der Implementierungsplanung werden auf Basis der Ergebnisse der Analysephase spezifische Maßnahmen zur Zielerreichung identifiziert, detailliert ausgearbeitet und priorisiert. Neben der Erreichung einzelner Sachziele geht es dabei auch um die ganzheitliche Verankerung des neuen Wertegerüsts im Unternehmen sowie um die dazugehörige Planung von Schulungen.

Auf den Abschluss der Analysephase folgt die Implementierungsplanung. Diese soll auf der Grundlage der während der Analysephase identifizierten Ziele konkrete Maßnahmen zu deren Erreichung identifizieren, ausarbeiten, untereinander abstimmen und beschreiben.

Eine Trennung von Analyse, Implementierungsplanung und Implementierung macht aus didaktischen Gründen durchaus Sinn, ist in der Praxis jedoch nicht immer trennscharf möglich. So kann mit der Implementierungsplanung für ein abgeschlossenes Themengebiet bereits begonnen werden, während die Analyse eines anderen Bereichs noch nicht beendet ist. Eine solche Modularisierung führt zu einem früheren Implementierungsbeginn und damit zu schnelleren Erfolgen, erhöht auf der anderen Seite aber den Abstimmungsaufwand.

Die Präsentation des erarbeiteten Implementierungsplans erlaubt es der Unternehmensführung, die Vorschläge mit den eigenen Vorstellungen abzustimmen und bei Bedarf noch vor der Implementierung korrigierend einzugreifen. Das neuerliche Commitment zum Projekt wirkt motivierend und reduziert unternehmensinterne Widerstände. Insofern handelt es sich aus Projektsicht um einen besonders wichtigen Meilenstein. Damit das Management eine fundierte Entscheidung treffen kann, muss der Plan nachvollziehbar sein. Er muss die wesentlichen Prämissen und entscheidungsrelevanten Faktoren, die zur Entwicklung des konkreten Vorschlags geführt haben, darstellen und gegebenenfalls Alternativen aufzeigen. Nur so können die Ergebnisse und Handlungsvorschläge kritisch diskutiert und sachgerecht beurteilt werden. Nach der Einarbeitung gegebenenfalls notwendiger Korrekturen sollte der Plan formal durch die Unternehmensführung verabschiedet werden.

Während der Implementierungsplanung entstehen auf der einen Seite fortlaufend Vorschläge für Einzelinitiativen. Jede einzelne dieser Initiativen hat ihre eigene Bedeutung und Legitimation. Auf der anderen Seite verfügt jedes Unternehmen nur über begrenzte Ressourcen. Mitarbeiter, monetäre Mittel, Managementkapazität und nicht zuletzt auch die eigene Innovationsfähigkeit und die Möglichkeit, Wandel zu bewältigen, bilden limitierende Faktoren. Ähnlich wie bei der Auswahl der Analysebereiche müssen daher auch die Umsetzungsvorschläge unter Berücksichtigung des damit einhergehenden Aufwands und Nutzens priorisiert werden. Aus der ISO 26000 lässt sich dazu eine Reihe von Kriterien entnehmen bzw. ableiten. Kurz gesagt geht es dabei um eine Abwägung der möglichen positiven Folgen und des damit einhergehenden Aufwands.

Ein künstliches Konstrukt wie ein Unternehmen ist selbst nicht handlungsfähig, sondern hierzu auf seine Mitarbeiter und Organe angewiesen. Eine besondere Herausforderung ist dabei, dass der einzelne Mitarbeiter kaum noch die Möglichkeit hat, ein Unternehmen in seiner Gesamtheit zu überschauen, und daher seinen Beitrag zum Unternehmenserfolg nie vollumfänglich erfassen kann. Dies liegt nicht an den mangelnden Fähigkeiten des Einzelnen, sondern vielmehr an der überaus komplexen Arbeitsteilung in modernen Unternehmen. Diese Herausforderung wurde erkannt und die Unternehmen versuchen, ihr mit einer Hierarchie von Leitlinien zu begegnen. So werden eine Vision für das Unternehmen formuliert und als Konkretisierung der Unternehmenskultur gemeinsam geteilte Werte betont. Es werden Strategien erarbeitet und auf operative Ziele für Bereiche, Abteilungen und einzelne Mitarbeiter heruntergebrochen. Weitere wichtige Steuerungsmittel stellen die Beurteilungs- und Anreizsysteme dar. Leistungsbeurteilungen sollen dem einzelnen Mitarbeiter helfen, seine eigenen Stärken und Schwächen besser zu verstehen und sich persönlich weiterzuentwickeln. Sie sind ein zentrales Mittel, um die Zielerreichung im Unternehmen langfristig zu verbessern. Häufig basieren auch variable Vergütungsanteile oder andere Vergünstigungen bzw. Vorteile darauf, und nicht zuletzt bilden sie einen der wohl bedeutendsten Aspekte bei Entscheidungen über Beförderungen, Gehaltserhöhungen oder die Übertragung von Verantwortung. Wenn man also gesellschaftliche Verantwortung in einer Organisation verankern will, besteht eine zentrale Aufgabe darin, dies auf allen Steuerungsebenen zu berücksichtigen.

Jede größere Veränderung in einem Unternehmen sollte von Schulungsmaßnahmen flankiert werden. Die ersten Aufgaben bei der Erarbeitung eines Schulungskonzepts sind die Abgrenzung der verschiedenen Zielgruppen und die Festlegung der jeweiligen Schulungsziele sowie der daraus abgeleiteten Inhalte. Im Anschluss daran wird die geeignete Form der Wissens- bzw. Fähigkeitsvermittlung bestimmt. Inhaltlich können grundsätzlich zwei Bereiche unterschieden werden: Zum einen geht es um den Aufbau eines besseren Verständnisses von gesellschaftlicher Verantwortung bzw. die Sensibilisierung für die damit einhergehenden Herausforderungen, zum anderen um die Etablierung spezifischen Wissens zu veränderten Prozessabläufen, Systemen oder Strukturen.

Im Folgenden sollen einige der bei Möbel Schinkel bzw. Qubus in dieser Phase angestellten Überlegungen punktuell dargestellt werden:

Wie in der Analysephase identifiziert, sollte ein wesentliches Ziel von Möbel Schinkel zukünftig darin bestehen, die eigene Wertschöpfung stärker an Nachhaltigkeitsgesichtspunkten auszurichten. Maßnahmen zur Einsparung von Holz im Produktionsprozess waren jedoch wenig vielversprechend, da das damit einhergehende Kostensenkungspotenzial bereits seit Langem weitgehend ausgeschöpft war. Stattdessen konzentrierte man sich auf zwei andere Ansatzpunkte: Zum einen wollte man versuchen, in der Produktion vom Aussterben bedrohte Baumarten gezielt durch andere Hölzer zu ersetzen, und zum anderen die Folgen der Holzgewinnung durch eine Sicherstellung der Wiederaufforstung reduzieren. Da man die Bedürfnisse des Markts nicht einfach ignorieren konnte, entschied man sich, im ersten Schritt weitgehend auf Aufklärungsarbeit und Freiwilligkeit zu setzen. Dazu sollten die Vertriebspartner, im Wesentlichen das Verkaufspersonal von Möbelhäusern und der eigene Direktvertrieb, im Rahmen eines Schulungsangebots über gefährdete Baumarten unterrichtet und den Endkunden parallel geeignete Alternativen angeboten werden. Eine besonders akut bedrohte Holzart sollte nach Abverkauf der noch vorhandenen Restmengen sofort aus dem Produktprogramm gestrichen werden. Hinsichtlich der zweiten Dimension, der Wiederaufforstung, war das mittelfristige Ziel, alle Lieferantenverträge so anzupassen, dass diese eine zeitnahe Wiederaufforstung der Waldflächen garantierten und einer unabhängigen und unangekündigten Überprüfung zustimmten. Dabei wurde mit denjenigen Lieferanten begonnen, von denen das Unternehmen besonders große Mengen bezog bzw. bei denen die bisherige Analyse Hinweise auf Probleme mit der Nachhaltigkeit oder dem Umweltschutz erbracht hatte. Während einige größere Lieferanten mit den Forderungen keine Schwierigkeiten hatten, da sie ohnehin aus Eigeninteresse wiederaufforsten mussten, war bei einigen kleineren Lieferanten, vor allem aus weniger industrialisierten Ländern, erst

Überzeugungsarbeit notwendig, die aber – auch aufgrund der ungleich verteilten Verhandlungsmacht – ihre Wirkung nicht verfehlte. Bei Möbel Schinkel war man sich sicher, die mit diesen Anstrengungen einhergehenden Mehrkosten durch geeignetes Marketing und durch Umsatzvorteile wieder ausgleichen zu können.

Ein weiteres Ergebnis der Analysephase bei Möbel Schinkel war ein gezieltes regionales Engagement. In den Gesprächen mit den Bürgermeistern wurden dabei drei konkrete Maßnahmen identifiziert. Zum einen sollten erstmals fünf Stipendien für ein technisches Studium an der lokalen Berufsakademie vergeben werden. Die Studenten würden dabei im Wechsel mit der theoretischen Ausbildung auch praktisch im Unternehmen tätig sein. Davon würde das Unternehmen profitieren, da in letzter Zeit die Rekrutierung qualifizierter Mitarbeiter schwieriger geworden war, und ebenso die Region, da die Zahl der Studienanfänger – wohl aufgrund der allgemeinen wirtschaftlichen Entwicklung in den letzten Jahren – eher rückläufig war. Dabei sollten gezielt auch Frauen angesprochen werden, da im Unternehmen derzeit ein deutliches Ungleichgewicht zulasten weiblicher Akademiker bestand. Als zweite Maßnahme beteiligte man sich darüber hinaus, gemeinsam mit einem im gleichen Gewerbegebiet ansässigen Asphaltwerk, an den Kosten für eine Fußgängerbrücke zu einem von der Stadt unterhaltenen nahegelegenen Sportplatz. Beide Unternehmen waren die Hauptverursacher des hohen Lastkraftwagenaufkommens in diesem Bereich und wollten so die Unfallgefahr senken. Zuletzt wurde beschlossen, drei ausgewählte soziale Einrichtungen mit Möbeln zum Selbstkostenpreis zu versorgen. Das lokale Waisenhaus sollte sogar einmalig kostenlose Schreibtische erhalten, deren Abnahme ein gewerblicher Kunde aufgrund von Dekorsabweichungen gegenüber der Bestellung verweigert hatte.

Um die Gefahr der Bestechlichkeit in der Einkaufsabteilung bei Möbel Schinkel zu reduzieren, entschied man sich, die Lieferantenauswahl für alle Bestellungen über einem bestimmten Betrag zukünftig nur noch nach dem Vier-Augen-Prinzip zu vergeben und die interne Revision zu bitten, im nächsten Jahr einen Schwerpunkt auf die Prüfung in diesem Bereich zu legen.

Bei Quxygio ergab die Begutachtung vor Ort, dass die gröbsten Missstände durch fünf Maßnahmen zu beseitigen sein würden: 1. Einbau einer Filteranlage, die hochgiftige Verunreinigungen in den Abwässern zurückhalten sollte, 2. Sicherstellung einer fachgerechten Entsorgung von giftigen Abfallprodukten, 3. Weiterbildung für alle Mitarbeiter hinsichtlich des Umgangs mit toxischen oder gefährlichen Substanzen, 4. kostenfreie Bereitstellung von Schutzausrüstung für die Arbeit mit gefährlichen Substanzen für alle betroffenen Mitarbeiter und 5. Einhaltung der zulässigen Arbeitszeiten sowie der gesetzlichen Ruhezeiten. Im Interesse einer möglichst raschen Lösung der Probleme, erklärte man sich bei Qubus bereit, 40 Prozent der mit dem Maßnahmenkatalog verbundenen einmaligen Kosten zu tragen und darüber hinaus eine 3-prozentige Preiserhöhung zu akzeptieren. Die Alternative, die Zusammenarbeit mit Quxygio aufzukündigen, wurde verworfen, da zum einen noch eine vertragliche Verpflichtung zur Abnahme einer nicht unerheblichen Menge Batterien in den nächsten elf Monaten bestand und ein solcher Rückzug den Mitarbeitern von Quxygio ebenfalls massiv geschadet hätte.

Auch bei den beiden anderen problembehafteten Lieferanten versuchte man, eine allseitig tragfähige Lösung zu finden. Dies gelang jedoch nur in einem Fall. In dem anderen Fall beschloss der Vorstand, die Kooperation mit dem betroffenen Lieferanten einzustellen.

Um die Gefahr von Wiederholungen zu reduzieren, mussten darüber hinaus bestimmte Mindeststandards definiert werden, zu deren Einhaltung sich zukünftig alle relevanten Lieferanten bekennen mussten. Mit der Ausarbeitung der einzelnen Vorgaben wurde das Projektteam beauftragt und von diversen Abteilungen in Einzelfragen unterstützt.

Die Rechtsabteilung bekam den Auftrag, entsprechende Musterpassagen für die Verträge zu entwerfen, die diese Verpflichtung umsetzten und gleichzeitig eine neutrale Überprüfung der Einhaltung erlaubten.

Die Einkaufsabteilung hatte zukünftig dafür Sorge zu tragen, dass neben den bisher bereits bestehenden Lieferzeit-, Qualitäts- und Preisvorgaben auch die nun entwickelten sozialen und ökologischen Mindeststandards in den Verhandlungen berücksichtigt wurden. Um dies sicherzustellen, sollten die individuellen Zielvorgaben als Grundlage für die Beurteilungen entsprechend ergänzt werden.

Das Unternehmen richtete außerdem eine Whistleblowing-Hotline ein, um anonyme Hinweise auf unternehmensinterne Missstände bzw. solche im eigenen Einflussbereich aufgreifen zu können.

Während bei Qubus entschieden wurde, in die Vision des Unternehmens einen Hinweis auf die Akzeptanz der eigenen gesellschaftlichen Verantwortung aufzunehmen, um damit einen weithin sichtbaren Ausdruck des durchlaufenen Bewusstseinswandels zu schaffen, war dies bei Möbel Schinkel nicht der Fall. Hier wurde seit der Gründung des Unternehmens bewusst auf die Niederschrift eines Wertegerüsts verzichtet, da man in der Geschäftsführung überzeugt war, durch das Vorleben von Werten viel effektiver Einfluss auf das Unternehmen nehmen zu können. Mit dieser Tradition sollte auch jetzt nicht gebrochen werden.

Stattdessen würde Cordelia Schinkel während ihrer Ansprache vor allen Abteilungsleitern aus Anlass der Geschäftsführungsübernahme ausführlich zur gesellschaftlichen Verantwortung von Unternehmen und zur Nachhaltigkeit Stellung beziehen und die Relevanz der Themen auch für das eigene Unternehmen deutlich machen. Ergänzend dazu sollten die Rede und ein ergänzender Textbeitrag über die diesbezüglichen nächsten Schritte im Unternehmen in der nächsten Ausgabe der Mitarbeiterzeitung veröffentlicht werden.

Gegen eine Anpassung der Vision des Unternehmens entschied man sich auch, da man anders als Qubus auf jeden Fall den Eindruck vermeiden wollte, radikale Veränderungen im Unternehmen zu beabsichtigen.

Auch wenn die detaillierte Ausformulierung der Strategie und der konkreten Zielvorgaben für die einzelnen Bereiche auf die alljährliche Klausurtagung des Topmanagements vertagt wurde, herrschte doch bereits jetzt in der Geschäftsführung Einigkeit darüber, Nachhaltigkeit stärker verankern zu wollen. Ein konkreter Vorschlag für ein langfristiges Ziel lautete: Das Unternehmen will in fünf Jahren für das gesamte in der Produktion verwendete Holz Ersatz sicherstellen durch gleichwertige Aufforstung und die Schaffung vergleichbarer Lebensräume.

Die Ausarbeitung des Schulungskonzepts begann sowohl bei Qubus als auch bei Möbel Schinkel zunächst mit der Festlegung der entsprechenden Schulungsziele. Bei Möbel Schinkel sollte im ganzen Unternehmen das Bewusstsein für die eigene gesellschaftliche Verantwortung geschärft und die Bedeutung für den langfristigen Erfolg der Gesellschaft herausgearbeitet werden. Bei Qubus stand hingegen die Schulung der Einkaufsabteilung und der Rechtsabteilung im Vordergrund. Hier sollte bei der Auswahl und der Kontrolle der Lieferanten die erarbeiteten Veränderungen in den Prozessen verinnerlicht werden.

In beiden Fällen sollte die Schulung auch dazu dienen, nochmals kurz über das Projektziel und die bisherigen Entscheidungen zu informieren sowie entsprechende Fragen zu beantworten.

Ergänzend zu den Beiträgen in der Mitarbeiterzeitung, dem Internetauftritt und den weiterführenden Informationen im Intranet, entschied man sich bei Möbel Schinkel, einen Block von etwa eineinhalb Stunden bei der nächsten Schulungsveranstaltung für das Thema zu reservieren. Für das Halten des Vortrags und dessen Ausarbeitung konnte Dr. Weiß gewonnen werden. Die organisatorische Ausgestaltung oblag, wie bei allen anderen Schulungen im Unternehmen, der Personalabteilung.

Bei Qubus organisierte die kleine Rechtsabteilung mit Unterstützung einer externen Kanzlei hingegen selbst ihre interne Schulung. Dabei sollten die durch die Analyse bei Quxygio und den anderen Lieferanten identifizierten Risiken und Schwachstellen der bisherigen Verträge dargestellt und Hinweise zu deren Vermeidung gegeben werden. Zukünftig sollten vor allem verbindliche Standards in Bezug auf Umweltschutz, Arbeitsschutz und andere Themenbereiche in allen wesentlichen Lieferantenverträgen verbindlich festgehalten werden und durch geeignete Klauseln auch möglichst unabhängig kontrolliert werden dürfen. Die Einkaufsabteilung wurde vom Projektleiter über die Notwendigkeit der Berücksichtigung dieser Klauseln und die Auswirkungen auf ihr Beurteilungssystem aufgeklärt.

Beispiel:

Baufritz GmbH & Co. KG, Erkheim

Die Baufritz GmbH & Co. KG ist ein Fertighaushersteller aus dem Allgäu. Das Unternehmen produziert mit ca. 240 Mitarbeitern in Erkheim CO_2-neutrale Fertighäuser aus natürlichen und nachwachsenden Rohstoffen. Das Unternehmen folgt dabei in der gesamten Wertschöpfungskette den Kriterien der Nachhaltigkeit. Die ökologischen Holzhäuser werden bereits in zahlreiche Länder verkauft.

Baufritz erhielt im Jahr 2009 den Deutschen Nachhaltigkeitspreis in der Kategorie „Deutschlands nachhaltigstes Unternehmen". Der Preis, der 2008 ins Leben gerufen wurde, steht unter der Schirmherrschaft der Bundeskanzlerin. Diese Auszeichnung erhalten Unternehmen, die wirtschaftlichen Erfolg vorbildlich mit sozialer Verantwortung und der Schonung der Umwelt verbinden.

Die Jury wählte das Unternehmen aus rund 400 Bewerbern aus und würdigte mit diesem Preis den herausragenden Beitrag, den Baufritz mit seinen Häusern zur Verringerung der Emission von Treibhausgasen durch private Haushalte – mit die Hauptemittenten von CO_2 – leistet. Besonders herausgestellt wurde die konsequente Umsetzung des Lebenszyklusansatzes von Baufritz, der bereits bei der Entwicklung auch die spätere Entsorgung berücksichtigt. Das Vorreiterunternehmen sei dabei mit seinem wegweisenden Geschäftsmodell, entgegen dem Branchentrend, auch ökonomisch sehr erfolgreich. [125], [135], [132]

Für die kaufmännische Geschäftsführerin von Baufritz, Dagmar Fritz-Kramer, die das Familienunternehmen seit 2005 in vierter Generation leitet, ist die Auszeichnung eine Bestätigung der im Unternehmen gelebten Firmenphilosophie „Gesund zu Mensch und Umwelt" und zugleich ein Ansporn, die Mitmenschen zu nachhaltigem Konsum aufzufordern. [7]

Neben ihrem Engagement für den Umweltschutz engagiert sich Dagmar Fritz-Kramer auch für ihre Mitarbeiter. Die Firma Baufritz wurde im Jahr 2008 als „Deutschlands familienfreundlichstes Mittelstandsunternehmen" ausgezeichnet. [14]

Die Vereinbarkeit von Familie und Beruf hat bei dem alteingesessenen Bauunternehmen bereits eine längere Tradition. Bereits in den 60er-Jahren wurde bei Baufritz ein sonntägliches Arbeitsverbot ausgesprochen, das nach wie vor Gültigkeit hat. Das Jobsharing-Modell, bei dem sich zwei Beschäftigte einen Arbeitsplatz teilen können, gibt es bereits seit über 20 Jahren. Eine weitere Arbeitszeitmaßnahme schafft bei schlechter Auftragslage oder ungünstigen Witterungsverhältnissen Flexibilität für die Mitarbeiter. Die Beschäftigten in der Produktion arbeiten über das Jahr hinweg 80 Stunden vor und können diese Arbeitszeit je nach der Lage der Produktion flexibel abbauen. [14]

Daneben erleichtert seit 2006 eine betriebseigene Kindertagesstätte den Beschäftigten den Wiedereinstieg nach der Elternzeit. Die Betreuung der Mitarbeiterkinder ist kostenlos. Um dies zu ermöglichen, arbeiten alle Baufritz-Mitarbeiter jeweils am Weltkindertag eine Stunde umsonst. „Als Mutter eines kleinen Sohnes weiß ich, wie wichtig es ist, im Job den Rücken frei zu haben", bemerkt dazu die Unternehmenschefin. [14]

Die Laudatoren bezeichneten Baufritz als „hervorragendes Beispiel für eine familienbewusste und zugleich wirtschaftlich erfolgreiche Unternehmensführung im Mittelstand". Das Familienunternehmen stelle sich seit Jahrzehnten immer wieder neu und flexibel auf die Bedürfnisse seiner Beschäftigten ein. [14]

Dagmar Fritz-Kramer erhielt für ihr Engagement bei Baufritz im Jahr 2008 die Auszeichnung „Veuve Clicquot Business Woman of the Year". Die Jury hob dabei besonders hervor, dass Ökologie und gesellschaftliche Verantwortung bei Baufritz Unternehmensgegenstand und gelebte Überzeugung seien. [97]

5.7 Implementierungsphase

Obwohl die Implementierungsphase den aufwendigsten Teil des gesamten Projekts darstellt, sind hier kaum relevante Besonderheiten im Vergleich zu anderen Projekten zu erwarten.

Den Abschluss des Projekts bildet idealerweise eine selbstkritische Reflexion des bisherigen Verlaufs. Hierbei geht es darum, festzuhalten, was im Projekt gut lief und wo Verbesserungsbedarf bestand. Diese Erkenntnisse können und sollten dann in nachfolgenden Projekten entsprechend berücksichtigt werden.

5.8 Operativer Betrieb

Der Abschluss des eigentlichen Projekts darf nicht dazu führen, dass damit auch alle weiteren Anstrengungen zur Verankerung gesellschaftlicher Verantwortung eingestellt werden. Schließlich handelt es sich bei gesellschaftlicher Verantwortung nicht um ein Projekt, sondern vielmehr um ein Werteverständnis.

Die Übernahme gesellschaftlicher Verantwortung ist eine ganzheitliche und fortlaufende Aufgabe für eine Organisation. Darum muss auch nach Ende eines dezidierten Projekts sichergestellt sein, dass dieses Wertesystem weiter gelebt wird. Ferner müssen alle diesbezüglichen Maßnahmen kontinuierlich optimiert und an sich verändernde Rahmenbedingungen angepasst werden.

Dabei stellt sich vor allem die Frage nach den geeigneten organisatorischen Strukturen, um die fortlaufenden Aufgaben wahrnehmen zu können. Bei Qubus wurde entschieden den Verantwortungsbereich der Compliance-Abteilung entsprechend auszuweiten. Bei Möbel Schinkel wurde eine neue Stabsstelle eingerichtet. Als wichtig wurde aber in beiden Fällen erachtet, dass die Abteilung direkt an die Geschäftsführung bzw. den Vorstand berichtete. Dies war notwendig, um kritische oder sensible Themen direkt adressieren zu können und um die notwendige Unabhängigkeit zu gewährleisten.

Für die neuen Aufgaben waren bei Qubus vier und bei Möbel Schinkel zwei Stellen vorgesehen. Die übertragenen Aufgaben umfassten zum einen die Sicherstellung der konsequenten Einhaltung aller getroffenen Vorgaben, nicht nur im eigenen Unternehmen, sondern – soweit dies möglich war –, auch innerhalb des eigenen Einflussbereichs, zum Beispiel in Form von Lieferantenaudits. Zum anderen war die Abteilung dafür verantwortlich, eventuelle Veränderungen in den Rahmenbedingungen zu erkennen und eine geeignete Reaktion darauf sicherzustellen, also vor allem die Zielvorgaben fortzuentwickeln sowie Strukturen, Systeme und Prozesse anzupassen bzw. fortlaufend zu optimieren. Bei Möbel Schinkel war die neue Abteilung darüber hinaus auch für die geplante jährliche Berichterstattung zu gesellschaftlicher Verantwortung zuständig.

Durch die geringe Personalstärke war man zur Erledigung der vielfältigen Aufgaben auf die Kooperation mit anderen Abteilungen angewiesen. So arbeitete man beispielsweise bei der Planung und Durchführung von Kontrollmaßnahmen eng mit dem Controlling und der internen Revision zusammen. Für die stichprobenartigen Kontrollen bei den wichtigsten Lieferanten wiederum bediente man sich einer Wirtschaftsprüfungsgesellschaft, da diese bei Bedarf relativ kurzfristig Mitarbeiter stellen konnte, über mehr Erfahrung mit den Prüfungsthemen verfügte und – vor allem aufgrund der berufsständischen Unabhängigkeit und Verschwiegenheit – den Lieferanten leichter zu vermitteln war als eine Überprüfung durch eigene Mitarbeiter.

Das gesellschaftliche Verständnis von verantwortungsvollem Handeln unterliegt im Laufe der Zeit einem Wandlungsprozess. So werden gerade in Deutschland laufend neue Gesetze und Richtlinien erlassen. Genauso entwickeln sich auch die Erwartungen vonseiten der diversen Stakeholder. Selbst das eigene Unternehmen ist alles andere als ein starres Gebilde. Als Möbel Schinkel beispielsweise kurz nach dem Projektende ein großes Sägewerk übernahm, machte dies selbstverständlich eine noch intensivere Auseinandersetzung mit Arbeitsschutzthemen notwendig.

Kommunikation zieht sich wie ein roter Faden durch ein Projekt zur Verankerung gesellschaftlicher Verantwortung: Zu Beginn schafft sie Aufmerksamkeit und bekräftigt die übernommene Selbstverpflichtung. Während des Projekts hilft sie, sowohl über das Erreichte als auch über noch bevorstehende Herausforderungen zu informieren. Damit schafft sie Transparenz und Vertrauen. Darüber hinaus erlaubt es Kommunikation, die Aufmerksamkeit anderer Organisationen auf das Thema gesellschaftliche Verantwortung zu lenken und das diesbezügliche Bewusstsein zu schärfen. Sie kann helfen, den Dialog mit anderen Stakeholdern einzuleiten oder zu unterstützen. Nicht zuletzt erlaubt sie, die Chancen der gesellschaftlichen Verantwortung, die sich im Marketing bieten, zu nutzen. Darum muss Kommunikation auch nach dem Projektende ein Schwerpunktthema bleiben.

Aufgrund der Tragweite der gesellschaftlichen Verantwortung empfiehlt sich sogar eine regelmäßige dedizierte und themenübergreifende Berichterstattung. Als Vorbild könnten die Jahresabschlüsse von Unternehmen oder die zunehmend Verbreitung findenden Nachhaltigkeitsberichte dienen. Im Gegensatz zu der aber seit langer Zeit stark reglementierten Finanzberichterstattung gibt es fast keine bindenden Vorgaben für eine entsprechende Kommunikation in Bezug auf gesellschaftliche Verantwortung. Die wenigen gesetzlichen Grenzen aus dem im Wettbewerbsrecht stehenden Irreführungsverbot und dem Verbot unlauteren Wettbewerbs geben allenfalls eine sehr grobe Orientierung.

Aus der ISO 26000 lässt sich jedoch eine Reihe von Forderungen hinsichtlich einer Berichterstattung ableiten. So führt die ISO 26000 aus, dass Kommunikation vollständig, ausgewogen, sachlich korrekt, für den Adressaten verständlich verfasst, hinreichend detailliert, zeitnah und gut zugänglich sein soll. Es sollen keine relevanten Aspekte ausgelassen und die Interessen der Stakeholder berücksichtigt werden. Eventuell notwendige Auslassungen sollen begründet werden.

Eine weitere Konkretisierung darf man zukünftig auch vom International Integrated Reporting Committee (kurz IIRC) erwarten. Es hat sich das Ziel gesetzt, ein international akzeptiertes Rahmenwerk für die Berichterstattung zur Nachhaltigkeit zu schaffen, das finanzielle, ökologische und soziale Informationen sowie solche zur Unternehmensführung in einer klaren, prägnanten, konsistenten und vergleichbaren Art und Weise zusammenführt. [65]

Das zentrale Problem der Kommunikation ist die Glaubwürdigkeit. Fast jedes Unternehmen nimmt in seiner Außendarstellung in Anspruch, besonders verantwortungsvoll zu handeln. Dabei ist es für die Adressaten de facto unmöglich zu erkennen, ob ein Unternehmen nur vorgibt, verantwortungsvoll zu handeln, oder dies tatsächlich tut. Damit liegt ein Problem asymmetrischer Information vor. Daraus ergibt sich die Aufgabe, die Glaubwürdigkeit der eigenen Berichterstattung wirksam zu erhöhen. Die Forschung belegt, dass in Fällen asymmetrischer Information die Glaubwürdigkeit von Behauptungen unter anderem dadurch erhöht werden kann, dass diese von Maßnahmen flankiert werden, die je nach Wahrheitsgrad der Aussage mit unterschiedlich hohem Aufwand für das Unternehmen verbunden sind. Ein Beispiel für eine derartige Maßnahme ist eine unabhängige Überprüfung und Bescheinigung getroffener Aussagen. Diese sind leichter zu erlangen, wenn die Behauptungen wahrheitsgemäß sind. Häufig wird dafür auf Wirtschaftsprüfer zurückgegriffen, da diese bereits berufsständisch zur Unabhängigkeit verpflichtet sind (§ 43 WPO). Die Bedeutung entsprechender Berichterstattung kann man auch daraus erahnen, dass das Institut der Wirtschaftsprüfer (kurz IDW) für die Prüfung von Berichten zur Nachhaltigkeit eigens einen Prüfungsstandard (IDW PS 821) veröffentlicht hat. [67]

Die ISO 26000 untersagt explizit eine Zertifizierung der Norm. Dies erscheint aufgrund ihrer recht abstrakten Formulierung auch nicht praktikabel. Dennoch können und sollten natürlich spezifische Aussagen von Unternehmen über konkret durchgeführte Maßnahmen und deren Ergebnisse durch einen unabhängigen externen Dritten, wie z.B. einen Wirtschaftsprüfer, auf Ihren Wahrheitsgehalt hin überprüft werden.

Ein zentraler Bestandteil der Bestrebungen von Möbel Schinkel, zukünftig das Prinzip der Transparenz besser umzusetzen, bestand in der jährlichen Berichter-

Beispiel:

Toshiba Group, Tokio, Japan

Im Jahr 2010 veröffentlichte die Toshiba Group ihren CSR-Report, der in großen Teilen erstmals der Struktur des ISO 26000 Standards folgt und somit als wegweisend für eine der Norm entsprechende Berichterstattung anzusehen ist. [131]

Der Jahresbericht ist zweistufig aufgebaut. Im kürzeren ersten Teil, dem sogenannten „Integrity Report I“, spezifiziert die Toshiba Group ihre „Vision 2050“ – ihr Bestreben, sich als eines der weltweit führenden Umweltunternehmen zu positionieren. Um dieses Ziel zu erreichen, werden von Toshiba drei Prinzipien verfolgt: „Greening of Process“, „Greening of Products“ und „Greening by Technology“.

Der ausführlichere zweite Teil, der „Integrity Report II“, umfasst die CSR-Berichterstattung im Sinne und nach dem Aufbau der ISO 26000. Je nachdem, wie wesentlich die Themen für die Stakeholder und für das Unternehmen selbst sind, werden die Aktivitäten der Toshiba Group in den sieben Kernthemen der Norm ausführlich beschrieben.

Einleitend erklärt das Unternehmen zunächst die Grundlagen der Berichterstattung. Die Toshiba Group beruft sich dabei auf die drei Prinzipien Integration („Inclusivity“), Wesentlichkeit („Materiality“) und Reaktionsvermögen („Responsiveness“) des AA1000 Account Ability Principles Standards (AA1000AP). Bei der Festlegung der Wesentlichkeit der zu berichtenden Themengebiete nimmt das Unternehmen zwei Perspektiven ein: die der jeweiligen Anspruchsgruppen und die des Unternehmens selbst.

Zunächst wird dann wie bei der ISO-26000-Norm das Kernthema „Organisation“ beleuchtet. Dort führt die Toshiba Group aus, wie das Thema „Gesellschaftliche Verantwortung“ in ihrer Organisationsstruktur verankert ist. Es werden die Funktionen ihres CSR-Comitees erklärt und die Einführung von Key-Performance-Indikatoren zur Messung der Erreichung ihrer CSR-Ziele näher erläutert. In einer Tabelle zeigt Toshiba außerdem detailliert, wie viel an wirtschaftlichen Wertbeiträgen im Geschäftsjahr an die einzelnen Anspruchsgruppen umverteilt wurden. Es folgen Ausführungen zur Corporate Governance des Unternehmens sowie zum Dialog mit den Anspruchsgruppen.

Ihr Engagement im Bereich der Menschenrechte dokumentiert die Toshiba Group mit Hinweis auf den „Toshiba Group Standards of Conduct“ und unterstreicht ihr Bekenntnis zu den Aussagen des „UN Global Compact“.

Auch auf die weiteren Prinzipien der ISO 26000 wie „Arbeitsbedingungen“, „Umweltschutz“, „Anständige Handlungsweisen“, „Konsumenten“ und „Regionale Einbindung und Entwicklung“ geht Toshiba im Anschluss auf vorbildliche Weise ein. Zu allen Themen wird das Engagement des Unternehmens anschaulich in Textform und mit unterstützenden Schaubildern erläutert, sodass der Leser einen guten Eindruck von der organisatorischer Einbindung und den Anstrengungen der Toshiba Group im Hinblick auf diese Kernthemen gewinnen kann.

Außergewöhnlichen Wert legt Toshiba auf die ständige Verbesserung ihrer CSR-Berichterstattung. Deshalb inkludiert die Unternehmensgruppe einen Fragebogen, mit dessen Hilfe jeder Interessierte seine Meinung zum vorliegenden Bericht durch die Beantwortung weniger strukturierter Fragen äußern kann. Die Ergebnisse dieser Umfrage aus dem Vorjahr werden dort ebenfalls veröffentlicht.

Abschließend bewertet einer der führenden Experten für „Social and Environmental Accounting", Professor Katsuhiko Kokubu von der Kobe University, den vorliegenden Bericht. Er stellt die verwendete Struktur nach den Prinzipien der ISO 26000 explizit positiv heraus und führt aus, dass diese Berichtslogik zu einem besseren globalen Verständnis der Inhalte führt. Anerkennend erwähnt er auch die bei der Darstellung berücksichtigte Sichtweise der Stakeholder des Unternehmens. Professor Kokubu vertritt die Meinung, dass der vorliegende Bericht insgesamt äußerst positiv zu bewerten ist und gibt zusätzlich wertvolle Hinweise für dessen Fortentwicklung. [131]

stattung zur gesellschaftlichen Verantwortung und Nachhaltigkeit im Unternehmen. Den positiven Nebeneffekt, dass andere Schwerpunkte im Produktmarketing oder im Personalmarketing dadurch ebenfalls unterstützt würden, nahm man dabei gerne in Kauf.

Der Berater Dr. Weiß skizzierte den denkbaren Aufbau wie folgt: Den Anfang würde ein Grußwort der Geschäftsleitung über die Bedeutung von gesellschaftlicher Verantwortung und eine zugehörige Selbstverpflichtung machen. Dann würde der Berichtsgegenstand dargestellt. Im konkreten Fall bedeutete das eine Berichterstattung zur Verankerung gesellschaftlicher Verantwortung beim Möbel-Schinkel-Konzern mit einem Schwerpunkt auf Nachhaltigkeit, ergänzt um einen Hinweis auf den jeweils betrachteten Zeitraum. Da ein Bericht unmöglich alle eventuell interessanten Aspekte darstellen kann und auch keine allgemeingültigen Vorgaben zu dem notwendigen Inhalt bestehen, ist es sehr wichtig, die verwendeten Kriterien zur Berichterstattung darzustellen. Dies betrifft vor allem die Fragen wie: Auf welcher Grundlage wurde entschieden, welche spezifischen Sachverhalte im Bericht dargestellt wurden und auf welche verzichtet wurde? Aus welchen Überlegungen heraus geschah dies? Außerdem sollte der Bericht natürlich eine kurze Präsentation des Unternehmens enthalten, sodass der Leser eine Vorstellung von den Produkten, den Standorten, den Geschäftsfeldern und den wichtigen Kennzahlen etc. gewinnen kann. Für die weitere Gliederung des Berichts schlug Dr. Weiß vor, auf die ISO 26000 zurückzugreifen. So sollten die Prinzipien und Kernthemen gesellschaftlicher Verantwortung kurz allgemein vorgestellt werden, um dann detailliert zu zeigen, wie diese bei Möbel Schinkel umgesetzt wurden. Es sollten die Ziele erläutert und bereits Erreichtes mit früheren Zielen verglichen werden. Dort wo Kennzahlen aussagekräftig und ermittelbar waren, sollten die Ausführungen damit untermauert werden. So könnte der relative Anteil der wieder aufgeforsteten Bäume ins Verhältnis zu den gesamten bezogenen Mengen im Zeitverlauf dargestellt werden. Die identifizierten Stakeholdergruppen sollten aufgeführt werden und es sollte dargestellt werden, wie das Unternehmen sie beeinflusst sowie welche Maßnahmen für die jeweilige Gruppe bisher umgesetzt und welche noch geplant sind. Den Abschluss sollte die Bescheinigung eines Wirtschaftsprüfers über das Ergebnis der Berichtsprüfung bilden.

6 Fazit

In unserer global vernetzten Wirtschaft wird von Unternehmen zunehmend erwartet, dass sie sich an der Lösung sozialer und ökologischer Probleme beteiligen. Dies vor allem dann, wenn ein Zusammenhang zur Geschäftstätigkeit hergestellt werden kann. Werden solche Erwartungen ignoriert, drohen der Verlust von Reputation und Markenwert. Auf der anderen Seite eröffnen solche Erwartungen auch Chancen für Produkt- und Prozessinnovationen.

Vor diesem Hintergrund wurde von der ISO ein Leitfaden auf Basis eines Multi-Stakeholder-Ansatzes entwickelt, der sich an Organisationen aller Art richtet, die sich mit dem Thema systematisch auseinandersetzen wollen. Neben den Unternehmen werden bewusst auch Nichtregierungsorganisationen, Gewerkschaften, Interessenverbände, Regierungsstellen und Forschungseinrichtungen als Zielgruppen angesprochen. Gleichwohl liegt der Fokus nach wie vor am stärksten auf den Unternehmen.

Die ISO 26000 gibt Orientierung für die Beantwortung wesentlicher Fragen: Was versteht man unter gesellschaftlicher Verantwortung? Welche Themen sind hiervon betroffen und welche haben sind für die eigene Organisation relevant? Wie kann gesellschaftliche Verantwortung glaubwürdig umsetzt und kommuniziert werden? Als erster international anerkannter Standard umfasst die ISO 26000 sämtliche Themenfelder und gibt Handlungsempfehlungen für eine erfolgreiche Umsetzung gesellschaftlicher Verantwortung. Eine Zertifizierung für die ISO 26000 ist aber explizit nicht vorgesehen.

Gesellschaftliche Verantwortung in einer Organisation zu verankern, bedeutet zunächst immer eine Investition. Da Unternehmen nicht allein aus dem Anlass der Verabschiedung der ISO 26000 sämtliche ökonomischen Entscheidungsparameter über Bord werfen werden, bleibt die Entscheidung für oder gegen ein solches Projekt immer das Ergebnis einer Abwägung von Aufwand und Nutzen, dem „Business Case“. Das heißt der zusätzliche Aufwand muss sich auch lohnen. Zwar erscheint ein langfristiges gesellschaftliches Engagement, implementiert im Kerngeschäft, zunächst kosten- und zeitintensiv, gleichwohl sind die Chancen, die sich durch die Wahrnehmung gesellschaftlicher Verantwortlichkeit ergeben, sehr greifbar und diverse Risiken können reduziert werden: So verringern Umweltschutzmaßnahmen zur effizienteren Ressourcen- und Energienutzung langfristig die variablen Kosten. Schulungen von Mitarbeitern tragen zur Steigerung der Produktivität bei. Maßnahmen zum Arbeitsschutz reduzieren Arbeitsunfälle und damit die daraus resultierenden Folgekosten. Diskriminierungsfreie Personalentscheidungen führen zu einem breiteren Pool von Erfahrungen und Fähigkeiten und damit zu besseren Leistungen. Die Achtung der Menschenrechte und internationaler Verhaltensstandards wirken negativer Presseberichterstattung entgegen. Verbesserungen der Produktsicherheit verringern die Gefahr von Schadenersatzforderungen. Nicht zuletzt ist ein umfassender und aufrichtiger Dialog mit den Kunden die beste Voraussetzung, deren Bedürfnisse eher als der Wettbewerb erkennen und damit befriedigen zu können. Besonders die vier folgenden Nutzendimensionen sind direkte Folgen der Wahrnehmung von gesellschaftlicher Verantwortung:

1. Aufbau und Verbesserung der Unternehmensreputation
2. Kundengewinnung und -bindung
3. Personalrekrutierung und -motivation
4. Personalentwicklung und -arbeit

Ein Ergebnis davon sind für die Unternehmen bessere Bewertungen durch Ratingagenturen möglich.

Dass der Aufwand durch die Beachtung der ISO 26000 deutlich geringer ausfallen dürfte als von vielen befürchtet, belegt auch Kapitel 4. Hier wurden deutsche Gesetze und internationale Richtlinien mit dem neuen Standard verglichen. Der deutsche Gesetzgeber sieht für eine Vielzahl von Anforderungen der ISO 26000 bereits verpflichtende Vorschriften vor. So existieren zahlreiche Gesetze zum Thema Umweltschutz. Es gibt zahlreiche Bestimmungen, die die Arbeitsbedingungen, beginnend beim Arbeitsschutz bis hin zu der Frage der Diskriminierung von Arbeitnehmern, regeln. Auf dem Gebiet der anständigen Handlungsweisen von Unternehmen finden sich Normierungen beispielsweise im Wettbewerbsrecht sowie dem Geldwäschegesetz. Der Umgang mit Konsumenten wird ausführlich in verschiedensten Gesetzen, die vor allem den Schutz der Verbraucher sicherstellen sollen, geregelt. Durch die Einhaltung der bestehenden Gesetze werden zudem die Menschenrechte beachtet, da die Regelwerke verfassungskonform sind und damit die Grundrechte mit in diese eingeflossen sein müssen. Dennoch gibt es selbst in den gerade genannten Kernthemen auch in der deutschen Gesetzgebung im Vergleich zur ISO 26000 Lücken. Die ISO 26000 geht über die bestehenden Normen hinaus.

Die möglicherweise bedeutsamste Lücke ist die Erwartung der ISO 26000, dass Organisationen – soweit es für sie vertretbar ist – auf ihren Einflussbereich einwirken, damit auch dort den Anforderungen gesellschaftlicher Verantwortung nachgekommen wird. Damit fordert die ISO 26000 eine gesellschaftliche Verantwortung, die nicht am Werkstor endet, sondern die gesamte Wertschöpfungskette, auch außerhalb der eigenen Organisation, einschließt.

Dazu gehört auch das Kernthema „Organisationsführung", das eine Sonderstellung im Rahmen der ISO 26000 besitzt. Die ISO 26000 bringt hier Erwartungen bezüglich der eigentlichen Leitung von Unternehmen zum Ausdruck. Diese decken die deutschen Gesetze weitgehend ab.

Das letzte in der ISO 26000 behandelte Kernthema befasst sich mit der regionalen Einbindung. Dazu schreibt der Gesetzgeber in Deutschland nahezu nichts gesetzlich vor. Gleichwohl sind regional verwurzelte Unternehmen hier häufig bereits überaus engagiert. Jedoch sollte man eine Spende an den lokalen Sportverein nicht mit der Übernahme von gesellschaftlicher Verantwortung gleichsetzen. Solche freiwilligen Spenden sind zwar ebenfalls positiv zu bewerten, aber durch den häufig fehlenden Bezug zum Kerngeschäft entfalten diese Initiativen keinen nachhaltigen Charakter.

Zusammenfassend lässt sich sagen, dass die ISO 26000 das Rad nicht neu erfunden hat. Die allermeisten Themen werden auch in anderen internationalen Standards und nationalen Gesetzen behandelt. Diese sind regelmäßig thematisch und branchenspezifisch abgegrenzt. Daher existiert eine schier unüberschaubare Anzahl von Richtlinien, Kodizes und Standards, an denen sich Unternehmen orientieren können. Hinzu kommen unzählige Verhaltensrichtlinien, die von einzelnen Unternehmen erstellt wurden und die sie sich selbst auferlegt haben.

Hier bietet die ISO 26000 einen signifikanten Vorteil. Erstmals wird die Übernahme von gesellschaftlicher Verantwortung vergleichbar, und zwar über Länder, Organisationsformen und Branchen hinweg. Ein weltweit einheitliches Verständnis von gesellschaftlicher Verantwortung hilft, gleiche Bedingungen für alle Akteure weltweit zu schaffen. Daher wird die Übernahme von gesellschaftlicher Verantwortung zunehmend ein Wettbewerbsfaktor in einer globalisierten Wirtschaft.

Der Umfang der ISO 26000 mag zunächst abschreckend wirken und nicht alles mag leicht verständlich niedergeschrieben worden sein und noch viel Raum für Interpretationen lassen. Jedoch hat die ISO 26000 einen erheblichen Vorteil. Sie gibt Organisationen konkrete Anhaltspunkte, was gesellschaftliche Verantwortung bedeutet bzw. welche Handlungsfelder davon betroffen sein könnten. Dabei versucht sie bewusst, ein möglichst breites Spektrum von Themen zu berücksichtigen. Gleichzeitig überlässt der Leitfaden die Beurteilung der Ausprägung bestimmter Themen in der eigenen Organisation dieser selbst. Da sie die Bedingungen, unter denen sie agieren muss, am besten kennt, erscheint dies überaus sinnvoll. Die wertfreie Sammlung von Themen zur gesellschaftlichen Verantwortung der ISO 26000 bildet dafür eine optimale Grundlage.

Stimmen zur ISO 26000

Dirk Niebel, Bundesminister für wirtschaftliche Zusammenarbeit und Entwicklung

Die globale Wirtschaft spricht ISO. Wie in Asien produzierte Vorprodukte zu in Deutschland verwendeten Geräten passen, wie sich Qualitätsstandards international vergleichen lassen oder inwieweit Managementmethoden angeglichen werden können, all dies wird durch die ISO-Normen sichergestellt. Umso besser, dass sich diese „Weltsprache" jetzt mit der Leitlinie ISO 26000 der wichtigen Frage zuwendet, wie – nämlich unter welchen sozialen und ökologischen Bedingungen – die Weltwirtschaft Güter produziert und Dienstleistungen bereitstellt.
Wie kann die Einhaltung der Menschenrechte in Produktionsbetrieben in Entwicklungs- und Schwellenländern gewährleistet werden? Wie können wir sicherstellen, dass Produkte, die in Deutschland benutzt werden, nicht dazu beigetragen haben, andernorts Gewässer oder die Atmosphäre zu verschmutzen? Handeln wir fair mit den Produzenten in Regionen, in denen oft die ärmsten Bevölkerungsschichten unseren Kaffee, Kakao, Tee oder andere Lebensmittel anbauen?
Antworten hierauf kreisen um das stetig an Bedeutung gewinnende Thema der Unternehmensverantwortung. Aus der Perspektive der Entwicklungspolitik bedeutet Unternehmensverantwortung, dass global tätige Unternehmen ihre Handlungsspielräume im Sinne einer „Nachhaltigen Entwicklung" nutzen. Die Leitlinie ISO 26000 wurde von Experten aus Industrienationen, Entwicklungs- und Schwellenländern gleichermaßen entworfen. Außerdem kamen diese Experten nicht nur aus Wirtschaft, Wissenschaft und Regierungsorganisationen, sondern auch aus der Zivilgesellschaft. Dies ist ganz im Sinne der Entwicklungspolitik, denn Entwicklung entsteht nur dort, wo alle relevanten gesellschaftlichen Akteure – „Stakeholder" in der Sprache der ISO 26000 – gemeinsam an Lösungen arbeiten, ihre Interessen abstimmen und Umsetzungswege gemeinsam beschreiten.
Die deutsche Entwicklungspolitik zielt in diesem Themenbereich darauf ab, die staatlichen Rahmenbedingungen für entwicklungsförderliches unternehmerisches Handeln zu stärken, privatwirtschaftliches Engagement für nachhaltige Entwicklung zu fördern und die Voraussetzungen für die partnerschaftliche Zusammenarbeit zwischen Staat und Wirtschaft zu verbessern.
Ganz konkret hat mein Ministerium zum Beispiel ein Programm für Entwicklungspartnerschaften mit der Wirtschaft weiterentwickelt (www.develoPPP.de). Unternehmen können hier ihre spezifische Expertise mit dem know how der Entwicklungszusammenarbeit verbinden und so ihrer gesellschaftlichen Verantwortung in den Entwicklungsländern vorbildhaft nachkommen.
Die hohe Aufmerksamkeit, die den Erstellungsprozess die ISO 26000 in den letzten Jahren begleitete, ist vielversprechend. Ich bin optimistisch, dass ISO 26000 sich als relevanter Leitfaden durchsetzen und der effektiven Umsetzung der Unternehmensverantwortung neue Dynamik verleihen wird. Das nützt den Gesellschaften und der Umwelt in den ärmeren Ländern und uns allen.
Hieran beteiligt sich die deutsche Entwicklungspolitik gerne.

Frank Bsirske, Vorsitzender der Vereinten Dienstleistungsgewerkschaft (ver.di)

Die Vereinten Nationen haben mit den Millenniumszielen globale Probleme und notwendige Schritte benannt. Dabei müssen auch Unternehmen Verantwortung übernehmen. CSR-Strategien können globale normative soziale und ökologische Anforderungen unterstützen, aber sie allein werden diesen Anforderungen nicht gerecht. Wesentliches Hemmnis dafür ist das Fehlen eines Ordnungsrahmens. Es ist daher eine erstrangige Aufgabe der Politik aller Regierungen, den Ordnungsrahmen für unternehmerische Verantwortung den Bedürfnissen der Menschen anzupassen. Kernarbeitsnormen, Sozialstandards, Menschenrechte und menschenwürdige Löhne müssen verbindlich und verpflichtend werden.
Unserer bisherigen Erfahrungen zeigen, dass freiwillige Selbstverpflichtungen von Unternehmen oft nicht eingehalten werden. Selbstverpflichtungen entfalten für Unternehmen nicht die gleiche Wirkung wie rechtlich bindende Normen. Sie sind keine wirksame Strategie für eine nachhaltige Entwicklung. Es fehlt an verbindlichen Informations- und Rechenschaftspflichten für Unternehmen.
Durch fehlende Regeln für die Akteure auf den Finanzmärkten und die globalen Ungleichgewichte in der Weltwirtschaft wurden viele Staaten und Kommunen an den Rand des Bankrotts geführt. Die notwendige Eindämmung von Armut, Hunger und Arbeitslosigkeit erlitt durch die Krise schwere Rückschläge. Der fortgesetzte Unterbietungswettbewerb bei Löhnen und Steuern behindert die Entwicklung einer notwendigen makroökonomischen Koordinierung zu einer starken nachhaltigen Entwicklung.
In Deutschland, in Europa und weltweit werden nach wie vor fundamentale Arbeitnehmerrechte missachtet und menschenwürdige Löhne verweigert. Gewerkschaften listen weltweit die Verletzung ihrer Rechte in über 140 Ländern auf. Immer wieder müssen Gewerkschaften ihre Betätigungsrechte mit Klage- und Beschwerdeverfahren einfordern. Fehlende gesetzliche Mindestlöhne und die Deregulierung der Leiharbeit sind eine schwere Belastung des sozialen Klimas. Zur Verbesserung der Lage von arbeitenden Menschen bedarf es wirksamer Regeln.
Deshalb fordern wir den Deutschen Bundestag und das Europäische Parlament auf, für die gesellschaftliche Verantwortung der Unternehmen verbindliche Regeln zu bestimmen.
In einer demokratischen Gesellschaft dürfen Unternehmen keine alleinige Definitionshoheit über die Ausgestaltung ihres verantwortlichen Handelns haben. Unternehmen sind vielmehr *verpflichtet*, die Arbeits- und Lebensbedingungen zu verbessern und zum Umweltschutz beizutragen. Dafür muss Politik den erforderlichen Ordnungsrahmen fortentwickeln. Unverzichtbar sind verbindliche Sozial- und Umweltstandards, Rechenschaftspflichten und Haftungsbestimmungen bei Regelverstößen.

Dr. Michael Inacker, Leiter Konzerkommunikation, Außenbeziehung & CSR der METRO AG

Liebe Leserinnen und Leser, wie viele andere Wirtschaftsunternehmen und ihre Verbände stand auch die METRO GROUP einer ISO-Norm zur besseren Umsetzung von gesellschaftlicher Verantwortung nicht von Anfang an positiv gegenüber. Zu groß waren die Vorbehalte gegen die Normierung eines per Definition auf Freiwilligkeit basierenden Konzeptes wie CSR.
Wie sollte ein derartig komplexes und vielfältiges Thema wie gesellschaftliche Verantwortung von Unternehmen zusammenpassen mit einer technischen Konformitätsprüfung wie man sie üblicherweise mit einer ISO-Norm verbindet? Würde ein solcher Leitfaden die unterschiedlichen Bedürfnisse der einzelnen Branchen, gerade auch des Handels, widerspiegeln? Wären Kreativität sowie eine positive Unterscheidung von Wettbewerbern noch möglich, wenn alle Unternehmen den gleichen Vorgaben folgen?
Heute kann ich sagen: Der vergleichsweise lange Abstimmungsprozess für die ISO 26000 hat sich gelohnt. Das Ergebnis ist eine pragmatische Leitlinie, die allen gesellschaftlichen Akteuren Orientierung und Hilfestellung für die Initiierung und Durchführung von CSR-Aktivitäten gibt. Der Ansatz der Leitlinie, gesellschaftlich verantwortliches Verhalten konsequent am Kerngeschäft auszurichten, entspricht seit vielen Jahren dem CSR-Verständnis der METRO GROUP. Ob die Förderung umwelt- und sozialverträglicher Produkte, die Schonung natürlicher Ressourcen oder die Ausbildung von Fach- und Führungskräften: Bei der METRO Group ist CSR Teil der Wertschöpfung. Dass zuletzt über 90 Länder und über 40 Organisationen an der ISO 26000 mitgearbeitet haben, ist für die METRO GROUP ein weiterer überzeugender Punkt. Als eines der internationalsten Handelsunternehmen wollen wir nicht nur in unserem Heimatmarkt Deutschland, sondern gerade auch an unseren Expansionsstandorten für unsere Kunden, aber auch für Mitarbeiter, Investoren und Geschäftspartner einen Mehrwert schaffen. Wie die ISO in ihrem Normungsprozess setzen wir dabei auf die enge Zusammenarbeit und den systematischen Austausch mit unterschiedlichsten Interessengruppen wie lokale Wirtschaft, Regierungen, Gewerkschaften und NGOS.
Denn nur auf diese Weise entstehen Vertrauen, gegenseitige Akzeptanz sowie ein gemeinsames Verständnis, wie gesellschaftliche Verantwortung in der Praxis zum Ausdruck kommen soll. Ein auf breitem Konsens aller für CSR relevanten Akteure ausgehandelter Leitfaden bildet beste Voraussetzungen dafür, dass gesellschaftliche Verantwortung tatsächlich auch von der guten Absicht in die gute Praxis gelangt.
Dass mehr Orientierung und Vergleichbarkeit die kreative Umsetzung von CSR-Projekten nicht einschränken müssen, hat die ISO 26000 aus meiner Sicht eindrucksvoll belegt: Indem sie das Themenspektrum, nicht aber konkrete Maßnahmen vorschreibt, ermöglicht sie dem Konzept CSR seiner ursprünglichen Idee treu zu bleiben.

Mareke Wieben, Leitung Umwelt und Qualität, IKEA Deutschland GmbH & Co.KG

IKEA hat die Vision, den vielen Menschen einen besseren Alltag zu schaffen. Entsprechend ist in der Nachhaltigkeitsleitlinie festgelegt, dass jedes Handeln einen positiven Einfluss auf Mensch und Umwelt haben soll. So lag es nahe, das bestehende Umweltmanagement zu einem integrierten System zu erweitern, das den gesamten Nachhaltigkeitsbereich berücksichtigt und damit auch unser soziales Engagement einbezieht.
Bei der Einführung der „Guidance on Social Responsibility“ stand für IKEA Deutschland immer im Fokus, eine „alltagstaugliche“ Handlungsanleitung für das operative Geschäft der Einrichtungshäuser zu schaffen. Daher haben wir mit Unterstützung eines Beraters und der Universität Lüneburg alle Bereiche der ISO 26000 gefiltert, auf die die IKEA Einrichtungshäuser in Deutschland einen Managementeinfluss haben. Dies betrifft insbesondere Nachhaltigkeitsaspekte, wie Arbeitsbedingungen von Mitarbeitern und Dienstleistern, gute Geschäftspraxis z.B. im Hinblick auf Anti-Korruption oder fairen Wettbewerb, aber auch Kundenbelange und natürlich das soziale Engagement vor Ort.
Es war für uns eine Herausforderung und zugleich positive Erfahrung, dass alle Fachbereiche der IKEA Deutschland Zentrale gefordert waren, ihren individuellen Einfluss auf Corporate Social Responsibility in einem gemeinsamen Dokument zu beschreiben. Damit ist IKEA dem Ziel näher gekommen, dass sich Nachhaltigkeit wie ein roter Faden durch sämtliche Unternehmensteile ziehen soll.
Mit dem neuen IKEA Nachhaltigkeitshandbuch liegt jetzt eine übersichtliche Zusammenfassung aller nachhaltigkeitsrelevanten Arbeitsweisen vor, die klare Festlegung der Verantwortlichkeiten und vor allem die Verpflichtung, dass wir unser Engagement für Menschen und die Umwelt kontinuierlich überprüfen und verbessern.
Eine offizielle Zertifizierung der ISO 26000 ist von Seiten der ISO zunächst nicht vorgesehen. Wir haben daher in den vier Testmärkten Kiel, Großburgwedel, Waltersdorf und Braunschweig von externer Seite lediglich das Umweltmanagementsystem nach ISO 14001 zertifiziert. Darüber hinaus haben die Zertifizierer den Einrichtungshäusern eine Konformitätserklärung zur ISO 26000 erteilt, die die erfolgreiche Umsetzung der ISO 26000 dokumentiert.
Der nächste Schritt wird die Implementierung des Nachhaltigkeitshandbuches in die übrigen 42 Einrichtungshäuser sein. Ob es auch für diese Einrichtungshäuser wieder eine externe Zertifizierung geben wird, ist noch offen.
Wir haben schon viel erreicht, aber das meiste ist noch nicht getan –
wunderbare Zukunft!

Thomas Jorberg, Vorstandssprecher der GLS Bank

Gesellschaftliche oder sozial-ökologische Verantwortung, nachhaltige Unternehmensführung oder Social Responsibility – keine Institution kann sich heute diesem zukunftsweisenden Thema mehr entziehen. Noch zahlreicher als die Begrifflichkeiten sind jedoch die Definitionen und Umsetzungsstrategien. Ist von Nachhaltigkeit faktisch erst bei der Integration von verbindlichen und extern kontrollierten Sozial- und Umweltstandards in allen Organisationsabläufen zu sprechen? Gerade wegen des je nach Ort, Branche, Organisationsform oder nationalen Vorgaben z.T. sehr unterschiedlichen Verständnisses von (C)SR ist für den globalisierenden Markt eine Harmonisierung seiner Grundprinzipien äußerst sinnvoll.

Die Richtlinie ISO 26000 ist hierzu ein wichtiger Schritt. Wesentlich ist dabei, dass sie in einem jahrelangen Dialogprozess auf internationaler Ebene und mit Vertretern verschiedener Organisationsformen erarbeitet wurde. Von den kommerziellen Unternehmen über NGOs bis hin zu Interessensverbände und Regierungen waren alle relevanten Gruppen beteiligt und so ist die Leitlinie auch auf alle Organisationsformen anwendbar.

Doch trotz dieser Orientierungshilfe obliegt es letztlich den Institutionen selbst, in sich tragfähige, auf die Notwendigkeiten der Organisation und Ansprüche der Stakeholder abgestimmte Strategien zu entwickeln. Die in diesem Buch beschriebenen Beispiele sind kostbare Anregungen dafür, wie ein solcher Nachhaltigkeitsprozess gestaltet werden kann.

Wie zentral eine eindeutige Positionierung ist, zeigt das Beispiel der GLS Bank, der ersten sozial-ökologischen Universalbank der Welt. Sie folgt der Linie aus sozialer, ökologischer und ökonomischer Nachhaltigkeit, gemäß der internationalen triple bottom line. Dabei priorisiert sie klar: Eine sinnvolle wirtschaftliche Tätigkeit bedeutet für die GLS Bank, den Menschen und seine ganzheitlichen Bedürfnisse in den Mittelpunkt zu stellen. Wenn diese gedeckt sind und dabei die Natur bewahrt und weiter entwickelt wird, ist das Ergebnis Gewinn. Mit ihrer eindeutigen Ausrichtung ist die GLS Bank seit 1974 erfolgreiches Branchenvorbild.

Die Herausforderung für viele Organisationen ist es also nach wie vor, nachhaltige Strategien zu entwickeln, intern zu operationalisieren und transparent zu kommunizieren. Die ISO 26000 bietet ihnen eine wertvolle Unterstützung, ihrer gesellschaftlichen Verantwortung gerecht zu werden. Zugleich sorgt sie für eine Erweiterung der Transparenz und damit der Vergleichbarkeit. Die Grundlagen sind mit der Leitlinie geschaffen – jetzt gilt es, sie zum Leben zu erwecken.

Dr. Klaus Mittelbach, Vorsitzender der Geschäftsführung ZVEI – Zentralverband Elektrotechnik- und Elektronikindustrie e.V.

„Corporate Social Responsibility", mitunter in gesellschaftliche Verantwortung übersetzt, „Corporate Citizenship", nachhaltige Unternehmensführung und so manche Begriffe mehr: Es geht sprachlich bunt her, wenn der freiwillige Beitrag der Wirtschaft zu einer nachhaltigen Entwicklung beschrieben werden soll. Erstaunlich ist das nicht, denn nicht minder vielfältig sind die zahlreichen Initiativen und internationalen Regelungen, die sich bereits diesem Thema widmen. Und nun auch noch die ISO 26000, ein weiterer Leitfaden zur gesellschaftlichen Verantwortung. Liefert er endlich die Orientierung, die so wichtig ist und die Unternehmen so dringend einfordern?

Zu wünschen wäre es. Deshalb begrüßt der ZVEI - Zentralverband Elektrotechnik- und Elektronikindustrie die ISO 26000 – trotz vereinzelter Kritik im Detail – als wichtigen Meilenstein und als Grundlage für die weitere Debatte zur gesellschaftlichen Verantwortung. Er selbst hat bereits 2008 den „ZVEI-Code of Conduct" entwickelt, der nahezu alle Themen der ISO 26000 abdeckt und der es den Mitgliedsunternehmen ermöglicht, sich öffentlich zu ihrer gesellschaftlichen Verantwortung zu bekennen. Damit unterstützt der Verband viele kleine und mittlere Unternehmen, die die Vielzahl nahezu identischer Kodizes kaum übersehen und in Geschäftsbeziehungen nachhalten können. Der ZVEI-Kodex geht über die zehn Prinzipien des UN Global Compact hinaus und genießt hohe Anerkennung – er wird unter anderem auch vom BDI - Bundesverband der Deutschen Industrie empfohlen.

Bereits vor Veröffentlichung erarbeiten viele Akteure praktische Anwendungshilfen zum ISO 26000-Leitfaden und bieten Beratungsdienstleistungen an. Dies ist verständlich angesichts der Komplexität und Vielfalt der behandelten Themenfelder. Wichtig ist, dass die missbräuchliche Verwendung des Leitfadens von vornherein ausgeschlossen wird. Was die Unternehmen jedoch nicht brauchen, sind zusätzliche Zertifizierungsanforderungen, die nur den Aufwand erhöhen. Die deutsche Elektroindustrie begrüßt daher, dass es sich bei der ISO 26000 ausdrücklich nicht um eine Managementsystemnorm, sondern um einen freiwillig anzuwendenden Leitfaden handelt. Er ist weder zur Zertifizierung, noch für vertragliche Zwecke jeglicher Art, noch für die Verwendung in staatlichen Regulierungen vorgesehen.

Wie bisher wird der ZVEI den Erfahrungsaustauch seiner Mitgliedsunternehmen zu Fragen gesellschaftlicher Verantwortung fördern. Best Practice-Beispiele leisten dafür wertvolle Dienste. Darüber hinaus wird sich der Verband weiter in die öffentliche Diskussion einbringen. Die ISO 26000 schafft dazu neue Gelegenheiten.

Dieter Schaudel, Innovationsberater und Lehrbeauftragter an der Uni Freiburg und der Dualen Hochschule Lörrach

Von Anfang an habe ich mich diesem Standardisierungsprojekt verweigert. Heute vor 7 Jahren konnte ich mir gar nicht vorstellen, dass jemand so vermessen sein könnte, menschliches Wohlverhalten per internationalem Standard zu dekretieren - schon gar nicht über eine Organisation, die ISO, deren Kompetenz bekanntlich technische Normen und Standards sind. Damals war ich Mitglied, später Vorsitzender eines hochrangigen deutschen Strategiekreises für Standardisierung, wo wir uns alle einig waren, einen solchen Unfug nicht auch noch aktiv zu unterstützen – „beobachten“ sollte genügen ...
Wir haben nicht gut genug beobachtet! Das ISO-Projekt wurde zwar kein Selbstläufer, weil über die sieben (!) Jahre Projektlaufzeit selbst für ISO-Verhältnisse sehr viel Geld benötigt wurde. Aber gutgläubige Techniker, Geschäfte witternde Consultants, Gutmenschen und Idealisten aus wirklich aller Herren Länder brachten schließlich im November 2009 einen 100 Seiten starken Draft (ISO/DIS 26 000) zuwege, der zur internationalen Abstimmung gestellt wurde.
Erst jetzt schrillten in der deutschen Wirtschaft die Alarmglocken. Denn wer zunächst arglos ans Lesen dieses Entwurfes ging, der konnte als Mitteleuropäer, als Teil eines funktionierenden Gemeinwesens und einer aufgeklärten Wirtschaftsordnung nur den Kopf schütteln. Der Widerstand in der deutschen Wirtschaft organisierte sich rasch, fundiert und breit über alle Branchen: Selbst bei flüchtigem Lesen war sichtbar, dass kleinere Organisationen und Wirtschaftsunternehmen schlicht überfordert sein mussten, wenn sie sich ernsthaft mit dieser Norm befassen müssten und große Unternehmen brauchten kein neues Evangelium; derweil schwadronierten Consultants und Wirtschaftsprüfer schon von „zertifizieren“, mit Eurozeichen in ihren Augen.
Das DIN verhielt sich neutral: Erstens war der Normungsprozess in der Tat „regelgerecht“ verlaufen. Und zweitens wohl auch, weil bei breitem Akzeptanzdruck viel Geld durch den Normenverkauf in die Kasse käme. Selbst eine vom Präsidium des DIN mit großer Mehrheit gefasste Empfehlung an den zuständigen deutschen Normenausschuss, bei der internationalen Abstimmung mit „Nein“ zu stimmen, half nicht - zumal die Vertreter der deutschen Bundesregierung jenen der Wirtschaft und der Gewerkschaften in den Rücken fielen. International hätte zu diesem Zeitpunkt ein deutsches „Nein“ allerdings auch nichts mehr verhindert. Wenigstens hat aber der „Aufschrei“ auch europäischer und amerikanischer Organisationen dazu geführt, dass „zertifizieren“ nach dieser Norm nun explizit verboten ist.
„Nun sind die Kartoffeln da, nun werden sie auch gegessen“ besagt das Kartoffeltheorem. In diesem Fall sind die Kartoffeln die 100-seitige Norm, die es auch in deutscher Sprache geben wird. Das vorliegende Buch soll nun dazu anleiten, verständig und ökonomisch mit dieser Kartoffel umzugehen. Es hilft den Verantwortlichen in Organisationen, bei Behörden, aus der Politik und in der Wirtschaft, sich (hoffentlich wieder einmal) damit zu beschäftigen, wie sie mit ihrer gesellschaftlichen Verantwortung umgehen und wo sie Verhältnisse und Verhalten verbessern können oder müssen. Es kann helfen, wenn imperativ auftretende Consultants oder gar „Zertifikateverkäufer“ abzuwehren sind. Für Gespräche mit Kunden und Lieferanten mag es Argumentationshilfe bieten. Allerdings nützt dieses Buch nur dem, der es kauft und auch liest (und natürlich dann auch dem Verleger).

Claudia Roth, Parteivorsitzende von Bündnis 90/Die Grünen

Das Konsumverhalten von VerbraucherInnen hat sich über die letzten Jahrzehnte stark gewandelt. Ihre Ansprüche an die Produktion von Gütern sind anspruchsvoller und komplexer geworden. So wünschen sich heute viele KonsumentInnen Unternehmen, die ihre Produkte neben ökologischen auch nach sozialen und ethischen Kriterien herstellen. Das Interesse und das Bewusstsein für ArbeitnehmerInnenrechte, Naturschutzstandards und fairen Handel spielen bei Kaufentscheidungen in der Web 2.0-Welt eine immer größere Rolle: eine Entwicklung, die nicht aufzuhalten sein wird.
Längst haben die Unternehmen den Trend hin zu sozialer Verantwortung erkannt und die daraus für sie resultierenden Vorteile. So gehört Corporate Social Responsibility (CSR) – unternehmerische Verantwortung für die Gesellschaft – gerade bei großen internationalen Firmen als ein Bestandteil der internationalen Verpflichtungen und der Imagepflege dazu. Die selbsterstellten Ansprüche der Unternehmen variieren jedoch stark. Und so hat die freiwillige Selbstverpflichtungder Wirtschaft klare Grenzen.
Nach fast fünfjähriger Diskussion von ExpertInnen aus über 90 Ländern wird mit der Einführung der Ethiknorm ISO 26000 endlich eine international einheitliche Begrifflichkeit hinsichtlich sozialer Verantwortung (Social Responsibility) von Organisationen eingeführt. Die Beschränkungen der bereits existierenden Richtlinien der Vereinten Nationen, der Internationalen Arbeitsorganisationen, der OECD, die sich entweder auf Staaten oder Unternehmen beziehen, werden somit aufgehoben. Die neue Richtlinie führt die bestehenden Ansätze zusammen, ergänzt sie und erweitert ihren Einflussradius. So wird die ISO-26000-Richtlinie, Standards für alle Formen von Organisationen, Unternehmen, staatlichen sowie nicht-staatlichen Institutionen beinhalten.
Die Problematik bei diesem komplexen Verfahren bestand nicht nur darin, ethisches Verhalten auf fast mechanische Art und Weise zu normieren. So wird auch die Umsetzung der neuen Richtlinie sowohl unverbindlich, als auch nichtzertifizierbar sein. Unternehmen, die soziale Verantwortung und Nachhaltigkeit in der Wertschöpfungskette groß schreiben, werden von solchen, die dies nicht tun, nicht zu unterscheiden sein. Ein großer Nachteil.
Auch wenn die neue Richtlinie positive Elemente enthält und als Leitlinie für Unternehmensverantwortung vor allem für kleine und mittelständische Betriebe dienen kann, so darf sie keinen versteckten Rückschritt implizieren. Unternehmen, die möglicherweise weiter sind, dürfen sich nun nicht ausruhen. Daher ist die ISO-26000-Norm zwar begrüßenswert, aber keinesfalls ausreichend.
Für BÜNDNIS 90/DIE GRÜNEN bedeutet soziale Verantwortung von Unternehmen und Organisationen ökonomisch und ökologisch nachhaltiges, transparentes und auf Menschenrechten basierendes Handeln. Diese Werte müssen sich durch das gesamte Unternehmen wie ein roter Faden ziehen. Die soziale Verantwortung muss authentisch und nicht nur Teil einer Imagekampagne sein. Gewinn und soziale Verantwortung müssen nicht im Widerspruch zueinander stehen. Dieser Herausforderung gilt es sich anzunehmen, von Seiten der großen Konzerne, der kleinen Familienbetriebe wie auch seitens der Politik. Die Politik muss sich für verpflichtende Normen im Bereich Naturschutz, Menschen- und Arbeitnehmerrechte einsetzen. Soziales Engagement der Unternehmen muss für die VerbraucherInnen erkennbar werden. Hierfür ist die ISO 26000-Richtlinie ein erster, wenn auch nicht ausreichender Schritt.

Jutta Sundermann, Mitglied im Koordinierungskreis von Attac Deutschland

So lobenswert eine internationale Verständigung über Anforderungen an „verantwortliches“ Handeln von Unternehmen und Institutionen ist, so problematisch gerät ihre Festschreibung.
Die letzten Jahre haben uns gelehrt: Märkte regulieren sich nicht selbst, sie lassen Menschenrechte unter die Räder geraten und „externalisieren“ Kosten bis zur ökologischen Verwüstung oder Staatspleite. Immer wieder gibt es deshalb Proteste und öffentliche Diskussionen – und die sind schlecht fürs Geschäft. Spätestens, wenn die Politik beginnt, mit verbindlichen Regeln zu drohen, kommt die Industrie mit freiwilligen Selbstverpflichtungen. „Corporate Social Responsibility“ ist ein wichtiger Geschäftszweig geworden. Dahinter verbirgt sich in erster Linie knallhartes Marketing – die Bemühungen sollen sich rentieren, um substanzielle Veränderungen geht es nicht.
Die Werbung mit den freiwilligen Maßnahmen trägt zur Verunsicherung der Verbraucherinnen und Verbraucher bei, vor allem wenn dem Unternehmensbeitrag ein weithin beachteter Konflikt um mehr Menschenrechte und weniger Umweltzerstörung vorangegangen ist.
Die ISO-Richtlinie wird vor diesem Hintergrund verhandelt. Dass sie explizit nicht nur Unternehmen zu verantwortlichem Handeln animieren soll, mag eine richtige Grundüberlegung sein – verringert das Problem aber keinesfalls. Mit dem vorliegenden Entwurf wird an vielen Stellen Unverbindlichkeit festgeschrieben. Da eindeutige Empfehlungen zum Beispiel zu Menschenrechten, Umwelt, Verbraucherschutz und Arbeit fehlen, drohen sich schnell die einfachsten, billigsten Lösungen durchzusetzen. Die Einhaltung der Empfehlungen wird nicht unabhängig überprüft. Zwar soll es keine ISO-26000-Zertifizierung geben – aber es gibt eben auch keine Maßnahmen gegen Selbstauskünfte, die „kreativ“ an die ISO 26000 angelehnt werden
Es ist zu befürchten, dass die ISO zur Abschwächung von internationalen Standards führt. Zwar spricht die ISO 26000 von wichtigen Vertragswerken wie der Konvention über Menschenrechte oder den ILO-Arbeitsnormen, aber sie tauchen in Verbindung mit dem englischen Wort „consider“ (auf Deutsch: erwägen) auf, mit „berücksichtigen“, mit „können“ und „sollten“. So könnte am Ende weniger Schutz der Menschenrechte übrig bleiben als ohne ISO.
Über den Umgang mit verschiedenen Standards, zum Beispiel in ärmeren und reicheren Ländern schweigt die Richtlinie – und macht möglich, sogar wahrscheinlich, dass der Trend zur Nivellierung nach unten führt. PR-Manager können sich ins Fäustchen lachen: die Weltgemeinschaft wird so nicht Zeugin eines relevanten Wandels „von der guten Absicht zur guten Praxis“.

Garrelt Duin, wirtschaftspolitischer Sprecher der SPD-Bundestagsfraktion

Der öffentliche Druck auf die Unternehmen wächst. Unternehmen finden sich zunehmend in der Situation, externe Effekte, die aus ihrer Geschäftstätigkeit resultieren, nicht mehr ignorieren zu können. Gleichzeitig ist auch die Politik gefordert. Die Öffentlichkeit erwartet von uns, dass wir funktionierende Rahmenbedingungen schaffen, damit Unternehmen nachhaltig wirtschaften und Verantwortung wahrnehmen können.
In diesem Zusammenhang bestimmt der Begriff „Corporate Social Responsibility" (CSR) seit Jahren die Diskussion. Die globale Wirtschafts- und Finanzkrise hat das Augenmerk für unternehmerische Verantwortung noch verstärkt. Versuche, allgemein gültige Definitionen oder gar Standards zu etablieren, hat es viele gegeben. Doch das Thema erweist sich als sehr komplex.
Deutschland verfügt über eine hohe Regelungsdichte. Unsere gesetzlichen Bestimmungen in Bereichen wie Umwelt oder Arbeitsschutz sind im internationalen Vergleich weitreichend. Die Forderung nach mehr gesellschaftlicher Verantwortung von Unternehmen darf nicht als Rückzug des Staates aus seiner Regelungshoheit missverstanden werden. Das Primat der Politik muss auch gerade in einer globalisierten Welt weiter gelten.
Und doch kann und will die Politik nicht alles regulieren. Unternehmen sollen die Möglichkeit haben, sich durch besonderes Engagement und die Übernahme von Verantwortung von Wettbewerbern abzugrenzen. Internationale Richtlinien und Regelwerke wie ISO 26000 tragen dazu bei, weltweit faire Rahmenbedingungen und mehr Vergleichbarkeit bei der gesellschaftlichen Verantwortung von Unternehmen zu schaffen.
ISO 26000 ist ein wichtiger Baustein, zusammen mit den anderen Aktivitäten, die es in den letzten Jahren in Deutschland, auf EU-Ebene oder unter dem Dach der Vereinten Nationen zum Thema CSR gegeben hat. Bundesregierungen unter SPD-Beteiligung haben einen gesunden Mix aus zukunftsweisender Gesetzgebung bei gleichzeitiger Schaffung neuer Dialog- und Partizipationsmöglichkeiten für Unternehmen und andere Stakeholder geschaffen.
Der Wettlauf unter den Unternehmen um die gesellschaftliche Verantwortung hat begonnen. Unternehmen und ihr Management müssen die gesteckten Erwartungen erfüllen und ihre selbst gesetzten Standards auch leben. ISO 26000 kann sich dabei zu einem internationalen Wegweiser entwickeln. Denn es sind letztlich die Unternehmen selbst, die am meisten von CSR profitieren.

Anhang

Im Folgenden finden Sie einen Fragenkatalog (Quickcheck), der unterschiedliche Aussagen zu gesellschaftlicher Verantwortung enthält. Die 53 Fragen orientieren sich an den Anforderungen der ISO 26000. Sie sind thematisch in die sieben von der ISO 26000 behandelten Kernthemen eingeteilt.

Bei der Beantwortung der Fragen haben Sie die Möglichkeit zwischen „Ja", „Nein", „nicht relevant" und „unbekannt" zu wählen. Bitte beantworten Sie Fragen mit „Ja" bzw. „Nein", wenn Ihre Organisation den Anforderungen, welche in der Frage beschrieben werden, entspricht beziehungsweise nicht entspricht. Sollten einzelne Themen keine Bedeutung in Ihrer Organisation haben, so sollten Sie die entsprechenden Fragen als „nicht relevant" beantworten. Für den Fall, dass einzelne Fragen nicht beantwortet werden können, haben wir die Spalte „unbekannt" vorgesehen. Um eine sehr grobe Einschätzung der gesellschaftlichen Verantwortung ihrer Organisation zu erhalten, ist es möglich, die mit „Ja" beantworteten Aussagen ins Verhältnis zu allen relevanten Aussagen je Kernthema zu setzen. Dieser Quickcheck kann keine detaillierte Analyse ersetzen. Er soll vielmehr eine Indikation bieten, inwieweit gesellschaftliche Verantwortung in Ihrer Organisation verankert ist.

Diesen Quickcheck finden Sie auch auf der Webseite www.sr4u.org. Dort erhalten Sie nach dem Ausfüllen aller Fragen eine Auswertung Ihrer Antworten. Eine grafische Aufbereitung zeigt Ihnen schnell, in welchen Bereichen Ihre Organisation bereits herausragende Leistungen im Rahmen gesellschaftlicher Verantwortung erreicht und in welchen Bereichen noch Nachholbedarf besteht.

		ja	nein	nicht-relevant	unbe-kannt
A.	Kunden				
A1.	Besteht eine klare Regelung für das Beschwerdemanagement, um eine schnelle und effiziente Problemlösung innerhalb Ihrer Organisation sicherzustellen?				
A2.	Klären sie Ihre Kunden über die sozialen und ökologischen Aspekte Ihrer Produkte und Dienstleistungen auf?				
A3.	Setzt sich Ihre Organisation für Kundensicherheit hinsichtlich ihrer Produkte und Dienstleistungen ein?				
A4.	Geben Sie Ihren Kunden klare und ausreichende Informationen zu Preisen, Bedingungen und Kosten an?				

	ja	nein	nicht-relevant	unbe-kannt
A5. Gewährleistet Ihre Organisation Ihren Kunden einen umfassenden Datenschutz und verwendet sie persönliche Daten ausschließlich für den Zweck, für den sie erhoben wurden und für die eine Einwilligung der jeweiligen Person vorliegt?				
A6. Gewährt Ihre Organisation umfangreiche Rückgaberechte, die gegebenenfalls über die gesetzlichen Anforderungen hinausgehen und sich an der üblichen Lebensdauer ihrer Produkte orientieren?				
A7. Kennzeichnen Sie Werbung als solche und vermeiden Irreführungen?				
A8. Geht Ihre Organisation, die Produkte herstellt oder Dienstleistungen anbietet, die zur Grundversorgung gehören, auf Menschen in Notlagen ein und vermeidet sie es, die Grundversorgung bei Störung der Leistungsbeziehung sofort einzustellen?				
B. Umwelt				
B1. Hat Ihre Organisation Initiativen zur Verminderung negativer Auswirkung ihrer Tätigkeiten auf die Umwelt eingeführt?				
B2. Strebt Ihre Organisation nach einer erhöhten Ressourceneffizienz?				
B3. Hat Ihre Organisation Maßnahmen ergriffen, um Verschmutzungen und den Ressourcenverbrauch zu messen?				
B4. Hat Ihre Organisation Maßnahmen ergriffen, um Verschmutzungen und den Ressourcenverbrauch zu verringern?				
B5. Ergreift Ihre Organisation Maßnahmen, um die Emission von Treibhausgasen zu reduzieren?				
B6. Verfolgt Ihre Organisation aktiv die Klimaprognosen und die Auswirkungen des Klimawandels?				
B7. Stellt sich Ihre Organisation den Auswirkungen, die die Produktion der Organisation auf das Ökosystem hat, und begegnet sie diesen mit gezielten Initiativen, um das Ökosystem wiederherzustellen?				

	ja	nein	nicht-relevant	unbe-kannt
C. Mitarbeiter				
C1. Hat Ihre Organisation Richtlinien betreffend Arbeitsbedingungen, sozialen Dialog, Gesundheit und Sicherheit am Arbeitsplatz, Entwicklung und Schulungen?				
C2. Hat Ihre Organisation Richtlinien entwickelt, um Gesundheitsrisiken für Arbeitnehmer zu reduzieren und zu verhindern?				
C3. Werden die Richtlinien zur Verminderung und Vermeidung von Gesundheitsrisiken für Arbeitnehmer ordnungsgemäß umgesetzt?				
C4. Bietet Ihre Organisation für alle Mitarbeiter Schulungen zur Bedeutung von Werten und Verhaltensregeln an?				
C5. Bietet Ihre Organisation Weiterbildungskurse an, um so Weiterbildung für alle ihre Mitarbeiter sicherzustellen?				
C6. Gewährleistet Ihre Organisation eine transparente Vorgehensweise für die Auswahl und Einstellung von Mitarbeitern und bei der Besetzung von Führungspositionen in der Organisation?				
C7. Fördert Ihre Organisation die politische Mitwirkung von Arbeitnehmern, um verantwortliches soziales Engagement zu entwickeln?				
C8. Sorgt Ihre Organisation für einwandfreie Arbeitsbedingungen für alle Mitarbeiter?				
C9. Hat Ihre Organisation ein Beschwerdemanagementsystem, um auf Beschwerden von Mitarbeitern zu reagieren und einzugehen?				
C10. Kommt Ihre Organisation den Bedürfnissen ihrer Arbeitnehmer nach einem ausgewogenen Verhältnis von Berufs- und Privatleben nach?				
C11. Bietet Ihre Organisation Arbeitnehmern die Möglichkeit, regionalen Traditionen und Bräuchen nachzugehen?				
C12. Setzt Ihre Organisation Gelegenheitsarbeitsverhältnisse ausschließlich ein, um gelegentliche Produktionsspitzen zu bewältigen?				
C13. Akzeptiert Ihre Organisation Arbeitnehmervereinigungen und arbeitet mit diesen konstruktiv und ergebnisorientiert zusammen?				

	ja	nein	nicht-relevant	unbe-kannt
D. Regionale Einbindung und Entwicklung des Umfelds				
D1. Findet ein regelmäßiger Informationsaustausch zwischen Ihrer Organisation und den regionalen Verbänden, den Verbraucher- und Nutzerverbänden sowie mit anderen Stakeholdern statt?				
D2. Verfolgt Ihre Organisation eine transparente Politik hinsichtlich der Beziehung zu regionalen Politikern hinsichtlich einer möglichen Einflussnahme?				
D3. Beachtet Ihre Organisation die Bedürfnisse der regionalen Gemeinschaft in Bezug auf soziale Anliegen?				
D4. Wendet sich Ihre Organisation auch an alle Mitglieder der Gesellschaft, gleich welcher Rasse, Religion, Alter, sexueller Orientierung und Behinderungen?				
D5. Investiert Ihre Organisation direkt in die Gesellschaft, indem sie Arbeitsplätze schafft?				
D6. Unterstützt Ihre Organisation Initiativen zur Förderung von Unternehmertum?				
D7. Bezieht Ihre Organisation, soweit es möglich ist, ihre Waren und Dienstleistungen von regionalen Firmen, vor allem kleinen und mittelständischen Betrieben?				
E. Anständige Handlungsweisen				
E1. Hat Ihre Organisation Verhaltensregeln eingeführt, die Korruption und Bestechung allen Organisationsangehörigen untersagt (z.B. einen Code of Conduct)?				
E2. Unterstützt Ihre Organisation öffentliche politische Prozesse?				
E3. Handelt Ihre Organisation transparent bei der Unterstützung öffentlicher politischer Prozesse hinsichtlich einer möglichen Einflussnahme?				
E4. Fördert Ihre Organisation einen fairen und breiten Wettbewerb?				
E5. Unterstützt Ihre Organisation andere Organisationen (z.B. andere Unternehmen, mit denen sie Geschäftsbeziehungen pflegt) in ihrem Einflussbereich bei der Übernahme von gesellschaftlicher Verantwortung?				
E6. Achtet Ihre Organisation auf materielles sowie intellektuelles Eigentum Dritter und vergütet die Nutzung dieser Eigentumsrechte angemessen?				

	ja	nein	nicht-relevant	unbe-kannt
F. Menschenrechte				
F1. Verwendet Ihre Organisation die notwendige Sorgfalt darauf, dass sie Menschenrechte achtet und dies Eingang in eine Menschenrechtsstrategie findet?				
F2. Informiert sich Ihre Organisation über die sozialen und umweltbezogenen Bedingungen, unter denen beschaffte Waren und Dienstleistungen produziert werden?				
F3. Informiert sich Ihre Organisation über die Verwendung der von ihr bezogenen Waren oder Dienstleistungen bei ihren Kunden, um Missbräuche an Menschenrechten zu vermeiden?				
F4. Hat Ihre Organisation ein Beschwerdemanagement für Menschenrechte installiert?				
F5. Hat sich Ihre Organisation verpflichtet, sich antidiskriminierend zu verhalten?				
F6. Achtet Ihre Organisation alle individuellen Bürgerrechte und politischen Rechte ihrer Anspruchsgruppen?				
F7. Bekennt sich Ihre Organisation zu den von der ILO (Internationale Arbeitsorganisation) identifizierten Grundrechten bei der Arbeit?				
G. Allgemeine Organisationsführung				
G1. Haben Sie in Ihrer Organisation transparente Verhaltensregeln zur Regelung der Tätigkeiten aller Organisationsangehörigen eingeführt?				
G2. Haben Sie in Ihrer Organisation eine immer völlig transparente Kommunikation in den Bereichen Umwelt, Unternehmensführung, Verpflichtung gegenüber dem regionalen Umfeld und Kundenbeziehungen?				
G3. Hat Ihre Organisation die wichtigsten Anspruchgruppen ermittelt und findet ein regelmäßiger Austausch mit diesen statt?				
G4. Haben Sie ein internes Kontrollsystem implementiert, um die Einhaltung sämtlicher Verhaltensregeln wirksam zu überwachen?				
G5. Verpflichten Sie Ihre Partner vertraglich, sich ethisch, sozial, ökologisch und antidiskriminierend zu verhalten?				

Literaturverzeichnis

[1] B.A.U.M. e. V.: Ausgezeichnet: Die umweltfreundlichsten Büros Deutschlands 2008, URL: http://www.buero-und-umwelt-2008.de/default.asp?Menue=103

[2] BAG 8 AZR 593/06 – Urteil vom 25.10.2007, Tz. 58

[3] BAG 8 AZR 593/06 – Urteil vom 25.10.2007, Tz. 59

[4] BAG 8 AZR 593/06 – Urteil vom 25.10.2007, Tz. 65

[5] BAG 8 AZR 593/06 – Urteil vom 25.10.2007, Tz. 69

[6] Bassenge, P. in: Palandt, Bürgerliches Gesetzbuch, 69. Auflage, § 854 Rn. 10, C.H. Beck, München, 2010

[7] Bau-Fritz GmbH & Co. KG: Bau-Fritz ist Deutschlands nachhaltigstes Unternehmen, 2009, URL: http://www.bauen.com/neuigkeiten/869_Baufritz+ist+Deutschlands+nachhaltigstes+Unternehmen.html

[8] Brundtland-Kommission, Vereinte Nationen: Report on the World Commission on Environment and Development „Our Common Future", 1987

[9] Bundesministerium des Innern: URL: http://www.bmi.bund.de/cln_165/SharedDocs/Kurzmeldungen/DE/2010/08/beschaeftigtendatenschutz.html

[10] Bundesministerium für Arbeit und Soziales, Arbeitsstab CSR: URL: http://www.csr-in-deutschland.de/portal/generator/6156/begriffsseite__a-c.html

[11] Bundesministerium für Arbeit und Soziales, Arbeitsstab CSR: URL: http://www.csr-in-deutschland.de/portal/generator/6160/begriffsseite__g-m.html

[12] Bundesministerium für Arbeit und Soziales, Arbeitsstab CSR: URL: http://www.csr-in-deutschland.de/portal/generator/6164/begriffsseite__t-z.html

[13] Bundesministerium für Arbeit und Soziales, Arbeitsstab CSR: URL: http://www.csr-in-deutschland.de/portal/generator/6188/__n-s.html

[14] Bundesministerium für Familie, Senioren, Frauen und Jugend: Bau-Fritz GmbH & Co. KG, Erkheim - Familienbewusstsein aus Tradition, URL: http://www.erfolgsfaktor-familie.de/default.asp?id=382

[15] Bundesministerium für Land- und Forstwirtschaft, Umwelt und Wasserwirtschaft (BMLFUW), Österreich: Monatsthema 06/10, Der österreichische Ressourceneffizienz Aktionsplan (REAP), 2010, URL: http://www.nachhaltigkeit.at/article/articleview/82975/1/25540/

[16] Bundesministerium für wirtschaftliche Zusammenarbeit und Entwicklung (Hrsg.): Fact Sheet zum Global Compact, URL: http://www.unglobalcompact.org/languages/german/index.html

[17] Bundesverband der Deutschen Industrie (BDI), Bundesvereinigung der Deutschen Arbeitgeberverbände (BDA): Positionspapier zu einem Standard der Internationalen Standardisierungsorganisation (ISO) zu Social Responsibility, 2004

[18] Burkhardt, M.: Projektmanagement, Publicis Corporate Publishing, Erlangen, 2008

[19] BVerfG, 2 BvR 1027/02 vom 12.4.2005; BVerfGE 113, 29, 46

[20] vgl. BVerfG, 1 BvR 400/51 vom 15.1.1958; BVerfGE 7, 198

[21] vgl. BVerfG, 1 BvR 400/51 vom 15.1.1958; BVerfGE 7, 198, 206:
Für die Einwirkung des im Grundgesetz verkörperten Wertsystems in das Privatrecht

[22] BVerfGE 37, 271 – Solange-I; BVerfGE 73, 339 – Solange-II

[23] BVerfGE 73, 339 – Solange II

[24] CSR-News: Deutsche Enthaltung bei CSR-Norm schadet Ansehen – ISO 26000 wird trotzdem Erfolg, 2010, URL: http://csr-news.net/main/2010/04/15/deutsche-enthaltung-bei-csr-norm-schadet-ansehen-iso-26000-wird-trotzdem-erfolg/

[25] Department: Trade and Industry Republic of South Africa: Codes of Good Practice for Broad-Based Black Economic Empowerment – B-BBEE, S. 9 ff.

[26] Department: Trade and Industry Republic of South Africa: Codes of Good Practice for Broad-Based Economic Empowerment – B-BBEE, S. 30 f.

[27] Department: Trade and Industry Republic of South Africa: South Africa's Economic Transformation – A Strategy for Broad Based Black Economic Empowerment, S. 12 Ziff. 3.1.1

[28] Department: Trade and Industry Republic of South Africa: South Africa's Economic Transformation – A Strategy for Broad Based Black Economic Empowerment, S. 4 Ziff. 1.29

[29] Department: Trade and Industry Republic of South Africa: South Africa's Economic Transformation – A Strategy for Broad Based Black Economic Empowerment, S. 6 Ziff. 2.1.1

[30] Der Blaue Engel, URL: http://www.blauer-engel.de/de/blauer_engel/index.php

[31] Der Blaue Engel, URL: http://www.blauer-engel.de/de/unternehmen/index.php

[32] Deutscher Gewerkschaftsbund (DGB): Positionspapier zum Thema Corporate Social Responsibility (CSR) in der Normenbildung und Entscheidung zur Annahme des ISO DIS 26000, Berlin, 2010

[33] Dörner, K. in: Ascheid, R.; Preis, U.; Schmidt, I.: Kündigungsrecht Großkommentar zum gesamten Recht der Beendigung von Arbeitsverhältnissen, 3. Auflage, § 1 KSchG Rn. 21, C.H. Beck, München, 2007

[34] EarthLink e.V. - The People & Nature Network: Firmenliste H&M, München, 2009, URL: http://www.aktiv-gegen-kinderarbeit.de/firmen/firmenliste/h-und-m

[35] Ellenberger, J.: in: Palandt, Bürgerliches Gesetzbuch, 69. Auflage, § 138 Rn. 37 ff., C.H. Beck, München, 2010

[36] EuGH: Rs. C-158/97 vom 28.3.2000; NZA 2000, Heft 9, 473

[37] Europäische Kommission: Grünbuch – Europäische Rahmenbedingungen für die soziale Verantwortung der Unternehmen, Brüssel, 2001

[38] Europäische Kommission: Kommission zeichnet umweltfreundliche Unternehmen aus, 2010, URL: http://europa.eu/rapid/pressReleasesAction.do?reference=IP/10/664&format=HTML&aged=0&language=DE&guiLanguage=en

[39] Verordnung (EG) Nr. 809/2004 der Kommission vom 29. April 2004 zur Umsetzung der Richtlinie 2003/71/EG des Europäischen Parlaments und des Rates betreffend die in Prospekten enthaltenen Informationen sowie das Format, die Aufnahme von Informationen mittels Verweis und die Veröffentlichung solcher Prospekte und die Verbreitung von Werbung, vgl. ABl. EU Nr. L 149 S. 1, Nr. L 215 S. 3, Nr. 186/3

[40] European Central Bank: Annual Report 2004, Frankfurt am Main, 2005

[41] Ferrovial Group: Company Profile, URL: http://www.ferrovial.com/en/index.asp?MP=14&MS=240&MN=2

[42] Ferrovial Group: Maji ni Uhai (Water is Life), Madrid, URL: http://www.ferrovial.com/recursos/doc/Sala_de_prensa/Especiales/Tanzania/14225_26262010191038.pdf

[43] Findus Group: Fish for Life: Sustainable Fisheries, URL: http://www.fishforlife.co.uk/web/our-policies.asp

[44] Findus Group: Key Facts, URL: http://www.findusgroup.com/web2009/web/key_facts.asp

[45] Fischer, T.: Strafgesetzbuch und Nebengesetze, 57. Auflage, § 223 Rn. 6, C.H. Beck, 2009

[46] Fischer, T.: Strafgesetzbuch und Nebengesetze, 57. Auflage, § 233 Rn. 3, C.H. Beck, 2009

[47] Frentz, C. v.: Chronik einer Rekord-Pleite, in: manager magazin, 2003, URL: http://www.manager-magazin.de/unternehmen/artikel/0,2828,druck-178836,00.html

[48] Glaser, J.: Die Zukunft liegt in der Nachhaltigkeit – Interview mit Prof. Dr. Claus Hipp, in: Frankfurter Allgemeine Zeitung, 6. November 2009

[49] Grau, C.; Meshulam, D. R.; Blechschmidt, V.: Der „lange Arm" des US-Foreign Corrupt Practices Act: unerkannte Strafbarkeitsrisiken auch jenseits der eigentlichen Korruptionsdelikte, in: Betriebsberater, Heft 12, S. 653, 2010

[50] Grau, C.; Meshulam, D. R.; Blechschmidt, V.: Der „lange Arm" des US-Foreign Corrupt Practices Act: unerkannte Strafbarkeitsrisiken auch jenseits der eigentlichen Korruptionsdelikte, in: Betriebsberater, Heft 12, S. 656, 2010

[51] Grau, C.; Meshulam, D. R.; Blechschmidt, V.: Der „lange Arm" des US-Foreign Corrupt Practices Act: unerkannte Strafbarkeitsrisiken auch jenseits der eigentlichen Korruptionsdelikte, in: Betriebsberater, Heft 12, S. 657, 2010

[52] Greenpeace: Glaubwürdigkeit – das wichtigste Kapital einer NGO, 2005, URL: http://www.greenpeace.de/themen/oel/brent_spar/artikel/glaubwuerdigkeit_das_wichtigste_kapital_einer_ngo/

[53] Grundmann, S. in: Ebenroth, C. T.; Boujong, K.; Joost, D.; Strohn, L.: Handelsgesetzbuch Kommentar, Band 2, 2. Auflage, Bank- und Börsenrecht VI. 1. § 15 Rn. VI 118, C.H. Beck, Verlag Franz Vahlen, München, 2009

[54] H & M HENNES & MAURITZ: Arbeitsbedingungen in der Lieferkette, URL: http://www.hm.com/de/unternehmerischeverantwortung/arbeitsbedingungeninderlieferkette/kontrollederproduktionskette/baumwolleaususbekistan__monitoringarticle5.nhtml

[55] H & M HENNES & MAURITZ: Verhaltenskodex (Code of Conduct), Version 2, 2010, Hamburg

[56] Haas, H.-D.; Neumair, S.-M.: URL: http://wirtschaftslexikon.gabler.de/Archiv/11080/local-content-v5.html

[57] Hahn, R.: Multinationale Unternehmen und die „Base of the Pyramid", Neue Perspektiven von Corporate Citizenship und Nachhaltiger Entwicklung, Gabler Verlag/GWV Fachverlage, Wiesbaden, 2009

[58] Hardtke, A.: Die Normung gesellschaftlicher Verantwortung – ISO 26000, in: Dokumentation zum Kongress Gesellschaftliches Engagement von Unternehmen, Der deutsche Weg im internationalen Kontext, S. 67–71, Paderborn, 2008

[59] Heine, G. in: Schönke, A.; Schröder, H.: Strafgesetzbuch Kommentar, 28. Auflage, vor §§ 25 ff. Rn. 119, C.H. Beck, 2010

[60] Herzog, F.: GwG Geldwäschegesetz Kommentar, Einleitung Rn. 3, C.H. Beck, München, 2010

[61] Hillenbrand, T.: Das führende Unternehmen der Welt, in: Spiegel Online, 2002 URL: http://www.spiegel.de/wirtschaft/0,1518,176509,00.html

[62] Hirte, H.; Mock, S. in: Kölner Kommentar zum WpHG, § 37q Rn. 44, Haymanns, 2007

[63] Hochschild, A.: Sprengt die Ketten: Der entscheidende Kampf um die Abschaffung der Sklaverei, Klett-Cotta Verlag, Stuttgart, 2007

[64] Hopt, K.J. in: Baumbach, A.; Hopt, K.J.: Handelsgesetzbuch, 34. Auflage, WpHG Einl Rn. 12, C.H. Beck, München, 2010

[65] IIRC: Formation of the International Integrated Reporting Committee (IIRC), 2010, URL: http://www.integratedreporting.org/node/16

[66] imug Institut für Markt-Umwelt-Gesellschaft e. V.: ISO 26000 – Normenentwurf verabschiedet, endgültige internationale Zustimmung steht noch aus, Hannover, 2010, URL: http://www.imug.de/pdfs/csr/PM_2010_05_25_ISO%2026000.pdf

[67] Institut der Wirtschaftsprüfer in Deutschland e. V.: IDW Prüfungsstandard: Grundsätze ordnungsmäßiger Prüfung oder prüferischer Durchsicht von Berichten im Bereich der Nachhaltigkeit (IDW PS 821), IDW Verlag, 2006

[68] International Labour Organization (ILO): URL: http://www.ilo.org/public/german/region/eurpro/bonn/arbeitsnormen/index.htm – Stand: 23. Juli 2010

[69] International Labour Organization (ILO): URL: http://www.ilo.org/public/german/region/eurpro/bonn/index.htm – Stand: 18. August 2010

[70] International Organization for Standardization (ISO): ISO 69901 Projektmanagement – Projektmanagementsysteme – Teil 1: Grundlagen, 2009

[71] International Organization for Standardization (ISO): ISO/DIS 26000 (D) Leitfaden gesellschaftlicher Verantwortung, 2009

[72] International Organization for Standardization (ISO): ISO/FDIS 26000 (E) Guidance on social responsibility, 2010

[73] International Organization for Standardization (ISO): Media Release Ref., 826, Consumers call for the development of International Standard for Corporate social responsibility, 2002

[74] International Organization for Standardization (ISO): Media Release Ref., 972, ISO lays the foundation of ISO 26000 guidance standard on social responsibility, 2005

[75] International Organization for Standardization (ISO): Media Release Ref., 1010, Drafting progresses of future ISO 26000 standard on social responsibility, 2006

[76] International Organization for Standardization (ISO): Media Release Ref., 1049, Future ISO 26000 standard on social responsibility reached positive turning point, 2007

[77] International Organization for Standardization (ISO): Media Release Ref., 1090, Record participation for 5th meeting of ISO Working Group on Social Responsibility, 2007

[78] International Organization for Standardization (ISO): Media Release Ref., 1158, Stakeholder consensus enables ISO 26000 on social responsibility to move up on development status, 2008

[79] International Organization for Standardization (ISO): Media Release Ref., 1229, Extensive debate improves consensus on future ISO 26000 standard on social responsibility, 2009

[80] International Organization for Standardization (ISO): Media Release Ref., 1321, ISO 26000 on social responsibility approved for release as Final Draft International Standard, 2010

[81] International Organization for Standardization (ISO): Media Release Ref. 1351, ISO's social responsibility standard approved for publication, 2010

[82] International Organization for Standardization (ISO): The ISO Story, URL: http://www.iso.org/iso/about/the_iso_story.htm

[83] Internationale Gemeinschaft für Forschung und Prüfung auf dem Gebiet der Textilökologie: Oeko-Tex® Standard 100, URL: http://www.oeko-tex.com/OekoTex100_PUBLIC/content5.asp?area=hauptmenue&site=oekotexstandard100&cls=01

[84] Jastram, S.: ISO 26000, Navigator durch den Normendschungel?, Präsentation an der Universität Hamburg, 9. Mai 2008 im Rahmen des Symposiums „Corporate Social Responsibility im Tourismus", 2008, URL: http://www.gate-tourismus.de/downloads/gate_csr_ praesentation_jastram.pdf

[85] Joussen, J. in: Boecken, W.; Joussen, J.: Teilzeitarbeit- und Befristungsgesetz Handkommentar, 2. Auflage, § 1 Rn. 12 ff., Nomos, Baden-Baden, 2010

[86] Klink, D.: Der ehrbare Kaufmann – Das ursprüngliche Leitbild der Betriebs-wirtschaftslehre und individuelle Grundlage für die CSR-Forschung, in: Zeitschrift für Betriebswirtschaft – Journal of Business Economics, Special Issue 3/2008, Gabler Verlag, Wiesbaden

[87] Kubis, D. in: Münchener Kommentar zum Aktiengesetz, Band 4, 2. Auflage, § 131 Rn. 1, C.H. Beck, Verlag Franz Vahlen, München, 2004; Semler, F.-J., in: Münchener Handbuch des Gesellschaftsrechts, Band 4, 3. Auflage, § 37 Rn. 2, C.H. Beck, München, 2007

[88] Kubis, D. in: Münchener Kommentar zum Aktiengesetz, Band 4, 2. Auflage, § 131 Rn. 152, 154, C.H. Beck, Verlag Franz Vahlen, München, 2004

[89] Küpper, W.: Strafrecht Besonderer Teil: Definitionen mit Erläuterungen, 7. Auflage, S. 234, C.F. Müller, Heidelberg, 2008

[90] Maurer, H.: Allgemeines Verwaltungsrecht, 17. Auflage, § 4 Rn. 12, C. H. Beck, München, 2009

[91] Maurer, H.: Allgemeines Verwaltungsrecht, 17. Auflage, § 4 Rn. 16, C. H. Beck, München, 2009

[92] Maurer, H.: Allgemeines Verwaltungsrecht, 17. Auflage, § 4 Rn. 20, C. H. Beck, München, 2009

[93] Mengel, A.; Ullrich, T.: Arbeitsrechtliche Aspekte unternehmensinterner Investigations, NZA, Heft 5, S. 240, 2006

[94] Merkt, H. in: Baumbach, A.; Hopt, K.J.: Handelsgesetzbuch, 34. Auflage, § 238 Rn. 4 , C.H. Beck, München, 2010

[95] Merkt, H. in: Baumbach, A.; Hopt, K.J.: Handelsgesetzbuch, 34. Auflage, § 325 Rn. 1, C.H. Beck, Verlag Franz Vahlen, München, 2010

[96] Metropolregion Rhein-Neckar GmbH : Allgemeine Informationen zum Freiwilligentag, 2010, URL: http://www.wir-schaffen-was.de/Der-Freiwilligentag-2010.32.0.html

[97] Moët Hennessy Deutschland GmbH, Business Unit Veuve Clicquot: Prix Veuve Clicquot für die Unternehmerin des Jahres 2008 - Für Dagmar Fritz-Kramer, Bau-Fritz GmbH, 2008, URL: http://www.prix-veuve-clicquot.de/downloads/22_pm_udj_080529.pdf

[98] Möschel, W. in: Immenga, U.; Mestmäcker, E.-J.: Wettbewerbsrecht GWB Kommentar zum Deutschen Kartellrecht, Band 2, 4. Auflage, § 19 Rn. 179, C.H. Beck, München, 2007

[99] Nobel Foundation: The Nobel Peace Prize 2006 – Muhammad Yunus, Grameen Bank, 2006, URL: http://nobelprize.org/nobel_prizes/peace/laureates/2006/grameen.html

[100] Peters, A.: Wege aus der Krise – CSR als strategisches Rüstzeug für die Zukunft, Bertelsmann Stiftung, 2009, URL: http://www.bertelsmann-stiftung.de/bst/de/media/xcms_bst_dms_29694_30027_2.pdf

[101] Petersen, J.: Local-Content-Auflagen, 1. Auflage, S. 32, Deutscher Universitätsverlag, GWV Fachverlage, Wiesbaden, 2004

[102] Pientka, C.: Baumwolle gepflückt von Kinderhand, in: Stern, 2007, URL: http://www.stern.de/lifestyle/mode/hm-produkte-baumwolle-gepflueckt-von-kinderhand-603979.html

[103] Pieper, R.: ArbSchR Arbeitsschutzrecht Arbeitsschutzgesetz, Arbeitssicherheitsgesetz und andere Arbeitsschutzvorschriften, 4. Auflage, § 2 ArbSchG Rn. 9, Bund-Verlag, Frankfurt am Main, 2009

[104] Porter, M. E.: Competitive Advantage, Free Press, New York, 1985

[105] Puhl, W.: Der Konzern „General Motors“ wird zu einer Schadenersatzzahlung von 4,9 Milliarden Dollar verurteilt, 2008, URL: http://www.swr.de/swr2/programm/sendungen/zeitwort/-/id=3553604/property=download/nid=660694/kzngci/swr2-zeitwort-20080709.rtf

[106] Reichert, T.: Sozialstandards in der Weltwirtschaft, herausgegeben von der Deutschen Gesellschaft für Technische Zusammenarbeit (GTZ) GmbH, Programmbüro Sozial- und Ökostandards, Eschborn 2002, URL: http://www2.gtz.de/dokumente/bib/02-0472.pdf

[107] Ruter, R. X.: Dokumentations- und Ausweisungszwänge, Welche Anspruchsgruppen sind in welchem Umfang zukünftig zu befriedigen? Erfordernisse für Vorstand, Aufsichtsrat und operatives Geschäft, in: CSR – Wahrnehmung gesellschaftlicher Verantwortung als Wettbewerbsvorteil, Erster CSR-Workshop der Celesio AG, Stuttgart, 2008

[108] SAP AG: Gesellschaftliches Engagement – Regionales Engagement, URL: http://www.sap.com/germany/about/citizenship/communityengagement/index.epx

[109] SAP AG: Regionales Engagement von SAP in der Metropolregion Rhein-Neckar, URL: http://www.sap.com/germany/about/citizenship/communityinvolvement/regional.epx

[110] Schaal, H.-J. in: Münchener Kommentar zum Aktiengesetz, Band 9/2, 2. Auflage, § 400 Rn. 2 f., C.H. Beck, Verlag Franz Vahlen, München, 2006

[111] Seneca, L. A.: Epistulae morales ad Lucilium, 48–3, um 50 n. Chr.

[112] Siemens AG: Corporate-Governance-Bericht, Geschäftsjahr 2009, München, 2010, URL: http://www.siemens.com/annual/09/pool/de/downloads/siemens_gb09_corpgov.pdf

[113] Siemens AG: Lagebericht, Geschäftsjahr 2006, München, 2007, URL: http://www.siemens.com/investor/pool/de/investor_relations/finanzpublikationen/geschaftsbericht/D06_01_LAGEBERICHT_1417701.PDF

[114] Siemens AG: Lagebericht, Geschäftsjahr 2007, München, 2008, URL: http://www.siemens.com/annual/07/pool/download/pdf_finanzinfo/d07_01_lagebericht.pdf

[115] Siemens AG: Lagebericht, Geschäftsjahr 2008, München, 2009, URL: http://www.siemens.com/annual/08/pool/downloads/pdf/de/pdf_d08_01_lagebericht.pdf

[116] Siemens AG: Siemens will mit neuer Compliance-Organisation im Wettbewerb punkten, München, 2010, URL: http://www.siemens.com/press/de/pressemitteilungen/?press=/de/pressemitteilungen/2010/corporate_communication/axx20100676.htm

[117] Sparkasse KölnBonn: Engagement Umweltschutz, URL: https://www.sparkasse-koelnbonn.de/Engagement-Umweltschutz.aspx

[118] Sparkasse KölnBonn: Kulturförderung, URL: https://www.sparkasse-koelnbonn.de/Kulturfoerderung.aspx

[119] Sparkasse KölnBonn: Regionales Engagement, URL: https://www.sparkasse-koelnbonn.de/Soziales-Engagement.aspx

[120] Sparkasse KölnBonn: Sportförderung, URL: https://www.sparkasse-koelnbonn.de/Sportfoerderung.aspx

[121] Sparkassengesetz Nordrhein-Westfalen: § 25 Verwendung des Jahresüberschusses, Ausschüttung

[122] Spindler, G. in: Münchener Kommentar zum Aktiengesetz, Band 2, 3. Auflage, § 76 Rn. 72, C.H. Beck, Verlag Franz Vahlen, München, 2008

[123] Spindler, G. in: Münchener Kommentar zum Aktiengesetz, Band 2, 3. Auflage, § 90 Rn. 1, C.H. Beck, Verlag Franz Vahlen, München, 2008

[124] Spindler, G. in: Schmidt, K.; Lutter, M.: Aktiengesetz Kommentar, II. Band, § 161 Rn. 1, Verlag Dr. Otto Schmidt, Köln, 2008

[125] Stiftung Deutscher Nachhaltigkeitspreis e.V.: Informationen zur Bau-Fritz GmbH & Co. KG, 2009, URL: http://www.deutscher-nachhaltigkeitspreis.de/92-0-Bau-Fritz+GmbH+und+Co+KG+seit+1896.html

[126] Stiftung Deutscher Nachhaltigkeitspreis e.V.: Jurybegründung zur Preisverleihung an HiPP in der Kategorie Einkauf im Jahr 2009, URL: http://www.deutscher-nachhaltigkeitspreis.de/files/1kurzbegruendung_hipp.pdf

[127] Streinz, R.: Europarecht, 8. Auflage, § 5 Rn. 404, Müller (C.F. Jur.), Heidelberg, 2008

[128] Studt, J. F.: Nachhaltigkeit in der Post Merger Integration, Gabler Verlag, Wiesbaden, 2008

[129] Thüsing, G. in: Richardi, R: Betriebsverfassungsgesetz mit Wahlordnung, 12. Auflage, § 84 Rn. 6, C.H. Beck, München, 2010

[130] Top 100 Research Foundation: Global Software Top 100 – Edition 2009, URL: http://www.softwaretop100.org/global-software-top-100-edition-2009

[131] Toshiba Group: CSR-Report 2010, 2010, URL: http://www.toshiba.co.jp/csr/en/engagement/report/pdf/report10_all.pdf

[132] Unbekannter Verfasser: Deutscher Nachhaltigkeitspreis für die Deutsche Post, Bau-Fritz und "Frosch", 2009, URL: http://www.nachhaltigwirtschaften.net/scripts/basics/eco-world/wirtschaft/basics.prg?a_no=2992

[133] Unbekannter Verfasser: Die Kreativität der Initiativen wird belohnt, in: Rhein-Neckar-Zeitung, Heidelberg, 12/13. Dezember 2009

[134] Unbekannter Verfasser: Kalifornische Energiekrise – Enron soll Stromausfälle fingiert haben, in: Spiegel Online 2005, URL: http://www.spiegel.de/wirtschaft/0,1518,340364,00.html

[135] Unbekannter Verfasser: Nachhaltigkeitspreis u.a. für Bau-Fritz, InterfaceFlor und Viessmann, 2009, URL: http://www.baulinks.de/news/1frame.htm?http%3A//www.baulinks.de/firmen/baufritz

[136] Unbekannter Verfasser: Profit over Lives -- Long Hidden Reveal GM Cost-Benefit Analyses Let to Severe Burn Injuries; Disregard for Safety Spurred Large Verdict, 1999, URL: http://www.citizen.org/congress/article_redirect.cfm?ID=570

[137] Unbekannter Verfasser: Urteil – Rekordbuße gegen GM verhängt, in: Spiegel Online, 1999, URL: http://www.spiegel.de/wirtschaft/0,1518,30926,00.html

[138] Unbekannter Verfasser: Uzbek Child Labour Ban Hard To Enforce, 2008, URL: http://www.ejfoundation.org/page341.html

[139] Unbekannter Verfasser: Value Analysis of Auto Fuel Fed Fire Related Fatalities, published extract, 1999, URL: http://edition.cnn.com/US/9909/10/ivey.memo/

[140] Unbekannter Verfasser: Was ist EMAS? URL: http://www.emas.de/ueber-emas/was-ist-emas/

[141] United Nations Framework Convention on Climate Change (UNFCC): URL: http://unfccc.int/kyoto_protocol/items/2830.php

[142] United Nations: Internationales Übereinkommen zum Schutz aller Personen vor dem Verschwindenlassen, BGBl. 2009 II, S. 932

[143] United Nations: Internationales Übereinkommen zur Beseitigung jeder Form von Rassendiskriminierung, BGBl. 1969 II S. 961

[144] United Nations: Konvention für die internationalen Rechte der Kinder, zusammen mit dem Fakultativen Protokoll zum Übereinkommen über die Rechte des Kindes betreffend den Einsatz von Kindern in bewaffneten Konflikten, und dem Fakultativen Protokoll zum Übereinkommen über die Rechte des Kindes bezüglich des Verkaufs von Kindern, der Kinderprostitution und Kinderpornografie, (UN-Kinderrechtskonvention), BGBl 1992 II, S. 121, BGBL 2004 II, S. 1355

[145] United Nations: Konvention für die Rechte von Menschen mit Behinderungen, BGBl. 2008 II, S. 1419

[146] United Nations: Konvention zur Beseitigung jeder Form von Diskriminierung der Frau vom 18. Dezember 1979, BGBl 1985 II, S. 647

[147] United Nations: Übereinkommen gegen Folter und andere grausame, unmenschliche oder erniedrigende Behandlung oder Strafe vom 10. Dezember 1984, BGBl. 1990 II S. 246

[148] United Nations: Übereinkommen über Wanderarbeitnehmer in Verbindung mit der Empfehlung betreffend Wanderarbeitnehmer, dem Übereinkommen über Wanderarbeitnehmer [Neufassung] und dem Internationalen Übereinkommen zum Schutz der Rechte aller Wanderarbeitnehmer und ihrer Familienangehörigen vom 18.12.1990, Resolution 45/158

[149] United Nations: United Nations Global Compact, URL: http://www.unglobalcompact.org/HowToParticipate/Business_Participation/index.html

[150] United Nations: United Nations Global Compact, URL: http://www.unglobalcompact.org/Issues/Environment/index.html

[151] United Nations: United Nations Global Compact, URL: http://www.unglobalcompact.org/Issues/human_rights/index.html

[152] United Nations: United Nations Global Compact, URL: http://www.unglobalcompact.org/Issues/Labour/index.html

[153] United Nations: United Nations Global Compact, URL: http://www.unglobalcompact.org/Issues/transparency_anticorruption/index.html

[154] University of California: Enron Securities Fraud Lawsuit, Oakland, 2008, URL: http://www.universityofcalifornia.edu/news/enron

[155] Verbraucherzentrale Bundesverband (vzbv): ISO 26000 auf einen Blick, 2008, URL: http://www.vzbv.de/mediapics/iso_26000_im_berblick.pdf

[156] Wey, K.-G.: Umweltpolitik in Deutschland: kurze Geschichte des Umweltschutzes in Deutschland seit 1900, Westdeutscher Verlag, Opladen, 1982

[157] Wiedmann, H. in: Ebenroth C. T.; Boujong K.; Joost D.; Strohn L.: Handelsgesetzbuch Kommentar, Band 1, 2. Auflage, § 264 Rn. 22, C.H. Beck, Verlag Franz Vahlen, München, 2008

[158] Wirtschaftskammern Österreichs: PR & die Prinzipien für erfolgreiches CSR-Management, URL: http://portal.wko.at/wk/format_detail.wk?AngID=1&StID=432817&DstID=8683&titel=PR,&,die,Prinzipien,f%C3%BCr,erfolgreiches,CSR-Management

[159] Working Group of the ISO Consumer Policy Committee (COPOLCO): The Desirability and Feasibility of ISO Corporate Social Responsibility Standards, 2002

[160] Findus Group: Fish for Life: Sustainable Fisheries, URL: http://www.fishforlife.co.uk/web/our-policies.asp

[161] Zimmer, D. in: Immenga, U.; Mestmäcker, E.-J.: Wettbewerbsrecht GWB Kommentar zum Deutschen Kartellrecht, Band 2, 4. Auflage, § 1 Rn. 237, C.H. Beck, München, 2007